全球治理与发展战略丛书

丛书主编：陶 坚

国家出版基金项目

东亚区域服务贸易自由化合作发展机制研究

刘中伟 著

知识产权出版社
全国百佳图书出版单位

图书在版编目（CIP）数据

东亚区域服务贸易自由化合作发展机制研究 / 刘中伟著. — 北京：知识产权出版社，2016.6
（全球治理与发展战略丛书 / 陶坚主编）
ISBN 978-7-5130-4129-4

Ⅰ.①东… Ⅱ.①刘… Ⅲ.①服务贸易—自由贸易—贸易合作—研究—东亚 Ⅳ.①F753.168

中国版本图书馆CIP数据核字（2016）第069439号

内容提要

本书在总结服务贸易和服务贸易自由化理论研究基础上，回顾了东亚区域服务贸易发展现状，研究了东亚区域框架下服务贸易自由化合作发展和区域经济治理问题，提出东亚区域服务贸易自由化建设具有共享机制、开放机制、竞合机制和经济增长机制四种机制特征，并就推动包括中国在内的东亚地区经济体深入开展服务贸易合作，完善区域开放性经济一体化和治理机制建设，促进东亚各国经济的可持续发展提供了一定的政策建议和理论依据。

策划编辑：蔡 虹	责任编辑：杨晓红 李 瑾
责任出版：刘译文	封面设计：邵建文

东亚区域服务贸易自由化合作发展机制研究
刘中伟 著

出版发行：知识产权出版社有限责任公司	网　　址：http://www.ipph.cn
社　　址：北京市海淀区西外太平庄 55 号	邮　　编：100081
责编电话：010-82000860 转 8114	责编邮箱：1152436274@qq.com
发行电话：010-82000860 转 8101/8102	发行传真：010-82000893/82005070/82000270
印　　刷：三河市国英印务有限公司	经　　销：各大网上书店、新华书店及相关专业书店
开　　本：787mm×1092mm 1/16	印　　张：18
版　　次：2016 年 6 月第 1 版	印　　次：2016 年 6 月第 1 次印刷
字　　数：320 千字	定　　价：45.00 元

ISBN 978-7-5130-4129-4

出版权专有　侵权必究
如有印装质量问题，本社负责调换。

总　序

以下呈现给读者的，是国际关系学院国际经济系师生的最新作品。它们是国际经济系课题组承担的"北京市与中央在京高校共建项目"的部分研究成果，取名为"全球治理与发展战略丛书"，共5种。

全球治理与中国，是贯穿这项课题研究的一条主线，一个既宏大、长远，又具体、直接关系到世界进步、国家繁荣和企业发展的问题。

陶坚教授主编、十多位老师和同学协力完成的《全球经济治理与中国对外经济关系》一书，以全球经济治理的大时代为背景，展开分析了中国对外经济关系涉及的多领域、多层面议题。上篇，着眼于找规律，启发思考。作者对全球治理的理论进行了深入剖析，揭示了国际经济秩序的变革与全球经济治理的内在关系，并从全球可持续发展的视角研究了全球环境治理问题。接着，以二十国集团、欧盟、东亚地区、美国为例，从不同角度切入，探讨了各自的政策和实践、对全球和地区经济治理的影响以及对中国的启示。下篇，立足于谋对策，紧扣中国。作者围绕中国参与全球经济治理的国家角色、现状和能力建设，人民币国际化，中美经贸不平衡关系的治理，对美欧贸易协作的应对，以及推行"一带一路"战略实施，提出了全面推动中国对外经济关系发展的系统、有见地、可行的政策建议。

张士铨教授在多年的教学实践中发现，在全球化和转型两个大背景下，我国国家治理体系面对着一个中心问题——如何处理增进国家经济利益和现有全球公共物品的相互关系。虽然它们都是现实存在并有多样化的表现方式，也是当今我国继续推动市场化改革获取国家利益，在此基础上谋求国际经济规则的制定权和发挥国际影响力的着力点所在，但为什么这样做，很多人尤其是学习国际关系的学生不甚了解。所以，他在专著《国家经济利益与全球公共物品》中，以由浅入深、由简到繁的方法，依次对国家面对的利益格局调整、国家利益的获得以及它们和全球利益的博弈关系，对国内公共物品和全球公共物品的需求和面对的矛盾逐一展开分析，并提出了精辟观点：第一，国家利益并非铁板一块，而是取决于内外环境的变化，不同利益集团的组合既超越了国界限制也打破了意识形态束缚；第二，增进一国的国家利益，必须说明并夯实各方的利益基础，否则国家利益就是空谈，无法实现；第三，国家利益有其内在结构，在一定外在环境下各种利益之间存在互补与替代关系，优先发展经济利益是取得国家利益的关键；第四，以问题为导向，分析利益格局和公共物品的供需关系。在国家实力提升、更主动参与全球治理体系的背景下，以提供"硬公共物品"为先导，逐渐对"软公共物品"发力，促进我国利益与全球利益融合，提升我国的全球影响力。

气候变化与环境保护是当前全球经济治理的重要领域。史亚东博士在《全球环境治理与我国的资源环境安全研究》一书中，详细介绍了全球环境治理机制的主体、原则和政策工具，结合我国资源安全和环境安全的现状，对参与全球环境治理对于我国资源环境安全的影响进行了深入分析。她以全球气候变化为例，探讨了当前全球气候治理机制存在的问题、未来的改进方向，以及对我国能源安全、水资源安全和粮食安全的影响，还具体分析了节能减排约束下我国能源价格风险和能源效率问题。

服务经济与服务贸易的兴起和发展已经在很大程度上改变了世界经济和贸易的格局，特别是区域经济合作进程不断加快，推动了服务贸易自由化在全球各地区的迅速发展，包括中国在内的东亚国家在国际服务贸易领域占据了越来越重要的地位。刘中伟博士的专著《东亚区域服务贸易自由化合作发展机制研究》，在总结借鉴服务贸易和服务贸易自由化理论研究的基础上，回顾东亚区域服务贸易发展现状，研究东亚区域框架下服务贸易自由化的合作发展机制和区域经济治理问题，并就中国参与区域服务贸易自由化合作进程提供政策建议和理论依据。一是通过回顾全球和东亚区域服务贸易发展格局，对东亚地区服务贸易总体状况和服务贸易自由化的发展特点与趋势进行了阐述。二是基于传统比较优势理论适用于服务贸易理论分析的观点，认为贸易自由化在提高经济效率、形成贸易效应方面的作用在服务贸易领域同样适用，并对东亚区域服务贸易自由化的积极作用明显。三是东亚区域服务贸易自由化的合作发展，一方面在于各经济体自身的服务业发展，服务生产要素资源在产业内的整合、互补和投入程度，具备开展服务贸易合作的基础；另一方面在于东亚各经济体要具有开展合作的意愿，并通过寻求签订服务贸易合作协议来实现服务贸易自由化。四是在全球价值链整合和服务业跨境转移背景下，东亚服务生产网络的形成与发展对东亚区域服务贸易体系和结构产生了深刻影响。构建有利于东亚地区长远发展的稳定、平衡的合作与治理机制，将最终成为东亚区域服务贸易自由化实现的制度保障。五是中国在参与东亚区域服务贸易自由化进程中，可以立足于比较优势和专业化分工深化，改善自身服务贸易出口结构；大力推动服务外包产业发展，加快促进服务生产要素自由流动；把握东亚服务贸易自由化合作进程重点，注重合作与治理机制整合发展；建立健全服务贸易政策体系，促进我国服务贸易可持续发展。据此，作者指出，当前东亚区域服务贸易自由化进程主要通过其共享机制、开放机制、竞合机制和经济增长机制四种机制，推动包括中国在内的东亚地区经济体深入开展服务贸易合作，完善区域开放性经济一体化和治理机制建设，促进东亚各国经济的可持续发展。

刘斌博士的《21世纪跨国公司新论：行为、路径与影响力》，重点围绕跨国公司的经济属性、管理属性和政治属性的"三维属性",从一个整合的层面,结合全球经济治理的视角,对其中的七大核心问题进行分析和阐述。全书通过对跨国公司的产业行为、经营行为、战略行为、组织行为、创新行为、垄断行为、主权行为进行纵向历史性总结分析,阐述了在相关领域内跨国公司行为的特点、模式、路径,以及产生的影响,特别是分析了21世纪以来的10多年间跨国公司在相关领域行为的新动向。本书将中国跨国公司的行为特点和发展现状视为一个重要的部分,分别在相关的章节进行了分析和说明,希望由此描绘一个对中国本土跨国公司分析的完整视图。

相信上述5部著作能够帮助读者从不同的视角,来观察和理解中国在全球治理中的角色,在不同领域面临的挑战,靠什么来维护国家利益,又如何扩大全球影响力。

作者们将收获的,是学术发表的喜悦和为国家经济发展建言献策的荣耀。

是为序。

陶坚(国际关系学院校长)

2015年7月16日于坡上村

目 录

第一章 绪论 …………………………………………………… 1
  第一节 研究背景 …………………………………………… 1
  第二节 研究意义 …………………………………………… 2
  第三节 研究内容与方法 …………………………………… 4
  第四节 研究思路和技术路线 ……………………………… 7

第二章 服务贸易与服务贸易自由化相关理论与文献综述 … 9
  第一节 服务贸易与服务贸易自由化相关概念的界定 …… 9
  第二节 服务贸易和服务贸易自由化的相关理论研究 …… 11
  第三节 区域主义与多边主义：服务贸易自由化路径的
          政治经济学研究 …………………………………… 31
  第四节 本章小结 …………………………………………… 42

第三章 全球与东亚区域服务贸易发展与合作的现状分析 … 43
  第一节 全球服务经济的兴起与服务贸易的快速发展 …… 43
  第二节 东亚地区及其主要经济体的服务贸易发展现状 … 49
  第三节 当前东亚区域服务贸易自由化合作和发展趋势 … 74
  第四节 本章小结 …………………………………………… 78

第四章 东亚区域服务贸易自由化的贸易效应与实证研究 … 80
  第一节 区域服务贸易自由化贸易效应的理论分析 ……… 80

第二节　东亚区域服务贸易结构的紧密性、互补性和竞争性
　　　　分析 ·· 90

第三节　基于引力模型的东亚区域服务贸易自由化贸易效应
　　　　水平分析 ··· 135

第四节　本章小结 ··· 143

第五章　东亚区域服务贸易自由化合作路径研究
　　　　——基于博弈理论的分析框架 ·································· 145

第一节　东亚区域服务贸易自由化的合作博弈分析 ············· 145

第二节　议价模型视角下东亚区域服务贸易自由化谈判的
　　　　博弈分析 ··· 156

第三节　东亚区域服务贸易自由化与国内利益团体影响的
　　　　博弈分析 ··· 165

第四节　基于博弈分析框架的东亚区域服务贸易自由化
　　　　合作路径的解释 ··· 172

第五节　本章小结 ··· 174

第六章　东亚区域服务贸易自由化合作与治理机制整合研究
　　　　——基于全球价值链发展的分析框架 ························ 176

第一节　全球价值链整合与东亚服务生产网络的演进和
　　　　变迁 ·· 177

第二节　东亚经济治理的"地区主义"困境与区域服务贸易
　　　　自由化的"新地区主义" ···································· 187

第三节　东亚区域服务贸易自由化的竞争性合作治理机制
　　　　比较与整合 ·· 196

第四节　本章小结 ··· 213

第七章　中国参与东亚区域服务贸易自由化进程的政策建议 ……… 215

第八章　结论与研究展望 ……………………………… 223
　第一节　主要研究结论 …………………………… 223
　第二节　主要创新点 ……………………………… 227
　第三节　研究展望 ………………………………… 228

参考文献 ………………………………………………… 230

附录A：东亚服务贸易出口流量的面板原始数据情况 ……… 259

附录B：东亚服务贸易出口流量的面板数据引力模型估计结果 ……………………………………………………… 273

后记 ……………………………………………………… 275

第一章 绪论

第一节 研究背景

20世纪80年代以来，服务贸易在全球范围内快速发展，成为世界经济增长的新动力，深刻地改变着世界经济的利益格局。从2003年到2012年的十年间，全球服务贸易进出口总额从3.77万亿美元激增至9.01万亿美元，年均增长率达到11%，服务贸易在全球贸易中的地位继续巩固，2012年服务贸易进出口额占全球货物和服务贸易总额比重的19%。其间，由于全球金融危机的爆发，2009年服务贸易和货物贸易进出口均创下历史最大降幅，2010年以来伴随全球经济复苏，服务贸易则又呈现出年均高达10%的恢复性增长速度，服务贸易已经成为扩大国际经济合作、增强国民福利和促进经济发展的新动力，服务贸易的发展水平也成为衡量一个国家或地区经济实力、可持续发展能力和国际竞争力的重要指标。

第三次科技革命的兴起和扩大，科学技术的不断进步，使得越来越多的服务劳动从传统的生产劳动中分离出来，形成独立的专业性活动；同时，经济全球化浪潮的蓬勃发展，也使得专业化分工和规模经济的要求，得以伴随国际产业转移而逐渐向服务业倾斜。在服务经济不断发展过程中，世界经济结构也同样经历了深刻变革，发达国家不断提升各自的产业结构，将本国部分劳动密集型产业甚至服务部门的若干业务流程转移出去；发展中国家则利用其相对丰富的自然禀赋和人力资源，承接和吸引发达国家的相关产业，由此带来对国际服务产业更大规模的需求，成为服务贸易快速发展的重要原因。

在服务贸易快速发展的同时，服务贸易自由化也成为国际贸易自由化领域研究的重要课题。世界贸易组织（WTO）乌拉圭回合谈判于1994年4月15日正式签署《国际服务贸易协定》(GATS)，其宗旨是通过推动服务贸易自由化，促进全球经济体间的服务贸易发展，推动全球经济增长，成为规范国际服务贸易秩序的基本国际法框架。然而由于多边贸易体制要求在协商一致的原则下达成协议，在WTO框架下，囿于成员方众多和利益诉求广泛等因素，全球多边服务贸易自由化始终未能实现新的突破。因此，各经济体纷纷开展区域或双边服务贸易合作，签订服务贸易自由化协议，寻求区域服务贸易自由化以谋求更大的经济利益。东亚地区在区域经济一体化的浪潮中始终走在前列，并取得显著的经济和福利效果；在服务贸易自由化领域，服务贸易规模逐年扩大。东亚各国也签署并实施了近30个双边服务贸易自由化安排，然而却始终缺少具有区域一体化特征的服务贸易自由化协议。同时，中国作为东亚地区最重要的经济体之一，在经济全球化进程深入和服务贸易不断发展的今天，也面临着在东亚服务贸易发展中处于何种位置，如何制定有效的对外贸易战略，逐步扩大服务贸易合作的经济福利效应，继续坚持对外开放，促进经济可持续发展的政策选择。

2012年，中国服务贸易进出口总额突破4 726亿美元，从2000年的全球排位第12位上升到第3位。就其特点而言，主要有以下四个方面：一是中国的服务业国际合作步伐逐渐加快，制造业与服务业融合发展的趋势强化，服务业和服务贸易领域不断出现新需求、产生新业态、衍生出新的经济增长点。但与其他服务贸易大国相比，服务贸易的结构也有待进一步完善。二是长期以来，中国的制造业发展迅速，对传统能源和资源利用依赖严重。服务业和服务贸易具有附加价值高、资源消耗和环境污染少、就业吸纳能力强等优势，是创新经济发展方式的重要途径。三是推动服务贸易自由化，扩大服务贸易规模，有利于促进中国对外贸易协调发展。2013年中国再次跃居全球贸易第一大国，服务贸易升至全球第三位，然而服务贸易额仅为货物贸易额的10%，仅相当于全球平均水平的一半，大力发展服务贸易具有广阔的市场空间。四是为中国积极参与国际经济合作和共同治理，实施更加主动、互利共赢的开放战略奠定坚实基础。总之，中国服务贸易虽然起步较晚，但发展潜力巨大，如何顺应世界经济发展的潮流，有效构建和充分利用国际服务贸易规则，通过参与多边和区域服务贸易自由化，完善开放性经济体发展体系，实现规则和效益的"双赢"有待深入研究。

第二节　研究意义

服务经济与服务贸易的兴起和发展已经在很大程度上改变了世界经

济和贸易格局,特别是区域经济合作进程不断加快,推动服务贸易自由化在全球各地区范围内迅速发展,包括中国在内的东亚国家也在国际服务贸易领域占有了越来越重要的地位。

就现实意义而言,首先,如何通过服务贸易自由化发展促进经济的可持续发展已成为促进当今全球经济和各国经济增长的关键问题。当前,一方面东亚区域内各经济体在既有区域服务贸易协议的基础上,力图进一步深化合作领域和范围,提升服务贸易自由化程度;另一方面,美国为顺应世界经济中心向亚太转移的趋势,扭转金融危机带来的国内经济衰退形势,也提出了"重返亚太"的全球战略调整,在经济层面积极主导"跨太平洋伙伴关系协议"(TPP)的发展,力图迂回建立由美国主导的"亚太自由贸易区"(FTAAP),并最终实现亚太区域内的货物和服务贸易自由化,而其在服务贸易自由化方面的"高标准"和"高质量"将可能对包括中国在内的东亚地区经济体和区域经济治理机制产生潜在影响。

其次,在我国"十二五"规划纲要、党的十八大报告和十八届三中全会报告中,都明确提出"促进服务出口,扩大服务业对外开放,提高服务贸易在对外贸易中的比重","扩大同发达国家的交流合作,增进相互信任,提高合作水平","进一步加强与主要贸易伙伴的经济联系,深化同新兴市场国家和发展中国家的务实合作","统筹双边、多边、区域和次区域开放合作,加快实施自由贸易区战略,推动与周边国家互联互通","发展服务贸易,推动对外贸易平衡发展"。因此,将服务贸易发展作为我国对外经贸平衡发展的关键一步,研究东亚区域服务贸易自由化合作机制,对提升中国的双边、区域和多边政治和经济合作具有借鉴和指导意义。

最后,尽管中国的服务贸易近年来取得较快发展,但总体服务贸易基础仍不稳健,服务贸易优势过度集中在劳动密集型和资源依赖型服务部门,生产性服务业和知识密集型服务部门发展仍处于起步阶段,服务贸易结构不合理,服务贸易收支常年处于巨额逆差的状态。为此,亟待有效评估包括中国在内的东亚各经济体的服务贸易自由化发展水平,寻求有效手段参与区域服务贸易分工与合作,融入国际服务贸易市场,提升自身的服务贸易竞争力。

就理论意义而言,可以看到,服务贸易理论的研究一直落后于货物贸易理论的发展，特别是当前区域服务贸易自由化的实践本身尚不成熟，区域经济合作组织成员参与服务贸易自由化的合作机制研究还不充分，发展中国家和发达国家间的服务贸易合作也尚未有明确的发展路径和模式，非经济因素的作用日趋凸显。如何超越传统贸易自由化多边主义与区域主义的争论，以全球价值链整合与"开放的地区主义"来认识东亚区域服务贸易自由化合作路径的制度竞争和整合问题，如何借鉴博弈理论对服务贸易自由化合作的影响因素进行分析，寻求建立合作与非合作动态博弈模型进行比较分析，可能将对区域服务贸易自由化形成路径和制度合作治理模式有所创新，并对完善服务贸易自由化理论有一定意义。

为此，本书寻求在分析现有东亚地区经济体既有服务贸易协议的基础上，评估东亚地区经济体的服务贸易自由化水平，采用引力模型分析其贸易效应，利用合作和非合作博弈相关模型探讨东亚区域服务贸易自由化的合作路径，并试图就此采取跨学科的综合分析方法，以全球价值链理论与国际政治经济学结合的视角，对东亚地区经济体服务贸易自由化的合作与治理机制整合进行解释，为中国参与东亚区域服务贸易自由化合作提供政策建议和理论依据。

第三节 研究内容与方法

一、研究内容

本书的研究内容主要包括：

1. 服务贸易和服务贸易自由化的相关理论基础和研究综述

对服务贸易的概念进行界定，并围绕区域服务贸易自由化的相关理论进行回顾，包括对服务贸易的比较优势论、不完全竞争和规模经济下的服务贸易理论以及关于服务贸易自由化的相关理论研究进行全面的理论梳理，并以贸易自由化多边主义和区域主义争论的视角，对传统区域服务贸易自由化路径的政治经济学分析进行理论评述。

2. 全球与东亚区域服务贸易发展与合作现状分析

着重从全球服务经济的兴起情况与服务贸易的快速发展格局进行研究，观察东亚区域服务贸易发展的整体情况，对东亚区域主要经济体中国、日本、韩国和东盟国家的服务贸易发展特点进行归纳和总结，并分析和研究当前东亚区域服务贸易自由化合作和发展趋势，为进一步研究东亚地区服务贸易自由化合作的内在动力奠定基础。

3. 对东亚区域服务贸易自由化的贸易效应进行分析与实证研究

首先，在理论上从静态上对区域服务贸易自由化的服务贸易创造和贸易转移效应，以及服务贸易竞争力提升效应进行研究，再从动态上说明区域服务贸易自由化的规模经济效应、竞争效应、知识和网络溢出效应以及经济增长效应。其次，从东亚区域各经济体间服务贸易结构的紧密性、互补性和竞争性的实证分析出发，全面评估东亚区域服务贸易自由化开展的潜在福利水平。最后，尝试以扩展的贸易引力模型为工具，对东亚主要经济体参与服务贸易自由化后的福利水平变动效果进行量化研究，从而评价东亚区域框架下实现服务贸易自由化对包括中国、日本、韩国和以新加坡为代表的东盟主要经济体可能产生的贸易效应。

4. 基于博弈理论的分析框架对东亚区域服务贸易自由化合作路径进行研究

首先，通过静态博弈分析对东亚区域服务贸易自由化的合作前提和行动态度进行分析，探讨东亚区域服务贸易自由化合作的必要性，进而利用东亚经济体服务业发展和服务贸易的合作博弈和非合作的动态博弈比较，反映开展区域服务贸易自由化的深层机制和积极作用。其次，根据轮流出价和重复议价的讨价还价模型，研究服务贸易自由化协议的签订与执行不同阶段的机制特征和政策预期。最后，借助对政府与国内利益团体动态博弈模型的扩展，观察和理解区域服务贸易自由化协议签订与国内利益集团影响的互动关系，从而全面地评价东亚区域服务贸易自由化的合作路径特点和作用。

5. 基于全球价值链发展的分析框架对东亚区域服务贸易自由化合作和治理机制整合进行研究

通过研究全球价值链的发展对东亚服务生产网络形成和发展的影

响,解释传统"地区主义"合作治理思维的内涵和意义,分析和反映东亚服务生产网络发展推动区域服务贸易自由化对东亚"开放的地区主义"合作的现实诉求,进而运用国际政治经济学的融合视角,观察地缘因素和经济因素互动下对东亚区域服务贸易自由化进程中合作的主导权和地区治理的不同认识,最终揭示未来东亚区域服务贸易自由化合作和治理机制的制度竞争和整合问题。

6. 对中国参与东亚区域服务贸易自由化进程提出政策建议

在前文研究和分析的基础上,力图基于比较优势和专业化分工深化,改善自身服务贸易出口结构;大力推动服务外包产业发展,加快促进服务生产要素自由流动;把握东亚服务贸易自由化合作进程重点,注重合作和治理机制整合发展;建立健全服务贸易政策体系,促进我国服务贸易可持续发展,探讨推动中国参与东亚区域服务贸易自由化的政策选项。

基于上述主要研究内容,本书归纳和总结了当前东亚区域服务贸易自由化合作发展的共享机制、开放机制、竞合机制和经济增长机制四种机制特征,并揭示了其在推动包括中国在内的东亚地区经济体深入开展服务贸易合作,完善区域开放性经济一体化和治理机制建设,促进东亚各国经济可持续发展中的重要意义。

二、研究方法

1. 规范分析与实证分析相结合

根据相关理论并结合之前学者的研究成果进行规范分析,在规范分析的基础上进行实证分析。通过两种研究方法相结合,力求研究更为深入和全面。其中,本书对服务贸易和服务贸易自由化理论基础、引入博弈理论的相关分析工具和国际政治经济学等跨学科理论解释进行了规范研究;同时,利用数据对东亚区域服务贸易自由化贸易效应进行的评估和测算,对东亚区域服务贸易自由化合作和非合作动态博弈模型的构建和扩展等,则主要采用规范分析和实证分析相结合的方法。

2. 定性分析与定量分析相结合

定性与定量的结合分析,可以使研究结果更具有科学性,研究中对东亚区域服务贸易自由化合作和非合作动态博弈模型、对东亚区域服务贸易自由化贸易效应的评估和测算,都将采用定性分析与定量分析相结合的研究方法。

3.静态分析与动态分析相结合

本书根据研究对象的特点,一方面从静态和动态两方面对服务贸易自由化的贸易效应进行研究,并利用扩展的贸易引力模型进行分析测算,对东亚区域实现服务贸易自由化对包括中国、日本、韩国和以新加坡为代表的东盟主要经济体产生的贸易效应进行评估和分析;另一方面,通过对区域服务贸易自由化合作静态博弈中的占优战略均衡进行分析,揭示东亚区域服务贸易自由化合作的前提和必要性,并在服务业要素流动和服务环节全球再分配的背景下,通过动态合作和非合作博弈比较分析,对东亚推动区域服务贸易自由化的深层原因和积极作用进行理论解释。

第四节 研究思路和技术路线

本书选题属于应用性研究,根据上述研究内容和研究方法,将综合运用管理学、产业经济学、国际经济学、区域经济学、制度经济学和国际政治经济学等相关理论基础进行研究。

首先,一方面通过对服务贸易、服务贸易自由化、博弈理论和贸易自由化的经济效应理论基础进行归纳,并根据国内外公开发表的研究资料和成果,世界银行、经济合作发展组织、联合国贸发会议以及中国和东亚地区主要经济体的政府部门数据,对东亚区域服务贸易自由化的发展状况和水平进行评估和分析;另一方面,从静态和动态两方面对服务贸易自由化贸易效应进行研究,并力图利用扩展的贸易引力模型进行分析测算,对东亚区域框架下实现服务贸易自由化对包括中国、日本、韩国和以新加坡为代表的东盟主要经济体产生的贸易效应进行评估,并以此讨论东亚区域服务贸易合作的经济福利变化。

其次,基于博弈理论的分析框架,借助对服务外包跨国合作模型的扩展,对东亚经济体服务业发展和服务贸易的合作博弈和非合作博弈进行比较分析,反映开展区域服务贸易自由化的深层机制和积极作用。根据轮流出价和重复议价的讨价还价模型,研究服务贸易自由化协议的签订与执行不同阶段的机制特征和政策预期。借助对政府与国内利益团体动态博弈模型的扩展，继续观察和理解区域服务贸易自由化协议签订与国内利益集团影响的互动关系，从而全面评价东亚区域服务贸易自由化的合作路径和机制作用。

再次，基于贸易自由化中关于多边主义与区域主义的传统争论，在借鉴博弈理论对服务贸易自由化合作路径的分析基础上，采取跨学科的综合分析方法，通过研究全球价值链发展对东亚服务生产网络演进的影响，分析和反映东亚服务生产网络发展推动区域服务贸易自由化对东亚"开放的地区主义"合作的现实诉求，利用地缘因素和经济因素互动下对东亚区域经济合作进程中主导权和地区治理的不同认识，揭示未来东亚区域服务贸易自由化合作和治理机制的制度竞争和整合问题。

最后，在前文的研究和分析基础上，对未来中国参与东亚区域服务贸易自由化进程提出切实的政策建议，并在结论中，归纳和总结了东亚区域服务贸易自由化合作发展的四种机制特征。

本书具体研究内容和技术路线如图1-1所示。

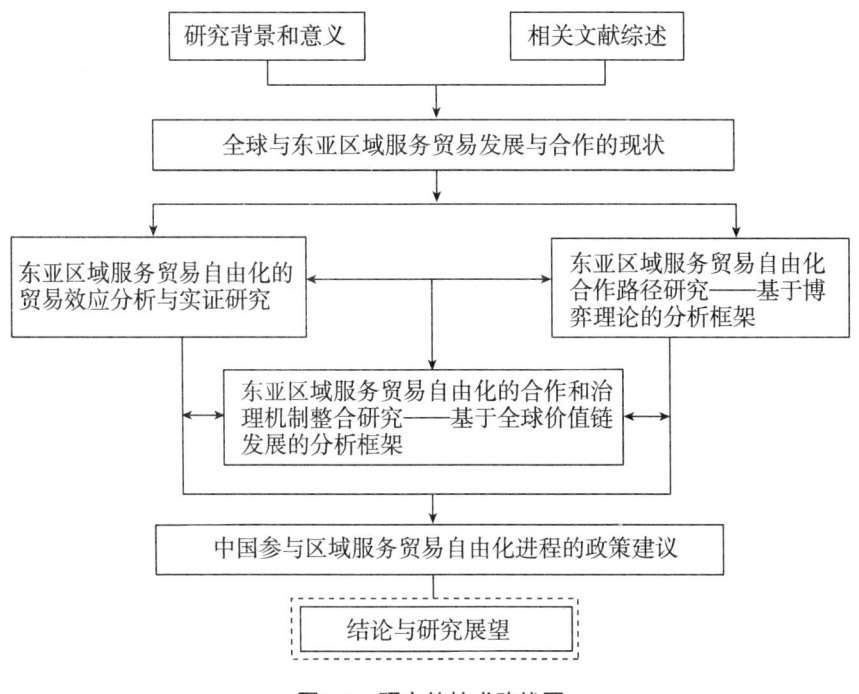

图1-1 研究的技术路线图

第二章　服务贸易与服务贸易自由化相关理论与文献综述

第一节　服务贸易与服务贸易自由化相关概念的界定

一、服务贸易的概念界定

服务贸易（International Trade in Services）是服务贸易自由化发展的基础，一般认为"服务贸易"一词最早出现在1972年9月经济合作与发展组织（OECD）提出的《国际专家与贸易和有关问题》当中；1974年，美国《贸易法》首次在法律规范上使用了"国际服务贸易"这一概念（赵亚平，2011）。根据《服务贸易总协定》（General Agreement on Trade in Services, GATS）的定义，服务贸易包含四类形式：

（1）跨境支付（Cross-Border-Supply），是指从一国境内向另一国境内提供服务，服务的生产者和消费者都不能跨境流动，这种服务通过通信、网络等信息手段加以实现，一般包括电信、金融结算和支付、卫星影视服务等。

（2）境外消费（Consumption Abroad），又称"消费者移动"，是指一国境内的服务生产者向另一国服务消费者提供服务，主要通过服务消费者跨境移动加以实现，如旅游、留学和海外就医等。

（3）商业存在（Commercial Presence），是指一国的服务生产者在另一国境内通过设立机构，对另一国居民或非居民提供服务从而形成贸易，主要涉及市场准入（Market Access）和跨境直接投资（FDI），如银行海外分支机构和其他海外跨境开办的各类从事服务业的机构。

（4）自然人流动（Movement of Personnel），是指一国的自然人服务生产者跨境流动,在另一国境内提供服务而形成的贸易,例如外国专家、工程师等来本国从事个体服务。

上述四种模式比较宽泛,在现实中服务贸易的开展可能由几种方式联合才能实现,但是并不与其作为一个整体的服务贸易定义相冲突,本书所涉及和研究的服务贸易概念就是以这四种服务提供模式为载体的。

二、服务贸易自由化概念的界定

当前,服务贸易自由化(Liberalization of International Trade in Services)的内涵和使用原则在不同学者的研究中有一定分歧。一般认为,广义的服务贸易自由化是基于GATS的纯粹的、无条件的多边自由化,包括了货物(实体化服务)、服务和投资(商业存在)三位一体的自由化,因此,各缔约方应逐步进行多轮谈判,从多边法律规范的制定与成员方行为的规范上,有效消除国际服务贸易壁垒(赵亚平,2011)。虽然这种解释具有很强的广泛性和终极性,但是在内涵界定、范围和实用性上过于模糊。根据张汉林的定义,服务贸易自由化是一国政府在对外贸易中,以实现资源合理优化配置和效率提高(或经济福利)为目的,通过立法和国际协定对服务和与服务有关的人、资本、货物、信息在国家间以四种方式进行的流动,以逐渐减少政府的行政干预为标志的、放松对外贸易管制的过程(张汉林,2002)。范小新、黄建忠和刘莉、李丹也先后对上述定义从国家利益最大化实现、实现过程的矛盾、冲突和动态性以及交易制度和环境等方面加以完善和丰富(范小新,2002;黄建忠,刘莉,2008;李丹,2012)。此外,在WTO多哈回合谈判陷入僵局的背景下,区域贸易合作成为各国关注的焦点,陶凯元认为越来越多的区域贸易安排(RTAs)也是逐步将服务贸易纳入其中的,有关区域服务贸易自由化的RTAs通常是一小部分经济体签订的,主要存在于两个贸易伙伴之间(陶凯元,2000)。截至2008年,在已通知WTO的199项已生效的RTAs中,可归入GATS第5条项下的多达50件,服务贸易的区域自由化依托于区域经济一体化协定,已成为服务贸易自由化的主要模式(周念利,2008)。

综合以上学者的理解,本书认为服务贸易自由化应包括三个方面的含义:一是服务贸易自由化应以减少内化的政府行政干预和外化的服务贸易壁垒为前提；二是建立在GATS服务贸易提供模式的实现上，开展和扩大与贸易伙伴的双边和多边谈判，合理认识发展状态和阶段，逐步实现"服务贸易自由化"；三是效率提高、经济福利增长和其他国家利益的实现是衡量服务贸易自由化程度的标准，但在强调经济福利和资源配置优化发展的同时，不应忽略政治安全等其他利益对服务贸易自由化的潜在影响。因此，本书对服务贸易自由化的界定是：以经济福利增长和效率提升为主的国家利益实现为目标，各国不断进行协商和谈判逐步减少服务贸易壁垒，通过双边、区域或多边国际协定的签订和履行，推动服务贸易得以有效进行的动态发展过程。

同时，鉴于当前区域服务贸易自由化发展在服务贸易自由化发展中的重要性，本书认为：区域服务贸易自由化在上述服务贸易自由化内涵的基础上，具有互惠性、排他性和高标准性。互惠性和排他性反映在只有签订相关协议的区域成员方才能享受协议规定的服务贸易优惠承诺，而非成员方则受到排他性的歧视。高标准性则反映在签订区域服务贸易自由化协议时往往做出超过GATS条款更高的承诺，涉及更大的市场开放内容，也称之为"GATS+"现象，其背后包含了更多的经济，甚至政治和安全考量。

第二节　服务贸易和服务贸易自由化的相关理论研究

鉴于当前服务贸易实践快于服务贸易理论发展，服务贸易发展领先于服务贸易自由化发展的现实，本章在梳理研究综述过程中，首先通过基于比较优势的传统服务贸易理论及不完全竞争和规模经济的新服务贸易理论视角，对服务贸易的相关理论进行回顾，通过对相关理论的学习和理解，提升对服务贸易理论体系的认识，并以此作为本书撰写的理论参照系。其次，根据服务贸易自由化在区域经济一体化进程中的作用，对研究服务贸易自由化规则、服务贸易自由化水平测度、服务贸易自由化实现路径、服务贸易自由化的经济福利效应研究的相关文献进行梳理，以熟悉和了解目前该领域的研究特点、深度和广度。最后，对多边和区域框架下的贸易自由化路径之争的相关观点进行归纳,以期对现有研究进行评价并寻找合适的研究突破口和创新点。

一、服务贸易中的比较优势论

传统的国际贸易理论对服务贸易的研究主要以货物贸易实践为逻辑起点,服务贸易本身并没有形成自身比较完善的理论体系。因此,理论界一般存在两种倾向:一是多数学者认为传统的比较优势理论(李嘉图的比较成本论、要素禀赋理论等)仍适用于服务贸易,将传统的比较优势理论由货物贸易领域延伸到服务贸易领域,实现服务贸易与货物贸易理论体系的同一性;二是部分学者认为,服务商品具有无形性、易逝性和异质性、生产者和消费者的面对面性等特点,传统商品贸易理论的解释力不足,应根据国际服务贸易实践和发展的特征,结合经济学理论和相关学科的发展趋势,构建相对独立的国际服务贸易理论体系。因此,国内外学者围绕比较优势理论对服务贸易的适用性主要形成了三种观点:即比较优势理论的不适用论、完全适用论和不完全适用论。

1. 不适用论的观点

辛普森和斯奈普质疑传统的 H-O 原理在服务贸易中的适用性。由于多数服务的生产与消费的时空一致性要求生产者的跨境移动,实质上就导致了生产要素的跨境流动,这就违背了 H-O 原理中"生产要素不能跨境流动"的基本假定,而放弃这一基本假定,该理论就不适合解释服务贸易了(G.Sampson, Snape, 1985)。

穆勒也指出,传统贸易理论对生产成本差异如何影响商品贸易国际竞争力尚无法完全解释,如果用该理论继续解释服务贸易的适用性就更值得怀疑。他的研究表明,服务品中的生产要素投入是服务价格的主要决定因素,而对多数服务而言,服务品的价格和实际要素投入之间的相关性较小,消费者的主观评价和偏好影响着商品的需求,所以,传统比较优势理论中价格差异导致国际贸易的观点对服务贸易的解释差强人意;此外,他还划分了贸易性服务和不可贸易性服务,并指出了差异性很大的可贸易性服务(如咨询、广告和技术服务等),虽然名称相同,但提供的服务内容和质量可能相差悬殊,服务价格相差很大,产品价格差异理论较难解释此类服务的贸易原因；而对标准化程度较高的可贸易服务（如海运、金融服务等），比较优势理论则具有一定的解释力（Muller，1984）。

迪克和蒂奇利用显示性比较优势指数（RCA）分析知识密集型服务产品在现实贸易中是否遵循比较优势理论，对18个经济合作组织（OECD）国家不同的RCA指数进行回归分析，结论表明比较优势并不能决定服务贸易模式，要素禀赋在不考虑贸易扭曲和非关税壁垒的情况下对服务贸易模式的决定作用不明显（R.Dick，Dicke，1979）。同时，美国经济学家菲克特库迪还从服务贸易的特点出发，认为服务贸易从交换方式、不可储存性和统计方式上与货物贸易有很大差别（G.Feketekuty，1981）。

2.完全适用论的观点

1981年，萨皮尔和卢茨利用52个国家的横截面数据建立回归模型，对货物运输、旅客运输和保险服务行业的H-O模型的适用性进行了验证，结论是有形资本丰富的经济体在运输服务部门拥有比较优势（运输属于物质资本密集型的部门），而人力资本丰富的国家在保险服务部门拥有比较优势（保险属于人力资本密集型的部门）；反映了资源禀赋的差异依然是形成服务贸易的决定因素，支持了比较优势理论适用于服务贸易领域的观点。萨皮尔进一步指出，服务贸易的比较优势是动态的，发展中国家具有成为服务出口国的巨大潜力（Sapir，Lutz，1981）。同时，拉尔也通过有关实证研究得出相似结论，但保险业属于标准化程度较高的服务部门，可能由于成本差异决定价格差异进而导致国际贸易，因此其结论的解释范围存在局限（Lall，1986）。

此外，理查德·库珀认为，"作为一个简单的思想，比较优势是普遍有效的，比较优势的核心在于各国充分利用自身效率更高的活动获得收益"，尽管服务贸易与货物贸易有显著区别，但是服务产品生产也存在生产率不同，各国要素禀赋不同，还是会导致价格差异和贸易产生（赵亚平，2011）。辛德利和史密斯对政府针对服务业实行特别管制、限制服务业对外投资、为保护优质服务业而封闭国内市场等行为进行详细分析，认为没有必要在概念上严格区分服务和商品，从而排除了比较优势理论适用性问题的干扰（B.Hindley，A.Smith，1984）。

3.不完全适用论的观点

持此种观点的学者们认为，比较优势理论基本适用于服务贸易，但在解释水平上存在缺陷。服务贸易领域存在比较优势的合理内涵，但应通过适当的理论修正将服务贸易的某些独特特征展现出来，避免扭曲和改变，总体来说，这种观点获得了学术界的较多认可。

1985年，迪尔道夫以H-O模型框架（2×2×2模型）为基础，从考察作为商品贸易派生需求的服务贸易、涉及要素流动的要素服务贸易和作为跨国公司母国所提供的某些要素服务等三个特征入手，以生产一种商品和一种服务的假设替代两国两种商品均生产的假设，并假定一国在封闭条件下商品和服务的价格均高于世界价格，当进行自由贸易时，若该国仍按照封闭条件下的价格进行贸易，则商品和服务的进口将多于出口，成功地揭示了一国的商品和服务贸易都遵循基于价格差异的比较优势原则。而如贸易前价格、服务贸易中的要素流动等服务贸易的特有因素，都不会影响比较优势的解释力（Deardorf, 1985）。同时，琼斯的研究也表明，劳动生产率差异将导致服务价格差异，最终将影响服务的进出口，也证实了服务贸易对比较优势一定程度的遵循（Jones, 1990）。

塔克和森德伯格根据服务产品自身特点和定价讨论了服务贸易的特殊性。他认为：首先，与有形产品相比，服务产品的质量稳定性弱、标准化难度大，消费者在评价其效用时，主观性和需求因素的影响力很强；其次，服务产品的差异性较强，容易出现信息不对称现象，进而形成不完全竞争的市场结构；最后，生产性服务作为中间产品出现在贸易和非贸易生产过程中，会出现服务生产函数和使用服务投入的商品生产函数两个不同的生产函数，同时在两个函数中的要素投入存在异质性。因此，其结论认为应更多关注服务产品的市场结构和需求特征，从而对服务贸易的比较优势加以适当解释（Tucker, Sundberg, 1988）。

此外，佛尔维和盖默尔的经验分析还发现，发达国家在资本和技术密集型的服务（如保险、专利、咨询等服务是人力资本密集型的部门）上相对价格低，具有比较优势，而发展中国家在劳动密集型服务（如旅游、劳务输出、工程承包等为劳动密集型的部门）上的相对价格低，具有比较优势，从而得到结论认为，要素禀赋差异导致服务价格差异是服务贸易产生的动因（Falvey, Gemmell, 1991）。

伯格斯通过对标准H-O模型进行简单修正，将服务产品作为中间投入品对比较优势理论进行考察,得到了适用于服务贸易的一般模型(D.F.Burgess,1990);而萨格瑞通过引入技术差异变量对传统H-O-S模型进行修正,也使之更符合服务贸易特征,并能较好地解释国际金融服务贸易比较优势的来源(Sagari,1989)。

4.基于比较优势论的国内研究

国内部分学者也根据比较优势相关理论对中国的服务贸易进行了大量的经验研究,主要是运用相关的度量指标,围绕中国服务贸易的比较优势水平及其影响因素展开进行。

程大中、王绍媛、殷凤和车文立分别利用经济体模型比较、中美印和新加坡的服务贸易数据和主要服务贸易大国数据比较,从服务贸易的分部门研究、中国服务贸易净出口、服务市场占有率、服务贸易竞争指数(TC)和显示性优势指数(RCA)、服务贸易的开放度、服务贸易占整体贸易的比重和服务贸易出口结构等方面进行分析,总体反映了中国的服务贸易水平和质量仍然较低,包括运输、旅游和劳务输出等劳动密集型和自然资源型产业是中国服务贸易的主要部门,而附加值高、技术和知识密集型的金融、信息、咨询等行业的国际竞争力较弱(程大忠,2003;王绍媛,2005;殷凤,2007;车文立,2009)。庄慧明、黄建忠和陈洁还利用波特的钻石模型为理论依据,选取9个方面的影响因素,构建了中国服务贸易竞争力计量评价模型,得出中国服务贸易的竞争力在改革开放以来并没有得到实质性的提升(庄慧明等,2009)。

与此同时,蔡茂森和谭荣利用时间序列对中国服务贸易各部门的比较优势进行了分析,提出了以提高服务业发展水平、扩大市场开放度和扩大吸引外商直接投资等经济方式促进我国服务出口能力的提升(蔡茂森,谭荣,2005)。董小麟和董苑玫、鲁晓东和李秉强分别在对我国服务贸易竞争力定量分析的基础上,从我国服务业存在行业结构和就业结构缺陷、中国服务贸易竞争力评价体系的测算和服务贸易竞争力与经济增长、服务业发展、人力资本积累与政府扶持等角度,总结和提出了提升中国服务贸易竞争力的政策建议(董小麟,董苑玫,2006;鲁晓东,2007;李秉强,2008)。张艳和唐宜红利用中国服务业进出口和服务业FDI数据,探讨了中国服务贸易发展的原因,认为相对比较优势的提高会增加一国服务出口,减少服务进口;服务贸易自由化、服务业外商直接投资和服务产业发展是影响中国服务贸易发展的重要决定因素(张艳,唐宜红,2011)。

5.对服务贸易中比较优势论研究的简要述评

综上分析我们不难发现,首先,就大多数经济学家的观点而言,比较优势理论仍适用于服务贸易的解释,相对价格的差异依然是服务贸易产生的基础,按比较优势开展国际贸易有助于服务业的专业化分工和资源的有效配置,但考虑不同服务贸易部门和产品存在差异性,应对传统比较优势理论进行适当修正和调整,以更好地解释服务贸易的发展。其次,不同经济体的服务贸易的比较优势由其技术或其他要素禀赋的丰裕程度所决定,还会因为服务行业不同而存在差异,如旅游业多以自然资源禀赋为基础,运输、酒店等行业则以资本要素为基础,而金融、咨询等生产性服务则以人力资本为基础。就相关经验研究而言,发达国家在知识密集型服务贸易领域的比较优势明显,中国则仍集中在传统劳动密集型和自然资源禀赋型服务贸易领域具有比较优势。同时,既有研究仍大多关注研究对象自身的服务贸易竞争力,较少涉及不同区域或经济体间服务贸易的比较优势研究。最后,由于比较优势的发展具有动态性,通过资本累积,特别是人力资本的积累,一国原来处于比较劣势的服务贸易部门也会拥有比较优势,货物贸易自由化中的贸易和投资效应理论也仍然适合分析服务贸易自由化。未来,服务贸易自由化、服务业外商直接投资和服务产业发展将成为影响中国服务贸易发展的重要决定因素。

二、不完全竞争和规模经济下的服务贸易理论

传统国际贸易理论建立在"完全竞争市场"和"规模收益不变"假设基础上,但在现实中,"不完全竞争市场"和"规模报酬递增"才是经济生活的普遍现象。随着新贸易理论对大量产业内货物贸易问题的深入研究,"不完全竞争市场"和"规模经济"下的国际服务贸易也已成为经济学家关注的焦点。

以新贸易理论的发展作为代表,经济学者们开始从规模经济的视角阐释服务贸易的动因和模式。克鲁格曼认为,"随着技术的进步,服务贸易所要求的生产者和消费者时空一致性的制约逐步削弱,例如自动存款

机能提供多项金融服务,远程教育可以覆盖多个国家;而且随着服务业投资规模的加大,依靠无形资产和管理资源的规模化使用,一体化和连锁经营等新型商业模式更是突破了这一制约;信息技术、通信技术和广告宣传的快速发展更强化了服务产品的差异性,降低了成本,规模经济更加明显,理论上已证明资本密集型中间服务和知识密集型生产服务具有规模收益递增的特点,因此,规模经济成为服务贸易的又一个动因。"他同时还认为,在存在固定成本的情况下,能够进入更大市场的企业,其生产规模会更大,平均成本更低,即便没有比较优势,规模经济也能推动服务贸易发展(Krugman,1981,1991)。由此,随后形成了规模经济和不完全竞争条件下的三个服务贸易代表性理论:琼斯和凯茨考斯基提出了"生产区段和服务链理论",探讨了生产方式改变与服务贸易之间的关系(R.Jones,H.Kierzkowski,1990)。马库森和弗兰克斯分别从需求的角度进行分析,两者均认为由于服务贸易,尤其是生产者服务贸易,具有明显的规模报酬递增特征;同时,由于大量中间产品具有差异化或与国内要素互补的特性,生产性服务贸易要优于单纯的最终产品贸易。此外,弗兰克斯还强调了服务在协调和衔接专业化生产过程中的外部聚集作用,以及生产性服务贸易对货物生产的影响(J.Markusen,1989;J.Francois,1990)。

1.生产区段和服务链理论

琼斯和凯茨考斯基在其"生产区段和服务链理论"中认为,随着科技的进步,社会分工与专业化程度日益加深,产品的生产过程更加细化。某国可能在商品生产的某个阶段具有比较优势,但不可能在所有生产阶段上都具有比较优势,因此厂商可以根据各地的比较优势,分别在国内和国外分散生产,形成不同的生产区段。不同生产区段间的沟通链接产生了对服务的需求,一系列的生产协调、信息沟通、管理、金融服务、运输服务等组成服务链,为企业产品生产提供服务。同时,当企业利用服务链和生产区段生产可以有效降低生产成本时,市场对于服务链的依赖会明显上升,从而最终诱发服务贸易的产生。

图2-1 生产过程的分散化

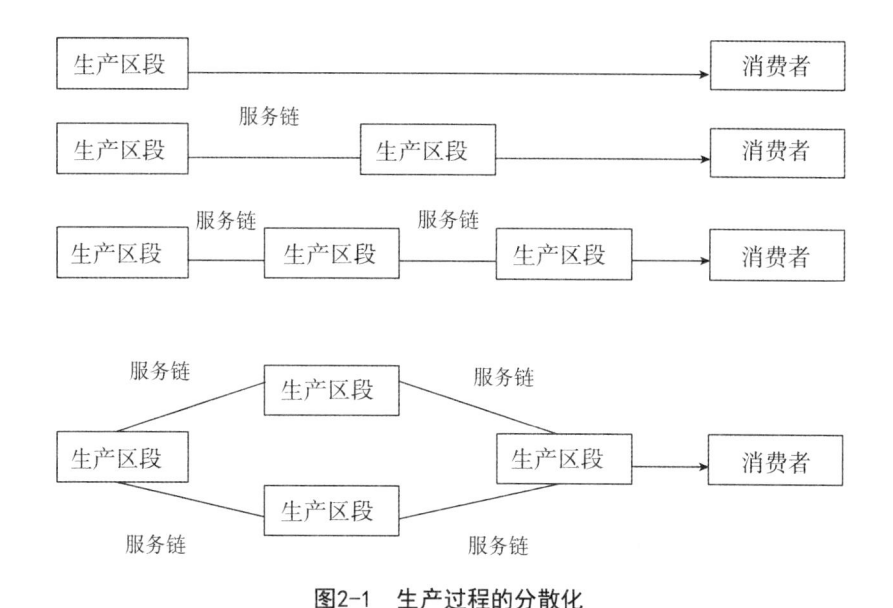

图2-1对于生产区段和服务链分散化的描述,反映了随着生产区段的不断细化,生产区段和服务链数量将不断增加,根据国际相对要素价格和劳动生产率的差异,最终产生的生产分工方式,会对国际贸易产生巨大需求,并极大促进跨国生产区段的发展,进而提升生产者服务贸易的大幅增长(R.Jones, H.Kierzkowski, 1990)。

2. 马库森理论

随着生产性服务贸易在国际服务贸易份额中的迅速上升,马库森又提出差异性中间要素贸易模型,即根据服务部门的柯布道格拉斯生产函数和熟练劳动力生产的不变替代弹性生产函数,得出了四个方面的结论:一是生产企业和任何特定专业化服务的生产规模报酬不变,而服务业及其所提供的服务总量呈现规模报酬递增的现象。二是许多资本技术密集型的生产者服务具有较高的规模经济特征,中间产品又呈现出差异化或与国内要素互补的特征,在包含较多熟练劳动力的生产性服务贸易中,相对于原始投资,实际提供服务的边际成本很低,导致生产专业化程度的提高和国际分工的发展,使得生产性服务贸易优于单纯的最终产品服务贸易。三是服务贸易同样存在着"先入者优势",规模报酬递增使得先入者可以利用较低的边际成本进行扩张,阻止后入者的同业竞争,降低了后入者的福利水平和竞争能力。四是如果小国生产报酬递增的趋势出现衰减,国家遭受福利损失时,他主张政府应给予生产性服务业适当补贴,以追求社会福利的最大化。

马库森的理论解释了服务贸易发展的另一个独立动因,即不完全竞争和规模经济的存在使市场处于次优状态,为政府的适当干预和协调提供了政策依据,尤其对发展中国家贸易与投资政策的制定具有重要的借鉴意义(J.Markusen, 1989)。

3.弗兰克斯理论

马库森理论强调服务部门的内部专业化,而弗兰克斯则关注服务在协调和联结各专业化中间生产过程中的外部积聚作用。通过构建以张伯伦垄断竞争为特征的产品差异化模型,弗兰克斯分析了专业化如何使生产性服务呈现报酬递增,生产性服务贸易如何影响货物贸易。

服务部门专业化会形成规模经济,而在生产过程中服务专业化的应用程度则依赖于厂商的生产规模和市场规模的影响,市场规模的扩大则依赖于服务部门的扩张,因此服务部门的扩张决定了专业化分工形成的规模递增。此外,当两国进行国际贸易,并形成市场一体化后,服务贸易自由化将导致服务产品种类增多,生产规模扩大,进口国的生产将更趋专业化;本国厂商数量减少,外国厂商数量增多,但留存下来的本国厂商的规模和贸易自由化程度,相比之前都有所扩大,这意味着外商直接投资在区域经济一体化地区获得创造效应(J.Francois, 1990)。

4.其他学者对于不完全竞争市场和规模经济下服务贸易的经验研究

基于上述学者对不完全竞争市场和规模经济下服务贸易理论的认识和分析,国内外学者也就国际和中国的服务贸易产业内贸易水平、服务贸易和货物贸易的相关性进行了大量经验性研究。

国外学者大多认为发达经济体间的服务贸易多以产业内贸易为主,弗兰克斯和赫恩分别利用进出口服务贸易数据和投入—产出法对贸易流量进行分析,发现美国和欧盟各国间的生产性服务贸易具有产业内贸易的显著特点(Francois, 1993; Hoen, 1999)。劳埃德和李,谢伯恩和冈扎雷分别利用产业内贸易水平指数和边际产业内贸易水平指数,对不同数量的OECD国家的服务贸易发展状况进行了实证研究,结果均表明大多数经济体服务贸易两项指标均很高且保持稳定(Lloyd, Lee, 2002; Shelburne, Gonzalez, 2004)。

国内学者也对中国服务贸易的产业内贸易水平进行过测评,例如曾国平等人对我国服务业整体和各部门的产业内贸易水平进行测算,发现中国服务业整体也均以产业内贸易为主要贸易模式,但技术密集型服务行业的产业内贸易不明显。伍荣等人对我国1997—2004年的服务贸易数据运用GL指数进行考察,发现中国服务业各部门的产业内贸易发展程度存在较大差异,产业内贸易发展不平衡(包艳,2010);蔡宏波和姜颖则分别利用多种计量经济方法得出,中国服务业产业内贸易垂直性特征明显,服务部门规模和服务贸易自由度是影响中国服务业产业内贸易发展的主要因素(蔡宏波,2007;姜颖,2007)。

在服务贸易和货物贸易的相关性研究上,国内外学者讨论的比较多但结论并不一致,主要围绕在两者间是否具有互补性和促进性。

在认为两者具有互补关系的观点中,梅尔文指出服务贸易与货物贸易间具有逆相关关系,在消费性服务不可流动、生产性服务和货物产品可流动的贸易平衡条件下,生产性服务的出口能够带动货物产品的进口,即服务贸易顺差增加会带来货物贸易逆差扩大(Melvin, 1989)。马瑞维基克、斯蒂博拉和维埃尔进一步通过一般均衡模型分析得出了服务贸易与货物贸易间具有逆向互补关系的结论(Marrewijk, Stibora, Vaal, 1996)。国内学者中,谢康和李赞、陈兆军、周燕和郑甘澍以及李秉强和逯宇铎分别利用WTO、IMF和美国的进出口统计数据、改进的迪尔道夫模型数据验证、主要经济体货物和服务进出口数据和大规模样本国家贸易数据进行各类实证分析,均显示出服务贸易和货物贸易在短期内具有互补性,并且在发达国家间表现得更为明显(谢康,李赞,2000;陈兆军,2001;周燕,郑甘澍,2007;李秉强,逯宇铎,2009)。

就货物贸易与服务贸易发展间的促进性而言,也有单向促进和相互促进的不同结论。在服务贸易发展促进货物贸易发展方面,胡景岩强调,货物贸易的附加值更多体现在服务贸易的支撑作用,缺乏服务贸易发展的高附加值创造能力,货物贸易的结构调整难以实现(胡景岩,2008)。同时,琼斯和凯茨考斯基指出,基于比较优势和规模经济的双重影响,生产的过程不断细分和复杂化,更多的"服务链"应运而生,生产的国际化程度进一步提高,服务贸易将大大促进货物贸易(R.Jones,H.Kierzkowski,1990);伯格斯也认为,生产性服务作为中间投入品时,由于各国间的技术差异,服务贸易对货物贸易的促进在极端状况下的表现更为明显(D.F.Burgess,1990)。

此外,陈宪和李静萍则认为,服务贸易发展的基础是货物贸易,货物贸易的发展中才蕴含着服务贸易扩大的机会,特别是生产性服务贸易来源于货物贸易发展带来的服务需求,因此要强调货物贸易发展对服务贸易发展的带动性(陈宪,2000;李静萍,2003)。

上述分歧看似泾渭分明,但实际上更多关注的是两者间促进作用的大小,更普遍的理解主要反映在两者的相互促进作用上。罗宾森、王和马丁、玛赞达尔分别利用CGE模型和定价原理就服务贸易和货物贸易的相关性进行分析,得出两者彼此相互促进的结论(Robinson,Wang,Martin,2002;Mazumdar,2005)。夏晴根据我国经常项目货物贸易顺差和服务贸易逆差的不平衡性,提出服务贸易和货物贸易协同发展的新思路(夏晴,2004)。程南洋和余金花、庄丽娟和陈翠兰、王英分别利用中国货物贸易和服务贸易数据,就服务贸易具体行业和内部结构变动、构建服务贸易引力模型等方式进行了实证分析,得出中国货物贸易和服务贸易间存在互为影响的动态相关关系(程南洋,余金花,2007;庄丽娟,陈翠兰,2009;王英,2010)。于立新和周伶根据2001—2010年中国服务贸易进出口数据,进一步总结了中国服务贸易和货物贸易的高度相关性、增长一致性和相互促进性,并对两者的促进作用不显著、协调发展不突出提出了完善的政策建议(于立新,周伶,2011)。

5. 对不完全竞争市场和规模经济下服务贸易理论与经验研究的简要述评

从上述理论综述看,由于服务产品并不是完全遵循完全竞争、规模经济不变、要素不能流动的假设,利用传统的比较优势理论和要素禀赋理论只能解释各国服务贸易互补性较强的国家间贸易,而实际上在规模经济条件下,技术水平和要素禀赋相似的国家间也存在服务贸易,一方面可以获得贸易利益,另一方面还能实现服务专业化分化的优势。服务业基于生产的规模经济和产品多样化中获得的贸易利益将可能超过基于互补的比较利益,这也能成为一国的主要贸易效应来源。同时,基于对不完全竞争市场和规模经济下服务贸易理论的认识和分析,国内外学者普遍通过经验研究得出结论:服务贸易主要以产业内贸易为主,发达国家的服务贸易的产业内贸易水平高于中国,服务业部门的规模和服务贸易自由度成为影响中国服务贸易发展的主要因素。而就服务贸易和货物贸易的相关性研究而言,尚未形成一致结论,但对于两者之间具有互补和促进关系的判断是肯定的,可以预见贸易自由化程度的提高将进一步凸显两者的相互影响。

三、关于服务贸易自由化的相关理论研究

伴随服务贸易在经济发展中的作用不断上升,服务贸易自由化问题不再被看作"强者"政策,即发达国家所采用的占领服务业落后国家的贸易政策,而是成为增进各经济体保持和增加贸易机会,提升经济效益和福利以及发展自身服务贸易竞争力的重要途径和手段。为此,许多学者针对当前服务贸易自由化在多边和区域经济合作中的重要性,从参与服务贸易自由化合作的动机、成本和预期收益考量、实现途径和合作方式以及可能存在的威胁和障碍进行了许多深入研究。

1.关于多边服务贸易自由化和区域服务贸易自由化规则的相关研究

根据服务贸易自由化的概念界定,广义的服务贸易自由化是基于《服务贸易总协定》多边框架下的自由化;而区域贸易自由化是在对等条件下,有条件和有范围的服务贸易自由化,两者都是以协议方式,依据《服务贸易总协定》、区域贸易协定中有关服务贸易的规则和各国对外开放服务贸易的具体承诺加以实现,体现了服务贸易自由化在多边和区域两个层面的共同推进,但两者既有区别又有联系。

根据赵亚平的归纳,就区域服务贸易自由化与多边服务贸易自由化区别而言,一是自由化方式和范围上,区域内部要素流动代替了多边自由流动,区域内部服务贸易自由化水平大幅提高;二是最惠国待遇、市场准入和国民待遇是区域服务贸易自由化的基本原则,但对于区域经济组织外的经济体存在歧视性且不存在类似GATS的例外原则;三是从国内规制上,区域服务贸易自由化具有更高的协调性、标准性和相互认可;四是在垄断、专

营和商业惯例上，区域服务贸易自由化具有明确的条款，根据可操作性和执行力，而不仅仅是GATS的模糊要求；五是在争端解决机制上，因为区域贸易协定的成员数量较少，区域服务贸易自由化中出现的争端解决成本较GATS更低，效果往往更好。而就两者的联系而言，区域服务贸易自由化是区域服务贸易规则的制定目标，为多边规则的达成和实施提供了模板和基础，发挥了试验田的作用；同时，区域服务贸易自由化的实现依赖于高于国内法的区域法律规范，恰好弥补了各国国内利益集团通过国内法影响多边服务贸易规则的局限性，进一步推动了多边服务贸易自由化的实现（赵亚平，2011）。

（1）多边框架下的服务贸易自由化规则研究

《服务贸易总协定》是服务贸易自由化在多边框架下实施的基础。针对多边框架下服务贸易自由化规则的研究，国外学者主要围绕如何改进GATS规则，各国在多边服务贸易谈判中的地位及GATS的实际效果进行分析。

从GATS谈判过程的进展看，霍克曼和麦瑟林指出，从政府管制与服务产业发展水平上看，参与市场准入谈判的经济体更倾向于实施单边开放行为而不是寻求多边框架下的磋商；此外，当多边谈判中某经济体扩大出口的意愿较小时，如何设置保护性措施就转变为谈判的重点，互惠基础上的开放议题则退居其后（Hoekman, Messerlin, 2000），这在一定程度上解释了一些发展中国家对多边服务贸易自由化谈判和开放本国服务市场的消极态度。马图也指出，GATS有条件的最惠国待遇容易被各成员方滥用，从而导致服务贸易自由化进程的减缓（Matoo, 2001）。阿斯德兰格和罗伊结合上述研究，对多边框架下各经济体的服务贸易承诺水平进行分析，发现1995年后成员方的承诺水平并没有显著提升，例如电信服务市场的开放承诺仍非常有限，各国对未来依据GATS来实现纯粹的服务贸易自由化积极性不大（Asdlung, Roy, 2005）。

从GATS规则的改进来看，因为上述多边谈判进程中出现的问题，众多学者开始致力于改进GATS规则以推动成员方对多边服务贸易自由化的积极性。马图指出，GATS涉及国内管制和市场准入规则的部分应进行改进，以利于发展中国家未来的收益；同时，发展中国家也应采取更积极的措施降低服务贸易壁垒并积极参与谈判（Matoo，2004）。迪伊也对GATS规则的改进，特别是中国加入WTO对服务贸易自由化的发展和影响等问题进行了研究（Dee，2005）。

国内学者的研究，一是对GATS规则具体条文的分析和评述，张汉林、张圣翠和陶凯元等人从GATS的基本框架、主要内容与意义和存在的主要问题出发，探讨了GATS框架下中国加入WTO的承诺和服务贸易发展问题（张汉林，1997；张圣翠，2001；陶凯元，2002）。基于多哈回合服务贸易谈判，赵仁康对全球服务贸易自由化的发展趋势进行了评估，认为尽管在部分条款和规则上取得了一些阶段性成果，但在谈判的许多方面仍存在明显的缺失，新一轮服务贸易谈判进程将十分曲折（赵仁康，2006）。

二是对于多边服务贸易自由化下中国的发展问题，刘光溪、来有为和刘绍坚均认为，中国加入WTO后，GATS规则将对中国的服务业和服务贸易的发展带来巨大的促进和推动作用（刘光溪，2001；来有为，2004；刘绍坚，2005）。盛斌对中国与不同类型WTO成员对有关服务活动的承诺进行了数量化评估，认为我国在入世协议中的具体承诺和减让远远高于发展中国家水平，既表明了中国开放服务贸易市场的诚意，也意味着中国将不断降低服务贸易壁垒，服务贸易自由化的开放程度将大大加快（盛斌，2002）。谢康和肖小丰进一步分析，在经济全球化趋势下，发展中国家在服务贸易自由化进程上面临的政策选择，不是是否开放市场的问题，而是市场开放的顺序问题。入世后的中国应坚持服务市场开放的发展方向，但在实际自由化进程中应有先有后（谢康，肖小丰，2002）。陈菲、黄凌宇以及冯远和张继行则指出，基于GATS的多边框架规则，未来中国服务业的发展将面临国际市场的激烈竞争，要及时调整产业政策和结构，加快促进我国服务业实施"走出去"战略，引进竞争机制改善国内服务业竞争环境，提高效率，扩大中国参与国际分工和合作水平，促进服务贸易发展，推动中国发展区域经济合作和双边贸易（陈菲，2005；黄凌宇，2007；冯远，张继行，2011）。

（2）区域框架下的服务贸易自由化规则研究

早在GATS产生之前，20世纪80、90年代，欧盟、北美自由贸易区等区域性经济一体化组织对服务贸易自由化已有大量细致的规定，经过多年的发展，特别是在多边框架下推动服务贸易自由化受阻的情况下，发达经济体已经在各自参与的自由贸易区域内基本实现了服务贸易市场的一体化。

就国外学者的研究而言，对于区域框架下的服务贸易自由化规则的特点，哈门和雷迪进行了归纳和总结，一是区域经济组织在制定服务市场开放规则时，普遍尊重GATS框架下的有关规则，成员方可享有更多的优惠但并未破坏GATS的非歧视原则，对国民待遇、最惠国待遇等的不同解释也符合GATS的例外原则（Harmen，Leidy，1994）；二是区域服务贸易自由化和投资自由化密切相关，服务市场的开放程度主要体现在双边投资保护措施上；三是随着区域一体化势头迅猛，区域服务贸易自由化部门不断增加，成员方普遍积极参与服务贸易自由化的进程。

从具体研究领域来看，菲因克和马图研究了区域服务贸易发展的政策影响，探讨如何在某一特定服务市场内实施单边政策，并在区域合作中获得比多边合作更多的收益（Fink，Mattoo，2002）。同时，霍克曼和索维，罗伊、马切提和里姆对当时涉及服务贸易的区域自由贸易协定（RTA）的条款和覆盖范围进行了比较，发现区域服务贸易自由化的承诺水平并不比GATS的规则高，对其能否有效补充或取代其他形式的服务贸易自由化的看法提出质疑。但是，里姆等人的研究也承认区域贸易协定中服务自由化承诺范围要大于GATS的条款范围（Hoekman，Sauve，2004；Roy，Marchetti，Lim，2006）。

就具体规则条款研究而言，菲因克和莫里努埃诺通过对东亚双边和区域服务贸易自由化协议中的具体承诺减让表和投资协议进行分析，总结了其自然人移动、原产地原则、争端解决机制等特征和东亚区域服务贸易自由化协议发展的特点，并将其与GATS多边框架下的服务贸易自由化谈判进行了对比（Fink，Molinuevo，2002，2007）。马图等也对当时已生效的涉及区域服务贸易自由化的RTA与GATS的自由化程度进行对比研究，指出区域服务贸易自由化的规则应放松对区域内劳动力流动、政府采购等方面的限制，提高政策透明度和执行的监督力度（Mattoo，2008）。麦格尼尼还对比分析了GATS、NAFTA（北美自由贸易协定）和欧盟服务贸易自由化的不同特征及其对成员方经济增长的影响，认为目前区域服务贸易自由化水平不高，相关各方只将其作为融入经济全球化进程的手段之一（Marconini，

2009)。

国内学者的研究主要从区域服务贸易自由化规则的具体条款和区域与多边服务贸易自由化的关系上进行探讨。

基于对服务贸易概念和自由化方式的研究，张潇文和冷德穆比较了欧盟、NAFTA与GATS规定条款的差异，认为对服务贸易的各项规定覆盖范围最广泛的仍然是GATS，而欧盟对服务贸易规定的覆盖范围最小（张潇文，冷德穆，2007）。石峡尝试研究了GATS对《中国—东盟全面经济合作框架协议》中服务贸易条款的借鉴意义，认为应将涉及服务贸易相关内容标准化的制定和执行作为催化剂，优先进行双边或多边谈判，增加涉及鼓励中小企业的条款（石峡，2007）。而陈妙英探讨了中国与东盟自贸区服务贸易自由化的法律规划，认为服务贸易自由化的长期目标应是实现区域内所有服务部门的一体化和服务贸易提供方式的自由化（陈妙英，2009）。

与此同时，基于区域与多边服务贸易自由化的关系，范黎红认为区域服务贸易自由化的部分规则可能导致贸易转移效应大于贸易创造效应，对福利分配将产生消极影响（范黎红，2002）。刘莉和黄建忠却认为区域服务贸易开放要高于多边开放，一方面因其覆盖的服务业部门更广，开放程度更高；另一方面，GATS的发展尚停留在非歧视阶段，而部分区域一体化组织则已推进至相互承认与政策协调的层次，成为推动服务贸易开放的重要力量（刘莉，黄建忠，2006）。同时，周念利等人也认为服务贸易规则的多边化与区域化的互促共进，既是全球服务贸易自由化的重要特征，也是加快中国服务贸易发展的重要推手（周念利，2008；冯远，张继行，2011）。

2.关于服务贸易自由化实现途径和发展程度的相关研究

在服务贸易自由化的实现途径研究方面，服务贸易自由化的理论基础是货物贸易自由化理论，因此对于服务贸易自由化的实现途径并没有最优标准。通常来看，对于服务贸易自由化实现路径的认识大多与对服务贸易壁垒的研究同步，特别是研究发展中国家如何扩大服务贸易自由化，实际上也是研究如何改善和消除各种阻碍服务贸易发展的壁垒和环境。

一般认为，推进国际服务贸易自由化的途径可以包括以下几点。一是应充分发挥GATS和WTO的作用，积极推进多边贸易谈判；二是利用区域经济合作，在区域内部率先实现服务贸易自由化；三是服务贸易壁垒大多涉及贸易以外的部门，需要加强各国国内政策协调，尤其是竞争政策；四是发达国家应在发展中国家占有比较优势的货物贸易上推行充分的自由化，以提高发展中国家参与服务贸易自由化的积极性。霍克曼和麦瑟林、霍得智更进一步提出，由于服务贸易不同于货物贸易，服务贸易自由化在收益、成本、时间、顺序和管理等方面具有不同的特点。发展中国家在参与服务贸易自由化过程中，首先需要判断国内服务贸易壁垒所带来的直接或间接影响，进行必要的国内管制改革，确定服务部门的优先开放顺序和时间，同时还要加快本国服务业的发展（Hoekman, Messerlin, 1999; Hodge, 2003）。

与此同时，通过总结拉美和东南亚国家的发展经验，斯蒂芬森认为，由于发展中国家的服务业基础薄弱，发展水平较低，在多边领域参与服务贸易自由化并做出承诺的风险比较大，更适合在区域合作中渐进提高服务贸易开放水平（Stephenson, 1998）。

另外，也有部分学者针对具体行业的服务贸易自由化途径进行了研究，特别是对于金融和电信业的关注。亚历山大和马图主要研究了发展中国家金融服务贸易自由化问题，他们认为发展中国家要想获得金融服务贸易自由化带来的利益，仍需继续扩大其金融业开放并进行管制制度的调整，IMF和世界银行等国际组织也应在制度完善和维护经济稳定上提供支持，以减少开放可能带来的风险（Alexander, 2002; Mattoo, 2003）。芬克针对全球不同地区发展中国家的电信服务部门进行分析，指出尽管私有化和竞争能够显著改善电信部门的绩效，但是在这些部门引入竞争机制后，并未有效减少对企业数量和外资所有权的控制，开放程度不高（Fink, 2001, 2003）。

在服务贸易自由化发展程度方面，国内部分学者也针对RTAs或EPAs中涉及区域服务贸易自由化的具体承诺进行了定量研究。根据对中国入世协议和附件中对服务贸易总体及分部门具体承诺的量化分析，盛斌评估了中国加入WTO后服务贸易自由化水平（盛斌，2002）。俞灵燕分析了APEC区域服务贸易发展过程中的基本特征与存在的问题，概括了其服务贸易自由化程度低于世界平均水平，且内部成员方之间服务贸易发展相对不平衡的现实（俞灵燕，2004）。在对中印双边服务贸易自由化承诺研究的基础上，杨荣珍对双边服务部门的市场准入承诺进行评估，认为当前中印双边服务贸易规模有限，服务贸易发展应遵循从易到难、个别突破的原则逐步展开（杨荣珍，2007）。邹春萌对东盟区域服务贸易自由化从合作机制、自由化模型的角度进行了探讨和预测（邹春萌，2008）。孟夏和于晓燕探讨了当前地区自由贸易协议框架下的服务贸易自由化发展状况，并结合中国已签署的区域贸易安排，分析了中国参与和推动区域服务贸易自由化发展的特点和政策建议（孟夏，于晓燕，2009）。周念利通过分析区域服务贸易自由化安排的四个"GATS+"特征，对32个经济体在RTAs框架下的服务贸易自由化程度进行了定量评估，并进一步探讨了区域经济合作框架下的服务贸易自由化发展机制（周念利，2008）。

3.关于服务贸易自由化福利分析的研究

一般而言，根据琼斯和瑞安的分析，国际服务贸易自由化可以产生两种收益：一种是来自贸易的收益，主要表现为资源配置效率的提高和充裕要素生产率的提高，即服务要素贸易自由化的福利效应，实际上主要来源于对传统比较优势贸易理论的认知；另一种是投资收益，表现为服务贸易自由化对技术创新、技术变革和生产力增长的促进作用，即生产性服务贸易自由化带来的福利效应，主要来源于对服务差异性、规模经济和专业化分工的认知（Jones, Ruane, 1989）。

首先，从传统贸易理论的角度来看，迪尔道夫基于比较优势的观点，明确地认为服务贸易自由化的福利收益与货物贸易相似，也来自要素和技术禀赋比较优势带来的收益以及服务贸易壁垒减少而带来的收益。因此，他提出服务贸易的关税等值观点，利用分析关税效应的局部均衡模型，解释服务贸易自由化的福利效应（Deardorff, 2001）。在上述迪尔道夫模型的基础上，国内学者孙涛又进行了扩展，通过验证服务贸易促进服务业资源在全球范围内得到有效合理的配置，提升服务业效益，提出降低下游环节的成本将服务贸易自由化的利益延伸到其他部门，从而形成服务贸易自由化的二次收益或服务贸易收益的"溢出"（孙涛，2007）。

但是，伯格斯却认为服务贸易自由化在一国的商品比较优势形成上具有两面性，从服务要素贸易的自由化来看，如果进口的服务要素与进口国商品生产部门所需的特定服务具有互补作用,则国民经济就会受益;如果进口的服务要素与进口国商品生产部门所需的特定服务具有替代作用,则国民经济就会受损;在没有掌握进口国经济结构具体特征的情况下,就无法确定服务贸易自由化的作用和效果是将改善还是恶化进口国的福利水平(Burgess, 1990)。

其次,从服务差异性、规模经济和专业化分工角度来看,生产性服务贸易自由化是主要研究对象。因为生产性服务是货物商品或其他服务生产过程的中间投入品而不是最终商品,因此,马库森认为仅开放商品贸易并不能保证自由贸易是帕累托改进的,而生产性服务贸易的自由化才能使贸易双方均比封闭经济获得更大收益(Markusen, 1989)。为此,马库森、路泽福德和塔尔将生产性服务视为高度差异化的中间投入品引入模型,根据服务生产具有规模收益递增的特点,得出利用服务贸易扩大有效的生产者服务类型,可以显著提高以生产者服务为中间投入品的最终产品部门的生产效率,从而产生潜在的巨大收益(Markusen, Rutherford, Tarr, 2005)。

此外,马瑞维基克等人融合了要素禀赋理论和迪克西特—斯蒂格利茨垄断竞争模型框架,构建了一个两国三部门一般均衡模型,在克鲁格曼的多样性偏好的基础上讨论生产者服务贸易的福利改善问题(Marrewijk, 1997)。同时,克莱门特·吴等人也建立了一个产业内服务贸易模型以分析服务贸易的收益问题,重点分析了跨境贸易和商业存在两种类型的服务贸易(Wong, 2006)。

基于专业化分工角度对服务贸易自由化的收益的分析,弗兰克斯强调了服务在协调和联络各专业化中间生产过程中的作用,构建了一个规模报酬递增和具有垄断竞争的贸易模型,证明服务贸易在带来与比较优势相关的效率收益的同时,还能因分工程度提高而实现规模报酬的递增,且主要取决于生产者服务的成本和生产规模的大小(Francois, 1990)。

最后,从服务贸易自由化福利效应的实证分析来看,一般来说,对服务贸易自由化福利效应的实证研究主要依托对服务贸易壁垒的分析,计算壁垒对等的税收或带来的价格提高幅度,并运用一般均衡模型模拟削减服务贸易壁垒所带来的福利变化。服务贸易自由化福利效应的变化直接影响着各国对于参与服务贸易自由化进程的积极性,也是影响多边和区域服务贸易自由化谈判的重要因素。

目前,用于评估服务贸易壁垒的方法主要有三种:频度测量法、价差测量法和量差测量法。同时,采用的一般均衡模型主要包括全球贸易分析项目模型(GTAP/FTAP模型)和世界生产与贸易的密歇根模型。另外,也有学者应用引力模型来对服务贸易自由化的福利效应进行分析(李丹,2012;俞灵燕,2005;王佃凯,2010)。

4. 对服务贸易自由化相关理论研究的简要述评

根据对服务贸易自由化相关研究成果的综述,国内外学者们对该问题的讨论逐渐从定性研究扩展到定性与定量相结合研究,从关注多边服务贸易自由化规则扩大到区域服务贸易自由化规则研究,从侧重服务贸易体系的建立转移到贸易谈判机制研究,从探讨利益分配发展到各国参与的途径、国内政策协调,甚至政治和安全因素的作用等。相比货物贸易自由化的研究,服务贸易自由化研究方兴未艾,无论是研究的深度还是广度都有较大的空间。总体来看,针对区域服务贸易自由化的研究仍有以下几个问题亟待加以关注。

一是仍然缺乏系统性的服务贸易自由化理论分析框架。货物贸易自由化的分析方法一直是服务贸易自由化理论分析的基础,但是由于服务本身具有无形性、生产和消费的同步性、生产要素的跨界流动性和服务贸易保护的隐蔽和灵活性等特征,因此,根据这种分析范式得出的结论的解释性值得商榷。

二是缺乏对服务贸易自由化区域化发展的关注。对于服务贸易自由化的研究大多聚焦于多边服务贸易自由化,对区域服务贸易自由化的研究主要侧重法律法规方面的比较。伴随着区域经济一体化的快速发展,区域服务贸易自由化的深入已成发展趋势,特别是东亚地区主要经济体如果从竞争合作和促进区域服务贸易自由化的角度看待,值得密切关注。

三是较少关注包括中国在内的发展中国家与发达国家间服务贸易自由化发展情况。目前服务贸易自由化的研究主要集中在发达国家,这些经济体服务贸易发展较早,服务业发展基础较好。而对发展中国家服务贸易自由化的分析很少。伴随着各类区域经济合作进程加速,发展中国家与发达国家间服务贸易往来快速增长,需要着力增加对两者双边和区域服务贸易自由化相关问题的研究。

第三节 区域主义与多边主义:服务贸易自由化路径的政治经济学研究

区域贸易安排(RTAs)是冷战结束以来,在世界贸易组织(WTO)框架下,由更少成员方(两个或两个以上经济体)签订的特惠贸易安排(PTAs),并且这些贸易伙伴并不必须在地理空间上邻近。经过多年的发展,区域贸易安排已成为全球贸易体系中最重要的特点之一,根据WTO的统计数据,截至2012年1月,区域贸易协定的通报和生效数量达511个和319个。正是依托于各类区域贸易安排的广泛兴起,区域服务贸易自由化进程不断加快,根据《服务贸易总协定》(GATS)的第5条的通报,已先后有95个区域贸易安排专门规定了服务贸易自由化规则,且多数还在GATS承诺的基础上提出了新的市场开放承诺,也就形成了通常所说的"GATS+"现象。由此,针对多边和区域框架下的贸易自由化进程的路径之争成为国际贸易理论界讨论的核心问题。基于政治经济学的视角,在对贸易自由化影响因素进行系统分析的基础上,各方学者就多边和区域贸易自由化的关系进行了激烈的争论;同时在研究中发现,由于地缘政治经济形势和国内利益集团的多重作用,多边与区域服务贸易自由化成效的确存在一定差异(吴宏,曹亮,2009)。

一、贸易自由化的路径之争:区域主义与多边主义

国际贸易所追求的理论最优状态是全球所有经济体间不存在任何形式的关税或非关税贸易壁垒,然而这只能是一种理想,几乎难以实现。因此,为实现次优的全球自由贸易目标,关贸总协定(GATT)及其后来者世界贸易组织(WTO)通过构建多边谈判机制,基于非歧视和最惠国待遇等原则,积极寻求建立具有可操作性的全球自由贸易机制。也正是由于这种愿

景过于宽泛,现实中各国对于其政策的解读和实施却形成了明显的对立和矛盾。

回顾历史,根据《关税与贸易总协定(GATT,1947年)》第24条规定,"本协定的规定不得阻止缔约方领土之间形成关税同盟或自由贸易区,或阻止通过形成关税同盟或自由贸易区所必需的临时协定;……各缔约方应认识到,宜通过自愿签署协定从而发展此类协定签署国之间更紧密的经济一体化,以增加贸易自由……关税同盟或自由贸易区的目的应为便利成员领土之间的贸易,而非增加其他缔约方与此类领土之间的贸易壁垒"(石广生,2002)。随后,在《关于解释1994年关税与贸易总协定第24条的谅解》中,世界贸易组织成员再次就GATT的原则进行了重申,并强调进一步"提高所有适用第24条协定的透明度,从而加强审议根据第24条做出通知的协定方面所起的作用的有效性"(石广生,2002)。与此同时,《服务贸易总协定》第5条项下也对区域服务贸易自由化有关协定做出规定,即通过进行多轮谈判,不断减少或取消对服务贸易市场准入方面的不利影响,以强调其"逐步自由化"的原则和思想(赵亚平,2011)。归纳而言,无论GATT、WTO和GATS具体规定如何,主要强调区域贸易安排(RTAs)必须实质上涵盖所有贸易、防止对非成员实施新的壁垒并有效地逐步实现成员方间的自由贸易。

然而,20世纪中期以来,区域贸易安排在全球范围内出现过3次发展高潮。第一次高潮发生在20世纪50—60年代,以1956年成立的欧洲经济共同体(EEC)为标志;第二次高潮发生在20世纪80年代末至90年代初,其标志是欧洲统一市场的形成和北美自由贸易协定(NAFTA)的诞生;第三次高潮则出现在20世纪90年代后期并一直延续至今,区域贸易协定特别是双边自贸协定(FTA/RTA)在全球各地不断涌现并呈现出许多新的特点,其中尤以东亚地区为盛;也有学者把第一次高潮称为旧区域主义(old regionalism),而将后两次高潮合称为新区域主义(new regionalism)(吴宏,曹亮,2009)。正是在区域主义的浪潮下,除蒙古国外的所有WTO成员都至少参加了一个RTA,各方学者由此普遍认为,关贸总协定第24条"是一条空洞的纪律,而且始终没有得到良好的执行"(WTO总干事顾问委员会,2005)。同时,随着服务贸易自由化水平的不断提高,发达国家和发展中国家的服务贸易发展差异日趋明显,各方对GATS第5条的理解也难成共识,解读和适用的内容也不断丰富,以至于理查德·鲍德温和菲尔·索恩顿批评WTO面对不断涌现的区域贸易安排是一个"置身事外的旁观者(innocent bystander),令欠发达国家利益受损最甚,并最终将瓦解全球贸易赖以维系的多边体系(Richard Baldwin, Phil Thornton, 2008)。

为应对和协调区域贸易安排与多边谈判机制,世界贸易组织在1996年成立了区域贸易协定委员会(CRTA),加强对区域贸易安排进行监测和信息通报,并以此评估各类区域贸易安排与WTO条款之间的一致性(James H.Mathis, 2002)。同时,2001年,"多哈回合部长峰会宣言"在肯定区域贸易安排在推进服务贸易全球发展中的重要作用的基础上,仍然强调WTO是全球贸易决策、自由化和争端解决磋商的唯一论坛。就此,巴格瓦蒂提出区域主义与多边主义作为贸易自由化两条路径的协调和相互关系问题,即区域一体化是阻碍还是促进了多边贸易自由化。当然,从理论上的全面贸易自由化来讲,无论多边还是区域贸易自由化都是有限的贸易自由化;但是随着时间的推移,不同路径下的服务贸易自由化在涉及利益竞争、福利增进和进程机制上的成效仍存在较大异同和争论(Jagdish Bhagwati, 1991)。

二、区域贸易安排阻碍多边服务贸易自由化的理论视角

1.区域贸易安排成为多边贸易谈判的替代路径,非经济因素成为"注意力转移"的关注点

因为农产品等货物贸易的棘手和复杂遗留问题存在,服务贸易的"要价/出价"(request/offer)谈判模式也在坎昆会议后陷入僵局,WTO多哈回合多边贸易自由化谈判裹足不前,重启进程举步维艰。为此,双边和区域层面的谈判成为多边集体谈判有效的替代路径而吸引了各方的"注意力转移"(attention diversion)(Paul Krugman, 1993),特别是美国开始积极考虑通过双边和区域贸易自由化逐步达成全球贸易自由化目标,并采取"多边"与"区域和双边"双轨谈判的贸易政策。美国学者伯格斯坦在《美国与世界经济》一书中提出了基于"竞争性自由化"的双边、地区和多边贸易谈判的贸易自由化战略。秉承这一思路,美国继20世纪90年代签订《北

美自由贸易协定》后,其对外经济战略的重点开始转向通过区域和双边自由贸易谈判签署贸易协定,寻求贸易自由化带来的收益(刘中伟、沈家文,2013)。

为此,约翰·沃利、莫瑞斯·谢弗和阿伦·温特斯等学者均将非经济因素在区域贸易安排引起的"注意力转移"中作为了主要的分析对象,强调区域贸易安排优先带来的政治性,以及对国内规制改善、加固地缘安全利益、扩大弱势国家的话语权以及在未来多边谈判中的集体力量(John Whalley, 1996; Maurice Schiff, 1998)。由此造成各方在贸易实践中过度关注外交、政治和安全等非经济因素及其带来的非经济收益,或过度以贸易保护主义的心态对待国内产业和现实经济发展利益,而忽视了多边贸易自由化通过实现成员方有约束力的广泛承诺带来的巨大经济利益。

2. 区域贸易安排"对内自由、对外保护"的歧视性政策,一定程度阻碍了多边贸易自由化的实现

以阿尔温德·帕纳格利亚和贾格迪什·巴格瓦蒂为代表的自由贸易学者坚定地认为,区域主义是全球多边贸易体系的"毒瘤",任何单边要求别国降低关税或其他市场准入门槛等激进的举措,都可能对非成员经济体的经济福利造成损失,并引起非成员方的反击与区域贸易安排在规则上的复杂化,导致贸易机制的恶性循环;同时还损害了WTO最惠国待遇本身的实施,进而降低全球的贸易福利(Arivid Panagariya, Jagdish Bhagwati, 1996)。

例如,哈莱维和克雷曼指出,墨西哥加入NAFTA后为应对货币危机,大幅提高对其他国家进口产品的关税水平,尽管未达到WTO的规定水平,却造成了非成员方的福利损失(N.Halevi, E.Kleiman, 1994);此外,约翰·吉尔伯特、罗伯特·斯科雷和比吉特·宝拉也提到,东亚地区双边和区域贸易安排形成的"巴格瓦蒂面碗效应",导致有关原产地规则过度复杂化,对服务贸易多边自由化带来消极影响(John Gilbert, Robert Scollay, Bijit Bora, 2005)。保罗·克鲁格曼和杰弗里·弗兰克尔等人进一步认为,一旦在全球范围内形成几个地缘区域贸易集团,尤其是未包括对非成员经济体部分豁免或特殊条款的情况下,将在某种程度上造成世界贸易的割裂,从而最终阻碍全球贸易自由化的实现(Paul Krugman, 1991; Jeffery

Frankel, 1995)。

与此同时,约拉姆·海弗特尔从各种区域贸易安排对WTO现有机制的政治影响角度分析认为,面对各类区域贸易安排的建立和兴起,发达国家推行"竞争性自由化"贸易政策,许多非成员经济体陷入贸易转移和贸易条件恶化的困境,不得不在国内利益团体的压力下做出相应的"政治反应":或者加入到区域贸易安排之中,或者在WTO提起诉讼,寻求其贸易争端机制加以解决。但就后者而言,虽然表面上突出了WTO在多边贸易体系中的作用,然而过多的贸易争端和纠纷使得WTO无暇顾及欠发达国家或弱势国家的贸易发展问题,最终只得将有限的资源投入无休止的争端解决之中。与此同时,区域贸易安排之间也可能产生贸易争端与冲突,一旦启动相应争端解决机制,就目前WTO的能力而言根本无力解决,叠加农产品补贴、关税减让和服务市场准入水平等长期悬而未决的难题,以GATT、WTO和GATS协议为基础的多边贸易自由化的可持续发展令人担忧(Yoram Haftel, 2004)。

3.国内利益集团对区域贸易安排的积极推动,促使多边贸易自由化受到国内政治多重冷落

吉奥格娅·阿尔伯汀对选择区域或多边贸易自由化的政治决策进行分析,提出决策过程的扭曲程度、产业团体和利益集团有组织的游说活动和贸易壁垒的实施情况是权衡两者的关键因素(Giorgia Albertin, 2008);普拉温·克里什纳进一步指出,国内实体厂商组成的利益团体在推动包含扩大市场准入和关税减让条款的区域贸易安排中,具有强大的院外游说能力;如果多边贸易自由化带来的市场准入利益小于某种RTA贸易转移带来的预期收益,涉及签订RTA的两国政府都将偏向于后者,并伴随贸易转移效应的大小而判断推行区域主义的政治收益高低(Pravin Krishna, 1998);根据吉尼·格罗斯曼和埃尔赫南·赫尔普曼的观点,当RTAs创造较大的贸易转移并对国内生产者的保护增加时,区域贸易安排在国内会获得更大的支持(Gene M. Grossman, Elhanan Helpman, 1995)。与此同时,芬得利等人认为,院外游说对于既已签订的区域贸易安排扩大也具有内生保护。一般随着区域贸易安排成员方数量的增加,其共同对外关税水平会降低,但由于院外游说集团对成员方扩大的抵制,成员方获得多边贸易福利改善的可行性也大打折扣（Arivind Panagriya, Ronald Findlay, 1994）。

从对比较优势认识的角度来看，一是从私人投资的沉没成本（sunkcost）上比较，约翰·麦克莱伦认为，多边贸易自由化谈判摩擦和拖延大大超过区域贸易安排时，更多私人部门会选择投资于区域集团成员，以预期利用区域内比较优势，形成集团内的高度专业化分工，从而忽视和降低多边贸易自由化的潜在收益（John MacLaren, 2002）。二是菲利普·莱维的中间选民（median-voter）模式通过对H-O原理的进一步应用，提出选民效用与资本—劳动力比率的联系，指出相较于多边贸易自由化，双边或区域贸易安排对中间选民的收益更大，从而在政治上决定了后者成为决策者的选择（Philip L. Levy, 1997）。三是区域贸易集团内外部比较优势的相似度高低决定着是否考虑推进或阻碍多边贸易自由化。理查德森和科诺等人认为，随着区域贸易安排自由化程度的提高，国内利益团体也会考虑降低对非成员经济体的市场准入门槛，以期获得贸易创造效应带来的福利增长；然而前提是一方在RTA内部和全球贸易中的比较优势是一致的，才有可能有助于多边贸易自由化的实现，而在现实中这样的情况并不多见（Martin Richardson, 1993; Daniel Yuichi Kono, 2002）。

4. 发达国家主导"新贸易议题"与"竞争性自由化"政策并行，"中心—外围"的贸易格局加大了多边贸易自由化难度

美欧等发达经济体在其主导的区域贸易安排中，不断以"高标准"和"高质量"为名将环保、劳工、知识产权、投资者关系等"新贸易议题"纳入区域贸易安排谈判中。同时，美国前贸易代表罗伯特·佐利克提出"竞争性自由化"贸易战略，以美国巨大的市场机会为基础，通过多轨（multiple front）和竞争性市场准入的方式，由美国主导区域或双边贸易安排，吸引和满足迫切希望与美国保持良好关系国家的需求，进而签订贸易和投资框架协议，强化各国进行有利于美国投资和贸易的改革（刘中伟，2012）。与此同时，由于发展中国家的极力反对，多边贸易谈判在客观上无法实现发达贸易大国的"新贸易议题"，由此也降低了主要大国参与的积极性。

伴随各类区域贸易安排的大量涌现，为避免非成员方"搭便车"享受成员方的贸易自由化待遇，RTAs往往包含各种复杂和严格的原产地规则和其他"新贸易议题"，从而持续加剧了巴格瓦蒂提出的"意大利面碗效应"。然而,理查德·斯奈普认为,主要发达国家基本处于各类区域贸易安排的轮轴(hub-and-spoke)或中心位置,比通常处于轮辐或外围地位的发展中国家取得更大的政治和经济收益。尤其是在服务贸易领域,一方面轮辐国家数量的增加势必加大对多边贸易自由化的负面影响;另一方面,发达国家在区域贸易安排中具有更强的竞争力,进一步拉大两者在贸易格局中的差距,从而使发达国家更加有效地影响外围国家,提高了多边贸易机制的交易成本和治理负担,尤其是对中小国家影响更甚(Richard H.Snape,1996)。

三、区域贸易安排促进多边服务贸易自由化的理论视角

1."临近原则"促进区域贸易安排,贸易创造效应扩大,"多米诺骨牌效应"客观构建和奠定了多边贸易体系的基础

传统上,根据保罗·克鲁格曼的观点,大多数的国家都是在基于"临近原则"的基础上,"自然地"与邻国展开贸易合作,签订区域贸易安排;而在现有全球多边贸易机制举步维艰之时,基于现实主义的考虑,区域贸易安排的兴起显然成为各国扩大自由贸易的"次优选择",并不必然对多边主义产生阻碍和破坏(Paul Krugman,1991)。因此,巴瑞·戴斯克认为,许多原来对区域贸易安排持怀疑态度的经济体,也开始更为务实地选择积极参与到地区主义进程中来,特别在东亚地区更为突出(Barry Desker,2004)。同时,劳伦斯·萨默斯和厄内斯特·普瑞格分别认为,由于地区主义的长期存在,区域贸易集团规模的不断扩大将有利于在更大范围达成妥协,并有可能最终在多边贸易谈判中达成共识,集体行动的困境使少数国家集团各自所取得的收益大于国家个体的集合;欧盟和NAFTA的实践表明,基于地理范围的RTAs在成员内部的贸易创造效应更为明显(Lawrence H. Summers,1999; Ernest H. Preeg,1993)。

理查德·鲍德温和罗伯特·劳伦斯等学者认为,区域贸易安排的签订会形成"多米诺骨牌效应",为减少各类区域贸易安排可能带来的贸易转移压力,各国不得不寻求参与既有贸易安排或创建可带来贸易创造效应的新贸易安排,否则非成员方将面临"边缘化综合征"(Marginalization Syndrome)或强大的"加入的压力"(pressure for inclusion)(Richard

Baldwin, 1993; Robert Lawrence, 1991)。历史上,欧洲统一市场与北美自由贸易区的竞争,南方共同市场与美国推动并主导拉美经济一体化的刺激不无联系,东亚"东盟10+1"模式的形成也是"多米诺骨牌效应"传递的结果等。然而,恰恰基于此形成的大量重叠和复杂的"蜂窝化"区域贸易安排,在客观上为构建全球多边贸易体系形成了广泛的规则和制度基础,未来多边贸易谈判则可遵循合并和简化的方向,寻求全面贸易自由化的实现。

2. 区域贸易安排机制上不断深化,"开放的地区主义"与"深度一体化"成为推动区域贸易安排与多边贸易机制兼容的重要途径

对于如何机制化地推动区域主义向多边主义融合,乔治·唐斯和莫瑞·坎普等学者进行了早期研究,他们认为伴随着区域贸易安排不断扩大,新成员的加入与相互融合,将有可能将地区贸易协定发展为全球贸易协定;但是这一过程需要建立在区域贸易安排内生机制的发展和完善基础上,小型国家组织可以根据合作偏好吸收新成员,更容易实现深度合作而且会更加灵活地进行战略调整(George W. Downs, 1998; Murray C. Kemp, 1976)。

首先,"开放的地区主义"(open regionalism)是弗莱德·伯格斯坦提出的多边贸易自由化实现路径概念,是对当时亚太经济合作组织(APEC)推行宗旨的理论总结,在新成员加入、最惠国待遇的适用、贸易便利化和推动全球自由化方面的影响要素上做了说明。彼得·卡赞斯特别指出包括欧盟、东盟,甚至NAFTA都或多或少存在或推动包容性区域一体化网络建设,客观推动了区域贸易安排向多边贸易机制靠拢(C. Fred Bergsten, 1997; Peter J. Katzenstein, 1996)。此外,克里·蔡斯从微观层面和产业分工的角度观察,认为当企业能够充分利用区域贸易安排进行布局和生产调整,伴随效率提升和成本节约带来的竞争力增强时,自然会减少对于外来竞争者的排他性贸易歧视,寻求更大范围的市场(Kerry A. Chase, 2005)。卡罗琳·弗如恩德、埃斯特瓦多道尔和罗伯特·劳伦斯从关税减让的"互补效应"(complementary effects)出发,分别从区域贸易安排成员方互惠部门的关税减让对非成员方该部门关税减让传导、欧洲经济共同体大于单一欧洲国家的自由化倾向和政治意愿分析上得出结论,认为区域贸易安排的一体化本身也会产生极强的外溢效应,对多边机制形成产生积极影响(Caroline Freund, 2000; Antoni Estevadeordal, 2008; Robert Lawrence, 1991)。

其次,罗伯特·劳伦斯、盖瑞·辛普森等人从"更深的一体化"(deeper integration)的视角来看,将区域贸易安排的"新贸易议题"看成突破传统政策范畴的特征,例如,部分RTAs中基于"GATS+"标准,对"否定"清单的适用有力提升了自由化水平(Robert Lawrence, 1996; Gary P. Sampson, 2003);理查德·鲍姆福莱特和拉里·克拉普还认为,包括"新加坡议题"等诸如此类的议题,已经使区域贸易安排成为有关国家政策协调的试验场,多边主义与区域主义本应并行不悖,多边主义并不排斥新生贸易议题的出现,而区域贸易安排对此类议题和规则的"深度一体化"进程,反而为最终完善全球性政策机制奠定了基础(Richard Pomfret, 2007; Larry Crump, 2006)。

最后,理查德·鲍德温还从全球价值链的角度,通过分析生产的分割、垂直专业化和价值链切割等技术和生产方式上的变化,提出"意大利面碗效应"要向"意大利披萨"调整,"地区主义多边化"将寻求对各种区域贸易安排的整合和单一部门的率先全球化两条路径的认识,而"泛欧积累制度"和WTO《信息技术协议》的签订已成为有效的例证(Richard Baldwin, 2006)。

3.借助区域贸易安排对市场开放的"锁定效应",稳固国内贸易政策制定的自由化立场,增进多边贸易自由化的长远动力

根据拉奎尔·费尔南德斯、乔纳森·波特斯等人的研究,相较于多边贸易机制对利益集团利益损失的牵扯和对政府决策者政策制定的掣肘,区域贸易安排有助于一国国内政治经济政策的稳定,发挥承诺、信号和保险作用,从而提高其国际声誉,并获得"非传统收益"(Raquel Ferenandez, Jonathan Portes, 1998);朱迪斯·戈德斯坦和丹尼尔·科诺进一步认为,通过国际协议的形式赋权给国内特定的行为体,并利用不同贸易安排间的争端解决机制差别,推动互惠互信,可以确保和加速贸易自由化的进程(Judith Goldstein, 1996; Daniel Y. Kono, 2007)。据此,丹尼·罗德里克指出,NAFTA建立后对于墨西哥经济改革政策的实施,以条约的形式确定下来，不可逆转；同时，美国政府行政部门也借助此类国际机制的制约力量，构建与特定利益集团进行博弈的杠杆，从而维护适度推动自由贸易的立场和政策（Dani Rodrik，2004）。

更具有说服力的例子是欧盟建立过程的实践，对多边贸易自由化的积极影响。布莱恩·汉森认为，欧洲共同市场建立以来，各国政府、利益团体甚至普通消费者都关注于内部市场的建设问题，由此产生的《单一欧洲法令》（SEA）对贸易保护措施的排斥、新贸易安排决策程序和表决机制等都具有明显的自由贸易政策特征，"意外地"促进了多边贸易自由化发展，尤其对原来市场封闭性较强的经济体影响更大。在此基础上，从国内政治的角度看，大量RTAs的存在和实施使得反对自由贸易的利益集团势力受到削弱，实质上这种地区主义的超国家架构对最终实现多边贸易自由化起到了推波助澜的作用（Brian T. Hanson，1998）。

4. 区域贸易安排是多边贸易自由化机制的补充和完善，两者在机制设计和实施运行上都各有侧重，相互支撑

面对多边贸易谈判进程的停滞，WTO成员方数量不断增加带来的资源分配困难和贸易争端解决滞后等问题，爱德华·曼斯菲尔德等人认为，各国竞相建立区域贸易安排并不是排斥和抵制多边贸易机制，而是出于提高自身谈判实力和话语权，寻求对多边贸易谈判效率和收益的"倒逼"；因为，全球多边贸易机制在公平、正义和普世性方面的优势是不可替代的，区域贸易安排反而有助于多边主义的健康和可持续发展（Edward D. Mansfield, Eric Reinhardt，2003）。何塞·坎帕和蒂莫西·索伦森通过构建小国贸易集团与主导大国的关税减让博弈模型，并假定前者贸易规模大于后者，通过无穷反复博弈，发现小国贸易集团对大国的贸易保护行为确实会形成有效遏制，从而有助于多边贸易自由化的实现（Jose Manuel Campa, Timothy L. Sorenson，1996）。此外，每一轮多边谈判带来市场开放的同时，也会掀起区域贸易安排发展的新高潮，谢建国认为，随着多边关税减让水平的下降，在激励相容的条件下，区域贸易安排更容易维持（谢建国，2003）。

同时，从机制设计和实施运行的角度，多边主义与区域主义被巴勃罗·海德里克和戴安娜·塔斯誉为"飞转的相互依赖齿轮"，即多边贸易机制是区域自由贸易目标实施上的"监护人",有助于明确贸易机制与行为的模糊地带,同时通过提高透明度与信息通报手段,加强对区域贸易安排的监督;相反,区域贸易安排有助于避免多边贸易机制过度强调法律和规则的平等和严格而丧失灵活度,可以为各国出现的贸易争端解决提供"择地行诉"(forum shopping)的平台,实现法律化和灵活性的"平衡"(Pablo Hedrick, Dianna Tas, 2011)。为此,史蒂芬·沃尔考克从乌拉圭回合谈判对NAFTA服务贸易条款制定的影响,农产品谈判对欧盟农业政策的压力等方面进行了论述(Stephen Woolcock, 1996);朱迪斯·戈德斯坦、丽萨·马丁、彼得·罗森多夫等学者均从法律化机制设计和实施程度对多边贸易机制和区域贸易安排的影响进行了分析(Judith Goldstein, LisaL Martin, 2000; B.Peter Rosendorff, 2005);塔尼亚·芙恩则专门从贸易救济措施在不同区域贸易安排中的限制情况进行讨论,近40个RTAs均不同程度限制了反补贴、反倾销和贸易保障措施的使用,从长远上可能对多边贸易体制减少对这些措施的依赖产生积极影响(Tania Voon, 2010)。

四、基于体系、国家和社会视角的贸易自由化路径选择理论评述

根据约翰·艾肯贝瑞、大卫·雷克和迈克尔·马斯坦德诺针对对外贸易政策的分析,提出以体系为中心、以社会为中心和以国家为中心的贸易政策分析范式(G.John Ikenberry, David A.Lake, Michael Mastanduno, 1988)。罗伯特·欧基汉解释体系强调从国际体系不同单元——国家间的互动关系结构和关系来研究贸易问题(罗伯特·欧基汉, 2006);张建新解释社会强调采取多元主义的方法论分析,其核心概念是"利益集团",研究各类国内因素,特别是利益集团和选举制度对贸易决策的影响;国家则强调行政官员与国家制度设计对贸易政策的决定性影响,同时关注受前两种因素影响所导致的决策"碎片化"对改变或创设新贸易政策和制度的促进和抵消(张建新, 2006)。

实际上,根据上文对区域主义与多边主义的多方论述,不难发现,研究区域贸易安排是否或在多大程度上有助于多边贸易自由化,既要分析国

家与国际体系和既有地区治理格局的互动,同时也要关注国家内部的利益集团、机制设计等社会制度因素对前者的影响(贺平,2012)。因此,巴格瓦蒂指出,区域贸易安排的成员方政府、成员方内部的各利益集团、非成员方的利益集团及其政府,这三者是基于"动态—时间—路径"问题,对区域和多边贸易自由化相互关系的基本认识(Jadgdish Bhagwati,1993)。

同时,菲利普·蒙多也指出,贸易政策,无论是经济利益还是理论观点都要通过政治制度加以调和(PhlipA.Mundo,1999)。因此,这一论争和比较必将具有较强的跨学科性,产业经济学、国际经济学、政治经济学和国际关系等多学科都将涉及其中,但主流经济学的定量研究中,出于模型简化、参数设定等原因,将大量难以量化的政治和社会因素排除在外,对于区域贸易安排的研究仍存在局限,以国际政治经济学视角考虑区域服务贸易自由化合作机制的研究则更为有限。因此,未来对东亚区域服务贸易自由化的分析与研究,可能成为充分体现政治与经济互动影响的一个代表性研究领域。

第四节 本章小结

本章首先针对服务贸易的概念进行了理论界定,并基于服务贸易发展领先于服务贸易自由化发展的现实,围绕区域服务贸易自由化的相关理论进行了系统回顾,包括对服务贸易的比较优势论、不完全竞争和规模经济下的服务贸易理论以及关于服务贸易自由化的相关理论研究进行了全面梳理。通过对相关理论的学习和理解,提升对服务贸易理论体系的认识,并以此作为本书撰写的理论参照系。其次,根据服务贸易自由化在区域经济一体化进程中的作用,对研究服务贸易自由化规则、服务贸易自由化水平测度、服务贸易自由化实现路径、服务贸易自由化的经济福利效应研究的相关文献进行梳理,以熟悉和了解目前该领域的研究特点、深度和广度。最后,本章从贸易自由化多边主义和区域主义争论的视角,对传统区域服务贸易自由化路径的政治经济学分析进行了理论评述,以期对现有研究进行评价并寻找合适的研究突破口和创新点。

第三章 全球与东亚区域服务贸易发展与合作的现状分析

第一节 全球服务经济的兴起与服务贸易的快速发展

当前,世界经济正在向服务经济转型,服务经济、知识经济、新经济和网络经济的互动融合,实际上构成了新一次产业革命。20世纪60年代以来,服务经济逐渐在发达国家兴起,到1990年全球服务业增加值占全球GDP的比重突破了60%,服务业全球转移的速度明显快于制造业,标志着全球服务经济格局初步形成(徐伟,2011)。21世纪初,以美国为代表的主要发达国家服务业增加值占GDP比重、服务业就业人数占全部就业人数的比重已超过70%;中等发达国家和发展中国家的平均水平则在50%~60%和45%左右,服务经济已成为与农业经济和工业经济并列的支柱性产业(陈宪等,2009),日益成为全球经济增长的动力与引擎。

与服务经济蓬勃兴起相伴随的是全球服务贸易的快速发展。一方面,美欧等发达经济体充分享受了服务贸易带来的经济福利,逐步形成了以服务贸易为导向、全球分工为载体的产业结构;另一方面,GATS的生效提供了各成员方共同遵守的国际服务贸易准则和制度保障,推动了服务贸易自由化和服务贸易壁垒的降低,全球贸易的重心从货物贸易向服务贸易不断倾斜。总体来看,服务贸易的快速发展主要表现在以下四个方面。

一是全球服务贸易规模持续扩大。根据联合国贸易及发展会议(UNCTAD)统计数据整理,从服务贸易的总额上来看,全球服务贸易总额由1980年的8 328.4亿美元增加到2012年的90 128.6亿美元(表3-1),增长了9.8倍;其中,近10年来,全球服务贸易总额的年均增长率达到9.1%,特别是尽管受全球金融危机爆发的影响,2010年全球服务贸易总额仍较2009年增加

5 356.7亿美元,增速达7.9%,服务贸易在全球经济增长中的地位凸显。同期,服务贸易总额占全球贸易总额的比重也由16.8%上升到19%左右(表3-2),虽然比例增速平缓,但全球服务贸易占世界贸易总额的比重仍持续呈上升态势。

表3-1 1980—2012年全球服务贸易额及增长率

年份	服务贸易额(亿美元)			年增长率(%)		
	出口	进口	贸易总额	出口	进口	贸易总额
1980	3 890.3	4 438.1	8 328.4	—	—	—
1981	4 001.6	4 604.8	8 606.4	2.7	3.8	3.3
1982	3 934.3	4 429.8	8 364.1	−1.7	−3.8	−2.8
1983	3 825.1	4 297.1	8 122.2	−2.8	−3.0	−2.9
1984	3 907.8	4 382.4	8 290.2	2.2	2.0	2.1
1985	4 045.0	4 384.4	8 429.4	3.5	0	1.7
1986	4 765.5	4 931.7	9 697.2	17.8	12.5	15.0
1987	5 645.7	5 807.7	11 453.4	18.5	17.8	18.1
1988	6 327.0	6 614.7	12 941.7	12.1	13.9	13.0
1989	6 889.7	7 258.3	14 148.0	8.9	9.7	9.3
1990	8 264.2	8 733.8	16 998.0	20.0	20.3	20.1
1991	8 703.3	9 162.0	17 865.3	5.3	4.9	5.1
1992	9 834.6	10 166.4	20 001.0	13.0	11.0	12.0
1993	9 977.8	10 205.1	20 182.9	1.5	0.4	0.9
1994	10 828.5	10 981.9	21 810.4	8.5	7.6	8.1
1995	12 275.5	12 594.0	24 869.5	13.4	14.7	14.0
1996	13 184.2	13 302.0	26 486.2	7.4	5.6	6.5
1997	13 698.0	13 680.5	27 378.5	3.9	2.8	3.4
1998	14 027.7	13 910.3	27 938.0	2.4	1.7	2.0
1999	14 434.7	14 473.1	28 907.8	2.9	4.0	3.5

续表

年份	服务贸易额（亿美元）			年增长率（%）		
	出口	进口	贸易总额	出口	进口	贸易总额
2000	15 293.4	15 383.7	30 677.1	5.9	6.3	6.1
2001	15 358.0	15 591.6	30 949.6	0.4	1.3	0.9
2002	16 471.1	16 365.9	32 837.0	7.2	5.0	6.1
2003	18 966.6	18 712.7	37 679.3	15.2	14.3	14.7
2004	22 922.3	22 242.7	45 165.0	20.9	18.9	19.9
2005	25 643.0	24 659.8	50 302.8	12.3	10.9	11.3
2006	29 034.0	27 536.9	56 570.9	13.2	11.7	12.5
2007	34 767.1	32 439.4	67 206.5	19.7	17.8	18.8
2008	39 284.4	36 986.0	76 270.4	13.0	14.0	13.5
2009	34 676.3	33 022.4	67 698.7	−11.7	−10.7	−11.2
2010	37 454.4	35 601.0	73 055.4	8.0	7.8	7.9
2011	42 432.6	40 819.0	83 251.6	10.6	10.8	13.9
2012	47 201.8	42 926.8	90 128.6	11.2	5.2	8.3

资料来源：根据联合国贸易及发展会议（United Nations Conference on Trade and Development, UNCTAD）统计数据整理计算得出。

表3-2　1980—2012年全球服务贸易和货物贸易占世界贸易总额比例（%）

年份	1980	1981	1982	1983	1984	1985	1986	1987	1988	1989	1990
服务贸易	16.8	17.4	17.9	17.8	17.2	17.4	18.1	18.3	18.1	18.4	19.4
货物贸易	83.2	82.6	82.1	82.2	82.8	82.6	81.9	81.7	81.9	81.6	80.6
年份	1991	1992	1993	1994	1995	1996	1997	1998	1999	2000	2001
服务贸易	20.0	20.7	20.9	20.0	19.3	19.5	19.5	20.1	20.0	19.0	19.7
货物贸易	80.0	79.3	79.1	80.0	80.7	80.5	80.5	79.9	80.0	81.0	80.3

续表

年份	2002	2003	2004	2005	2006	2007	2008	2009	2010	2011	2012
服务贸易	20.0	19.7	19.5	19.1	18.8	19.2	19.0	21.3	20.22	18.95	18.88
货物贸易	80.0	80.3	80.5	80.9	81.2	80.8	81.0	78.7	79.78	81.05	81.12

资料来源：根据联合国贸易及发展会议（United Nations Conference on Trade and Development, UNCTAD）统计数据整理计算得出。

二是全球服务贸易结构不断升级和调整。随着服务贸易规模的持续扩大，服务贸易结构也发生深刻变化。根据对国际货币基金组织（IMF）分类的总结，服务贸易领域可归纳为11类，即运输服务、旅游服务、通信服务、建筑服务、保险服务、金融服务、计算机和信息服务、特许经营权使用与许可服务、其他商业服务、文化和娱乐服务以及政府服务（刘绍坚，2005）。但是，总体来看，运输和旅游服务在全球服务贸易中所占的比例逐渐下降，以技术为核心的金融、保险、计算机和信息服务等高技术服务贸易形式发展更加迅猛。在新技术浪潮的推动下，全球服务贸易格局发生重大变化，服务贸易已从传统以自然资源和劳动密集型为主，逐渐转向知识、技术和资金密集型的现代服务贸易（表3-3）。

表3-3　1980—2011年全球服务贸易内部结构比例情况（%）

年份	1980	1990	2000	2001	2002	2003	2004
运输	27.6	33.1	30.9	30.1	29.7	28.7	28.5
旅游	39.4	30.4	25.9	25.3	24.4	24.5	25.4
其他	33.0	36.6	43.2	44.6	45.8	46.8	46.1
年份	2005	2006	2007	2008	2009	2010	2011
运输	28.2	26.8	26.0	25.0	19.6	20.6	20.3
旅游	25.7	25.7	25.5	26.5	25	24.8	25.2
其他	46.1	47.4	48.4	48.5	55.4	54.6	54.5

资料来源：根据中华人民共和国商务部《1980—2008年世界服务贸易进出口额》和联合国

贸易及发展会议（United Nations Conference on Trade and Development, UNCTAD）统计数据整理计算得出。

三是发达国家和发展中国家服务贸易水平和差距有所缩小。由于世界经济发展的不平衡性，发达国家仍然占据国际服务贸易发展的主导地位，但是发展中国家的赶超势头迅猛，服务贸易的规模和数量持续增长。表3-4数据显示，经济全球化进程初期，20世纪80年代中后期至90年代初，发达国家的服务贸易规模始终占全球服务贸易规模的80%以上，之后一直持续下降，2011年更达到历史最低的67.3%。同期，发展中国家和转型国家的服务贸易水平则大幅上升，接近全球服务贸易出口总额的1/3，并呈现进一步发展和扩大的态势。

表3-4 1980—2012年发达国家和发展中国家服务贸易出口占比情况（%）

年份 经济体	1980	1981	1982	1983	1984	1985	1986	1987	1988	1989	1990
发达国家	79.0	78.5	78.6	79.0	79.4	79.6	81.3	82.0	81.1	80.2	81.1
发展中国家	18.6	20.2	20.2	20.2	19.8	19.6	17.8	17.2	18.1	19.0	18.1
转型国家	2.4	1.3	1.2	0.8	0.8	0.8	0.9	0.8	0.7	0.8	0.8

年份 经济体	1991	1992	1993	1994	1995	1996	1997	1998	1999	2000	2001
发达国家	81.3	80.1	77.9	76.6	75.9	75.2	74.2	76.0	76.7	75.7	75.5
发展中国家	18.4	18.9	20.9	22.0	22.7	22.9	23.8	22.2	21.9	22.8	22.8
转型国家	0.3	0.9	1.2	1.5	1.5	1.9	2.0	1.8	1.5	1.5	1.8

年份 经济体	2002	2003	2004	2005	2006	2007	2008	2009	2010	2011	2012
发达国家	75.2	75.3	74.4	73.3	72.5	71.9	70.7	70.3	67.7	67.3	68.8
发展中国家	22.8	22.7	23.5	24.5	25.1	25.5	26.4	27.0	29.6	29.8	28.7
转型国家	1.9	2.1	2.2	2.3	2.4	2.6	2.9	2.7	2.7	2.9	2.5

资料来源：根据联合国贸易及发展会议（United Nations Conference on Trade and Development, UNCTAD）统计数据整理计算得出。

从服务贸易发展的地区构成来看，以2010年数据为例，全球服务贸易进出口总额为73 055.4亿美元,其中欧洲31 441.1亿美元、美洲(含美国) 13 955.8亿美元,亚洲21 650亿美元,非洲2 473.4亿美元和大洋洲1 320.2 亿美元。近30年来,欧洲的服务贸易总额持续稳定增长,2010年较1980年 增长了6.28倍,占全球服务贸易比例的43%;亚洲服务贸易增速更加迅猛, 2010年占比已达30%并仍具有较大增长空间,其中以东亚地区的发展最为 突出。相比之下,非洲服务贸易总额较少,2010年仅为欧洲的7.9%,发展相 对滞后(昝欣,李孟刚,2012)。

从服务贸易发展的国别构成来看,中国商务部服务贸易司数据显示, 2012年,美国、德国、中国(不含中国香港、澳门和台湾)位居世界服务进出 口规模前三位;中国首次超过英国,晋级全球服务贸易进出口规模三甲。美 国排名居首,服务进出口总额10 528亿美元,继续以较大优势保持领先地 位;德国、中国和英国服务进出口总额分别为5 506亿美元、4 706亿美元和 4 539亿美元位居其后。发达国家凭借技术、知识和资金优势在世界服务 贸易中的作用仍然十分巨大,全球服务贸易出口额前十名的国家只有中国 和印度两个发展中国家。尽管新兴经济体以前所未有的深度和广度参与服 务贸易全球化的进程,改变着各国在国际产业链中的分工地位和利益分配 格局,但服务贸易在发展中国家经济总量中的占比相对发达国家仍偏低, 主要仍维持劳动和资源密集型的服务竞争优势。

四是全球服务贸易发展新趋势值得关注。随着服务贸易增长对全球 经济发展贡献度不断加大,世界贸易的竞争越来越体现在服务贸易的竞 争上。以信息技术为主导的高新技术应用和服务产业结构的升级、劳动 和资源密集型服务贸易向知识技术密集型服务贸易转变和以跨国直接投 资为主要特点的商业存在成为服务贸易方式的主流;服务外包产业的迅 速发展,业务流程外包和信息技术外包成为主要形式(赵亚平,2011)。 特别是服务贸易市场开放已成为WTO新一轮谈判和区域经济合作的主 要议题,服务贸易自由化进程的加快,反映了全球服务贸易发展的新趋 势。

第二节　东亚地区及其主要经济体的服务贸易发展现状

如上所述,伴随全球服务贸易的迅猛发展,亚洲经济体在服务贸易市场中的地位逐渐上升,服务贸易规模和服务竞争力不断扩大和增强。其中,东亚地区(本研究以中国、日本、韩国和东盟成员国为主)作为世界上经济发展最活跃的地区,根据联合国贸发会议统计数据,2012年度服务贸易出口额达到7 862.9亿美元,占亚洲服务贸易出口的82%,进口额为7 869.3亿美元,占亚洲服务进口的83%,东亚服务贸易规模在亚洲地区占绝对主导地位,特别是包括中国和东盟国家在内的新兴发展中国家发展更为迅速,正成为全球服务贸易发展的"领跑者"。

一、东亚区域服务贸易发展的整体情况

就东亚经济体服务贸易发展的整体情况而言,主要体现在以下三方面。

一是东亚区域服务贸易规模不断扩大,区域内新兴经济体服务贸易发展迅速。20世纪80年代以来,东亚地区经济体的整体经济发展水平进入"快车道",对外贸易规模不断取得新突破。进入21世纪以来,东亚地区的服务贸易规模以十年翻两番的速度,2012年达到近1.6万亿美元的规模。尽管遭遇2008年美国次贷危机的负面影响,2009年服务贸易进出口规模出现下降,但是2010年之后又恢复明显增长势头。而就服务贸易收支而言,东亚区域服务贸易进出口基本平衡,但仍处于贸易逆差状态。从长期来看,伴随大量先进技术、人力支持和资本等服务生产要素不断积聚,东亚服务贸易平衡将向更有利于服务产业优化升级的方向发展。

根据联合国贸发会议对东亚地区新兴经济体的定义,中国、韩国、新加坡、马来西亚和泰国五国被界定为新兴经济体国家,东亚地区服务贸易发展不断向好,贸易规模持续扩大的主要动力也来源于上述五国经济的快速发展。2012年,东亚新兴国家的服务贸易出口额为3 652.8亿美元,占东

亚服务出口额的46.4%；进口额3 684.1亿美元，占东亚服务进口额的46.8%（图3-1和图3-2）。

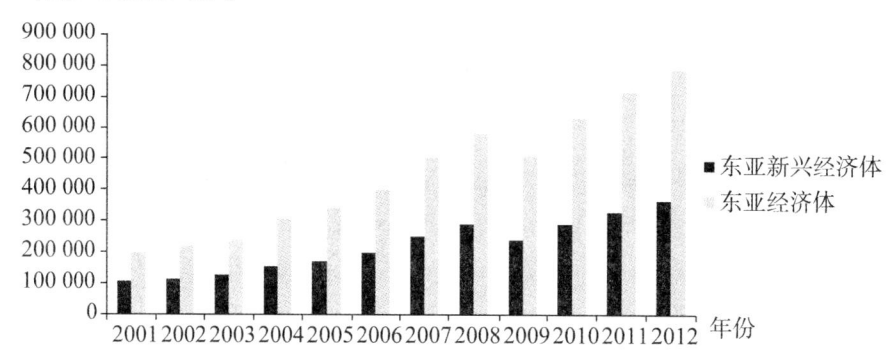

图3-1　2001—2012年东亚和东亚新兴经济体服务贸易出口额（百万美元）

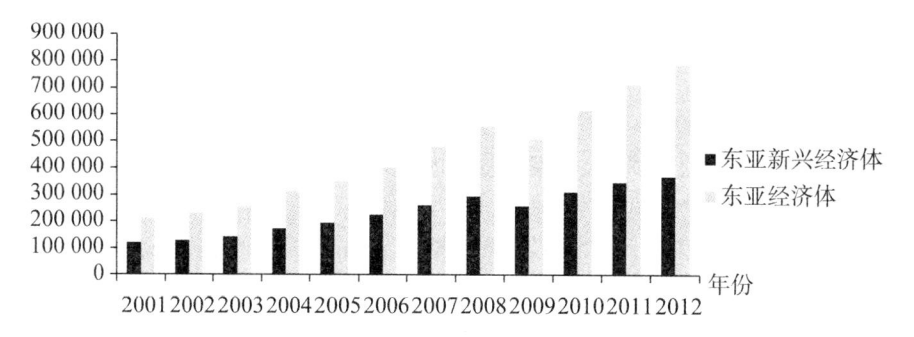

图3-2　2001—2012年东亚和东亚新兴经济体服务贸易进口额（百万美元）

二是东亚地区服务贸易部门逐步向高级化发展，服务贸易结构呈现出传统服务贸易向现代服务贸易转移的趋势。传统服务贸易部门主要指以自然资源和劳动密集型生产为特征的运输和旅游服务贸易，而现代服务贸易则主要依托知识和资本密集的服务生产要素，包括建筑服务、通信服务、计算机与信息服务、金融服务、保险服务、个人文化和娱乐服务、专利和特许服务与政府服务等（王丽华，2012）。根据联合国贸发会议统计数据显示，东亚地区较快的经济发展速度带来现代服务部门在服务贸易中的地位快速上升，其出口贸易占服务贸易出口总额的比重由1980年的不足1/3，上升到2012年的42%以上；特别是2001年以来，东亚地区现代服务贸易部门的贸易规模持续增长，占比始终超过40%，而传统的运输产业占比则不断下降，2012年占比已不足25%；旅游服务出口则稳中有升，2012年占比超过

33%，东亚地区服务贸易部门出口结构呈现出高级化发展态势（表3-5）。

表3-5 东亚地区服务贸易部门出口构成的变化趋势情况（%）

东亚地区服务贸易部门出口情况	2001	2002	2003	2004	2005	2006
	100	100	100	100	100	100
运输	29.15	29.14	30.57	31.23	31.62	30.14
旅游	29.27	28.94	24.31	25.10	23.99	24.71
现代服务：	41.56	41.90	45.12	43.63	44.38	45.13
通信	1.54	1.60	1.60	1.77	1.83	1.70
建筑	1.59	2.05	1.88	2.11	2.73	3.20
保险	1.23	1.21	1.33	1.15	0.99	1.00
金融	5.06	4.97	4.86	4.82	5.53	6.57
计算机与信息	0.65	0.71	0.74	0.75	0.62	0.81
专利与许可	1.09	0.97	1.19	1.41	1.35	1.18
其他商业服务	29.13	28.19	31.27	29.60	29.40	29.04
个人文化娱乐	0.23	1.20	1.22	1.02	0.93	0.64
政府服务	1.04	1.00	1.03	1.01	1.00	0.99
东亚地区服务贸易部门出口情况	2007	2008	2009	2010	2011	2012
	100	100	100	100	100	100
运输	30.69	32.13	27.70	29.01	26.00	24.58
旅游	24.68	24.78	27.68	29.44	32.47	33.26
现代服务：	44.61	43.08	44.62	41.55	41.48	42.13
通信	1.49	1.37	1.54	1.50	1.47	1.30
建筑	3.52	4.05	4.78	3.35	3.65	4.15
保险	0.88	0.87	1.24	1.27	1.05	1.08
金融	7.41	6.37	6.36	6.10	6.12	5.66
计算机与信息	0.81	1.17	1.49	1.46	1.55	1.54
专利与许可	0.96	1.07	1.35	1.13	1.43	1.30
其他商业服务	28.20	27.02	26.51	25.70	25.17	26.08
个人文化娱乐	0.53	0.50	0.60	0.44	0.47	0.48
政府服务	0.81	0.66	0.75	0.59	0.57	0.55

资料来源：根据联合国贸易及发展会议（United Nations Conference on Trade and Development, UNCTAD）统计数据整理计算得出。

表3-6 东亚地区服务贸易部门出口的年均增长率情况（%）

部门\年份	2001	2002	2003	2004	2005	2006
服务部门总体	2.12	10.24	11.14	26.36	11.98	17.58
运输	-2.45	8.61	19.99	32.40	14.62	15.17
旅游	6.17	13.00	-10.76	37.31	11.26	13.68
现代服务：	2.46	9.38	21.06	17.22	10.78	21.48
通信	-38.33	29.33	8.12	5.21	1.16	12.92
建筑	26.97	53.10	2.15	17.71	66.10	31.57
保险	-6.02	7.52	-2.14	7.69	13.58	18.67
金融	-5.45	0.96	-3.77	25.62	39.23	37.68
计算机与信息	44.93	24.61	51.66	35.60	12.36	65.34
专利与许可	25.84	-7.42	35.88	32.04	-2.33	8.19
其他商业服务	2.94	7.82	26.65	15.74	4.48	17.73
个人文化娱乐	33.97	23.95	-23.20	77.48	43.94	17.64
政府服务	27.01	-0.23	10.01	17.30	7.97	15.01
部门\年份	2007	2008	2009	2010	2011	2012
服务部门总体	25.28	17.42	-11.99	25.11	12.34	9.92
运输	31.22	21.92	-32.32	37.23	1.47	6.99
旅游	14.40	17.09	2.29	26.39	20.88	9.73
现代服务：	27.57	14.65	-5.05	18.36	13.50	11.57
通信	17.13	21.27	-10.50	16.77	22.82	-3.47
建筑	53.52	56.55	-0.03	10.32	13.81	6.63
保险	23.49	24.82	10.43	16.55	38.50	9.32
金融	36.36	-4.15	-23.96	27.69	4.01	3.16
计算机与信息	35.95	44.73	2.23	40.45	31.61	17.84
专利与许可	-3.54	33.13	20.32	13.68	31.89	-1.17

续表

部门\年份	2007	2008	2009	2010	2011	2012
服务部门总体	25.28	17.42	−11.99	25.11	12.34	9.92
其他商业服务	24.88	9.77	−4.93	18.41	11.56	14.11
个人文化娱乐	28.40	18.35	−16.02	16.71	29.35	20.75
政府服务	−1.17	−12.35	12.55	−8.08	0.15	13.33

资料来源：根据联合国贸易及发展会议（United Nations Conference on Trade and Development，UNCTAD）统计数据整理计算得出。

与此同时，表3-6显示，东亚地区服务贸易出口分部门增长情况也呈现产业高级化趋势。其中，现代服务部门增长率始终保持在两位数，2007年增速更达到27.57%的历史峰值。计算机与信息技术服务、建筑服务、金融服务、保险服务和专利与许可服务表现最为突出，这些行业虽然在东亚地区起步较晚，但伴随经济全球化和信息技术革命的潮流，发展速度极为迅速，在东亚服务贸易出口中平均占比15%以上。相比之下，其他商业服务增速稳健，反映其在现代服务贸易部门出口中已居于主体地位；政府服务则发展乏力，相对其他部门处于劣势。

三是东亚地区服务贸易进出口对象高度集中，区域服务贸易发展格局基本形成。东亚地区服务贸易的内部集中度很高，其中，中国和日本占地区出口贸易的40%左右，排名前6位的经济体则占到80%的出口贸易份额（王丽华，2012）。同时，东亚内部各经济体服务贸易的发展规模和速度差异仍然很大，在区域服务贸易格局中的位置也各不相同（表3-7和表3-8）。

表3-7 2001—2012年东亚各国服务贸易的出口格局（百万美元）

国家\年份	2001	2002	2003	2004	2005	2006
文莱	482.14	426.72	436.35	544.24	616.11	744.54
柬埔寨	524.60	604.19	547.98	804.92	1 118.11	1 296.31
中国	33 334.00	39 744.50	46 759.70	64 912.90	74 404.10	92 006.00
印度尼西亚	—	—	5 292.89	12 045.40	12 926.50	11 520.00
日本	64 462.99	65 678.84	77 567.52	97 558.59	110 301.96	117 337.41
韩国	30 200.10	30 556.60	34 974.50	44 540.40	49 744.80	56 842.30
老挝	166.07	176.18	127.41	178.77	204.24	223.43

续表

国家\年份	2001	2002	2003	2004	2005	2006
马来西亚	14 455.00	14 878.00	13 577.50	17 111.10	19 575.70	21 681.40
缅甸	403.79	421.61	246.61	252.11	256.54	276.67
菲律宾	3 072.00	3 428.00	3 389.00	4 043.00	4 525.00	6 444.00
新加坡	28 649.76	30 896.58	37 953.02	48 424.71	55 702.17	66 275.73
泰国	13 024.30	15 390.60	15 798.30	19 040.20	19 891.70	24 567.80
越南	2 810.00	2 948.00	3 272.00	3 867.00	4 265.00	5 100.00
国家\年份	2007	2008	2009	2010	2011	2012
文莱	813.34	867.25	914.91	1 053.72	1 209.03	—
柬埔寨	1 547.54	1 645.12	1 524.72	16 69.02	2 212.56	2 545.44
中国	122 206.00	147 110.00	129 475.64	162 165.07	176 422.45	191 430.42
印度尼西亚	12 487.40	15 246.50	13 155.50	16 765.80	20 690.34	23 113.21
日本	129 026.02	148 743.77	128 242.43	141 283.61	145 506.66	145 589.70
韩国	72 994.80	90 634.80	73 580.40	87 282.40	95 257.20	111 558.50
老挝	278.14	401.63	397.26	510.99	549.64	577.22
马来西亚	29 462.10	30 321.20	28 769.09	31 800.53	35 851.02	37 615.38
缅甸	304.18	302.58	313.36	362.92	611.98	—
菲律宾	9 766.00	9 717.00	13 951.12	17 607.25	18 739.92	20 321.77
新加坡	85 040.81	99 249.04	75 552.30	94 489.24	109 329.52	117 347.62
泰国	30 080.40	33 036.80	30 156.70	34 326.40	41 572.60	49 643.00
越南	6 460.00	7 006.00	5 765.75	7 460.00	8 691.00	9 620.00

资料来源：根据联合国贸易及发展会议（United Nations Conference on Trade and Development, UNCTAD）统计数据整理计算得出。

表3-8　2001—2012年东亚各国服务贸易进口格局（百万美元）

国家\年份	2001	2002	2003	2004	2005	2006
文莱	1 053.88	876.18	1 033.76	1 075.71	1 110.13	1 213.56
柬埔寨	347.28	375.52	433.89	514.42	642.50	803.97
中国	39 267.00	46 528.00	55 306.30	72 720.80	83 966.40	100 833.00
印度尼西亚	—	—	17 400.40	20 856.30	22 048.80	21 393.90
日本	107 163.18	106 203.06	108 805.02	131 813.19	134 270.99	135 552.00
韩国	33 168.90	36 998.90	40 766.70	50 498.20	59 696.40	70 174.10

续表

国家\年份	2001	2002	2003	2004	2005	2006
老挝	30.09	28.77	28.37	31.38	38.97	37.44
马来西亚	16 656.60	16 447.80	17 531.70	19 268.60	21 955.70	23 651.00
缅甸	357.73	306.28	415.70	454.87	497.09	557.15
菲律宾	5 360.00	5 430.00	5 352.00	5 820.00	5 865.00	6 307.00
新加坡	32 142.58	33 643.21	40 219.27	49 881.55	55 258.89	65 123.83
泰国	14 610.40	16 720.40	18 168.80	23 077.10	26 761.80	32 581.70
越南	3 382.00	3 698.00	4 050.00	4 739.00	4 450.00	5 122.00
国家\年份	2007	2008	2009	2010	2011	2012
文莱	1 316.84	1 402.50	1 434.19	1612.10	1 824.61	—
柬埔寨	915.41	1 035.76	909.35	971.76	1 323.39	1 545.59
中国	13 0116.00	158 924.00	158 855.98	193 321.05	238 067.64	281 203.77
印度尼西亚	24 328.40	28 245.10	22 896.10	26 089.30	31 322.57	33 887.40
日本	150 231.85	169 427.67	148 689.10	157 395.37	167 579.91	176 796.69
韩国	84 962.10	96 368.90	80 220.90	95 908.40	101 106.70	105 824.80
老挝	43.84	107.91	135.63	263.12	330.71	341.17
马来西亚	28 668.40	30 269.80	27 471.50	32 319.99	37 976.03	42 895.27
缅甸	653.11	617.24	617.23	789.02	1 090.22	—
菲律宾	7 517.00	8 557.00	9 019.95	11 864.31	12 084.99	14 008.77
新加坡	74 603.61	87 441.51	83 453.97	100 570.93	113 286.28	123 848.95
泰国	38 018.00	45 926.30	36 514.80	45 029.40	52 135.70	53 073.70
越南	7 176.67	7 956.00	8 187.00	9 921.00	11 859.00	12 520.00

资料来源：根据联合国贸易及发展会议（United Nations Conference on Trade and Development, UNCTAD）统计数据整理计算得出。

由于东亚地区服务贸易发展主要集中在部分服务贸易规模比较大的经济体，美国BEA服务贸易数据库、OECD服务贸易数据库、中国历年国际收支报告等数据显示，日本和中国是区域内最大的服务输出目的地和输入的来源地，欧盟、美国、加拿大、澳大利亚和东亚本地区是东亚服务贸易的主要对象，但美国在东亚服务贸易中的影响正在逐步下降。

2004年美国对东亚地区服务进出口额分别占东亚地区服务进出口总额的11.41%和15.67%；而到2010年则仅为8.03%和14.74%。同期，包括中国在内的东亚经济体服务贸易增速明显，区域内贸易在东亚地区服务贸易发展中的重要性不断提升，由此也反映了服务贸易自由化对区域服务贸易的健康和可持续发展的加速作用。（见表3-9和表3-10）。

表3-9　2001—2012年东亚各经济体服务贸易出口年均增长率（%）

国家\年份	2001	2002	2003	2004	2005	2006
文莱	143.75	−11.49	2.26	24.72	13.21	20.85
柬埔寨	22.44	15.17	−9.30	46.89	38.91	15.94
中国	9.54	19.23	17.65	38.82	14.62	23.66
印度尼西亚	—	—	—	127.58	7.31	−10.88
日本	−6.91	1.89	18.10	25.77	13.06	6.38
韩国	−4.25	1.18	14.46	27.35	11.68	14.27
老挝	−5.45	6.09	−27.68	40.31	14.25	9.40
马来西亚	3.69	2.93	−8.74	26.03	14.40	10.76
缅甸	−14.33	4.41	−41.51	2.23	1.76	7.84
菲律宾	−9.03	11.59	−1.14	19.30	11.92	42.41
新加坡	0.36	7.84	22.84	27.59	15.03	18.98
泰国	−6.09	18.17	2.65	20.52	4.47	23.51
越南	4.00	4.91	10.99	18.18	10.29	19.58
国家\年份	2007	2008	2009	2010	2011	2012
文莱	9.24	6.63	5.50	15.17	14.74	—
柬埔寨	19.38	6.31	−7.32	9.46	32.57	15.04
中国	32.82	20.38	−11.99	25.25	8.79	8.51
印度尼西亚	8.40	22.10	−13.71	27.44	23.41	11.71
日本	9.96	15.28	−13.78	10.17	2.99	0.06
韩国	28.42	24.17	−18.82	18.62	9.14	17.11
老挝	24.49	44.40	−1.09	28.63	7.56	5.02
马来西亚	35.89	2.92	−5.12	10.54	12.74	4.92
缅甸	9.95	−0.53	3.56	15.81	68.63	—
菲律宾	51.55	−0.50	43.57	26.21	6.43	8.44
新加坡	28.31	16.71	−23.88	25.06	15.71	7.33
泰国	22.44	9.83	−8.72	13.83	21.11	19.41
越南	26.67	8.45	−17.70	29.38	16.50	10.69

表3-10　2001—2012年东亚各经济体服务贸易进口年均增长率（%）

国家\年份	2001	2002	2003	2004	2005	2006
文莱	37.17	−16.86	17.98	4.06	3.20	9.32
柬埔寨	6.03	8.13	15.54	18.56	24.90	25.13
中国	8.98	18.49	18.87	31.49	15.46	20.09
印度尼西亚	—	—	—	19.86	5.72	−2.97
日本	−6.90	−0.90	2.45	21.15	1.86	0.95
韩国	−1.21	11.55	10.18	23.87	18.21	17.55
老挝	−30.11	−4.38	−1.39	10.62	24.17	−3.92
马来西亚	−0.54	−1.25	6.59	9.91	13.95	7.72
缅甸	10.52	−14.38	35.72	9.42	9.28	12.08
菲律宾	2.15	1.31	−1.44	8.74	0.77	7.54
新加坡	6.74	4.67	19.55	24.02	10.78	17.85
泰国	−5.50	14.44	8.66	27.01	15.97	21.75
越南	4.00	9.34	9.52	17.01	−6.10	15.10
国家\年份	2007	2008	2009	2010	2011	2012
文莱	8.51	6.50	2.26	12.41	13.18	—
柬埔寨	13.86	13.15	−12.20	6.86	36.19	16.79
中国	29.04	22.14	−0.04	21.70	23.15	18.12
印度尼西亚	13.72	16.10	−18.94	13.95	20.06	8.19
日本	10.83	12.78	−12.24	5.86	6.47	5.50
韩国	21.07	13.43	−16.76	19.56	5.42	4.67
老挝	17.10	146.13	25.69	94.00	25.69	3.16
马来西亚	21.21	5.59	−9.24	17.65	17.50	12.95
缅甸	17.22	−5.49	0.00	27.83	38.17	—
菲律宾	19.19	13.84	5.41	31.53	1.86	15.92
新加坡	14.56	17.21	−4.56	20.51	12.64	9.32
泰国	16.69	20.80	−20.49	23.32	15.78	1.80
越南	40.11	10.86	2.90	21.18	19.53	5.57

二、中国的服务贸易发展特点

改革开放30多年来，中国的服务贸易发展取得了长足进步，服务贸易出口额由1982年的25亿美元增长到2012年的1 914亿美元,增长了75倍;服务贸易进口由1982年的19亿美元增长到2012年的2 812亿美元,增长了147倍。就占世界服务贸易的比重而言,中国服务贸易出口额在全球服务贸易出口中所占的比重从1982年的0.7%上升到2012年的4.1%;进口额则从占全球服务贸易进口额的0.5%上升到2012年的6.6%(表3-11),服务贸易进出口总规模位居世界第三位和亚洲第一位。尽管如此,中国的服务贸易规模仍仅为美国的44.16%,服务贸易出口额占贸易总出口额的比重偏低,2000年以来稳定在10%左右,大大低于18%的世界平均水平。

表3-11 中国历年服务贸易进出口情况

年份	中国出口额（亿美元）	中国出口占世界比重（%）	世界出口额（亿美元）	中国进口额（亿美元）	中国进口占世界比重（%）	世界进口额（亿美元）	中国进出口额（亿美元）	中国进出口占世界比重（%）	世界进出口额（亿美元）
1982	25	0.7	3 646	19	0.5	4 028	44	0.6	7 674
1983	25	0.7	3 543	18	0.5	3 829	43	0.6	7 372
1984	28	0.8	3 656	26	0.7	3 963	54	0.7	7 619
1985	29	0.8	3 816	23	0.6	4 011	52	0.7	7 827
1986	36	0.8	4 478	20	0.4	4 580	56	0.6	9 058
1987	42	0.8	5 314	23	0.4	5 439	65	0.6	10 753
1988	47	0.8	6 003	33	0.5	6 257	80	0.7	12 260
1989	45	0.7	6 566	36	0.5	6 855	81	0.6	13 421
1990	57	0.7	7 805	41	0.5	8 206	98	0.6	16 011
1991	69	0.8	8 244	39	0.5	8 510	108	0.6	16 754
1992	91	1.0	9 238	92	1.0	9 471	183	1.0	18 709
1993	110	1.2	9 413	116	1.2	9 596	226	1.2	19 009
1994	164	1.6	10 332	158	1.5	10 438	322	1.6	20 770
1995	184	1.6	11 849	246	2.0	12 015	430	1.8	23 864
1996	206	1.6	12 710	224	1.8	12 697	430	1.7	25 407
1997	245	1.9	13 203	277	2.1	13 056	522	2.0	26 259
1998	239	1.8	13 503	265	2.0	13 350	504	1.9	26 853
1999	262	1.9	14 056	310	2.2	13 883	572	2.0	27 939
2000	301	2.0	14 922	359	2.4	14 796	660	2.2	29 718

续表

年份	中国出口额（亿美元）	中国出口占世界比重（%）	世界出口额（亿美元）	中国进口额（亿美元）	中国进口占世界比重（%）	世界进口额（亿美元）	中国进出口额（亿美元）	中国进出口占世界比重（%）	世界进出口额（亿美元）
2001	329	2.2	14 945	390	2.6	14 941	719	2.4	29 886
2002	394	2.5	16 014	461	2.9	15 793	855	2.7	31 807
2003	464	2.5	18 340	549	3.0	18 023	1 013	2.8	36 363
2004	621	2.8	21 795	716	3.4	21 328	1 337	3.1	43 123
2005	739	3.1	24 147	832	3.5	23 613	1 571	3.3	47 760
2006	914	3.4	27 108	1 003	3.8	26 196	1 917	3.6	53 304
2007	1 216	3.7	32 572	1 293	4.2	30 591	2 509	4.0	63 163
2008	1 465	3.9	37 313	1 580	4.6	34 690	3 045	4.2	72 003
2009	1 296	3.7	34 676	1 589	4.8	33 022	2 885	4.3	67 699
2010	1 582	4.2	37 454	1 933	5.4	35 601	3 515	4.8	73 055
2011	1 821	4.3	42 433	2 370	5.8	40 819	4 191	4.8	83 252
2012	1 914	4.1	47 202	2 812	6.6	42 927	4 726	5.2	90 129

资料来源：根据联合国贸易及发展会议（United Nations Conference on Trade and Development，UNCTAD）统计数据整理计算得出。

与此同时，中国的服务贸易仍以传统劳动密集型行业为主，运输、旅游和其他商业服务占我国服务进出口比重超过70%，技术和知识密集型的金融、保险、专利与信息、通信等新兴服务业贸易额和比重仍较低（李杨，郝刚，2012）（表3-12）。中国服务贸易仍长期处于逆差状态，运输和旅游项目是主要逆差部门，而且逆差额呈现逐步上升趋势，无论是在整体水平还是在部门结构等方面仍存在较大的发展空间。

就服务贸易伙伴国家和地区集中度而言，中国的主要贸易伙伴集中在亚洲邻近地区和欧美发达国家，与前十位服务贸易伙伴贸易规模占总额的70%以上；其中，美国、日本、韩国和澳大利亚成为主要逆差来源国，中国与东盟服务贸易规模增长迅猛。

表3-12和表3-13显示，中国服务贸易各部门进出口结构也不断发生变化和调整。2001年现代服务部门出口贸易比重仅为32.72%，2012年已达到

53.54%,计算机与信息服务、建筑服务和保险服务增长最为迅速,但服务出口相对规模仍然有限。服务进口方面,现代服务部门进口规模则出现先增后减的趋势,2001年现代服务部门进口贸易比重为35.74%,2008年达到45.58%的历史最高水平,2012年回落至33.19%。其中,专利与许可服务增长显著,说明中国利用国外知识经济发展势头强劲,但保险业发展仍然滞后。在传统服务部门对外贸易中,运输业持续平稳,旅游业发展变化明显;其中,旅游服务出口比重保持稳定,但旅游进口规模则大幅上升,2012年达到36.27%,反映了中国经济发展与居民收入增长的同步性,推动居民出国境旅游消费大幅增加。

表3-12　2001—2012年中国服务贸易分部门出口贸易比重(%)

部门\年份	2001	2002	2003	2004	2005	2006
服务部门总体	100	100	100	100	100	100
运输	13.90	14.39	16.91	18.59	20.73	22.84
旅游	53.37	51.29	37.22	39.65	39.37	36.90
现代服务:	32.72	34.32	45.87	41.76	39.89	40.26
通信	0.81	1.38	1.37	0.85	0.65	0.80
建筑	2.49	3.14	2.76	2.26	3.48	2.99
保险	0.68	0.53	0.72	0.59	0.74	0.60
金融	0.30	0.13	0.32	0.14	0.20	0.16
计算机与信息	1.38	1.61	2.36	2.52	2.47	3.21
专利与许可	0.33	0.33	0.23	0.36	0.21	0.22
其他商业服务	25.34	26.21	37.27	34.38	31.29	31.49
个人文化娱乐	0.08	0.07	0.07	0.06	0.18	0.15
政府服务	1.30	0.91	0.77	0.58	0.66	0.63
部门\年份	2007	2008	2009	2010	2011	2012
服务部门总体	100	100	100	100	100	100
运输	25.63	26.11	18.20	21.10	20.16	20.33
旅游	30.47	27.76	30.64	28.25	27.47	26.13
现代服务:	43.90	46.12	51.15	50.65	52.37	53.54
通信	0.96	1.07	0.93	0.75	0.98	0.94
建筑	4.40	7.02	7.31	8.94	8.35	6.40
保险	0.74	0.94	1.24	1.06	1.71	1.74
金融	0.19	0.21	0.28	0.82	0.48	0.99

续表

部门\年份	2007	2008	2009	2010	2011	2012
服务部门总体	100	100	100	100	100	100
计算机与信息	3.56	4.25	5.03	5.71	6.91	7.55
专利与许可	0.28	0.39	0.33	0.51	0.42	0.55
其他商业服务	33.07	31.50	35.24	32.19	33.03	34.80
个人文化娱乐	0.26	0.28	0.08	0.08	0.07	0.07
政府服务	0.45	0.45	0.73	0.59	0.43	0.52

资料来源：根据联合国贸易及发展会议（United Nations Conference on Trade and Development，UNCTAD）统计数据整理计算得出。

表3-13　2001—2012年中国服务贸易分部门进口贸易比重（%）

部门\年份	2001	2002	2003	2004	2005	2006
服务部门总体	100	100	100	100	100	100
运输	28.84	29.26	32.97	33.75	33.89	34.09
旅游	35.42	33.09	27.46	27.14	25.91	24.12
现代服务：	35.74	37.65	39.57	39.11	40.20	41.79
通信	0.83	1.01	0.77	0.65	0.72	0.76
建筑	2.16	2.07	2.14	1.84	1.93	2.03
保险	6.90	6.98	8.25	8.42	8.57	8.76
金融	0.20	0.19	0.42	0.19	0.19	0.88
计算机与信息	0.88	2.43	1.87	1.72	1.93	1.72
专利与许可	4.94	6.69	6.42	6.18	6.34	6.58
其他商业服务	19.11	17.10	18.75	19.13	19.60	20.44
个人文化娱乐	0.13	0.21	0.13	0.24	0.18	0.12
政府服务	0.60	0.96	0.82	0.73	0.74	0.50
国家\年份	2007	2008	2009	2010	2011	2012
服务部门总体	100	100	100	100	100	100
运输	33.26	31.67	29.32	32.72	33.79	30.53
旅游	22.89	22.75	27.51	28.39	30.49	36.27
现代服务：	43.85	45.58	43.17	38.89	35.72	33.19
通信	0.83	0.95	0.76	0.59	0.50	0.59
建筑	2.24	2.75	3.69	2.62	1.57	1.29
保险	8.20	8.02	7.12	8.15	8.29	7.33
金融	0.43	0.36	0.40	0.72	0.31	0.68
计算机与信息	1.70	1.99	2.03	1.53	1.61	1.37

续表

国家\年份	2007	2008	2009	2010	2011	2012
服务部门总体	100	100	100	100	100	100
专利与许可	6.30	6.49	6.97	6.74	6.18	6.31
其他商业服务	23.39	24.29	21.49	17.75	16.64	15.06
个人文化娱乐	0.12	0.16	0.18	0.19	0.17	0.20
政府服务	0.66	0.58	0.53	0.59	0.45	0.37

资料来源：根据联合国贸易及发展会议（United Nations Conference on Trade and Development, UNCTAD）统计数据整理计算得出。

就服务贸易伙伴而言，中国的服务贸易对象集中度更高，且结构相对稳定。2005年至今，中国香港、美国和欧盟一直为中国内地前三大服务贸易伙伴，中国对日本和东盟的服务贸易比重也呈现上升势头，且新加坡是中国重要的服务贸易顺差国。

以中美服务贸易发展为例，美国对华服务贸易出口模式主要集中在两个方面，即跨境交付（美国本土向中国出口）和商业存在（由美国母公司控股的在华子公司向中国出口）（朱惊萍，2010）。从行业结构上看，美国对华出口主要以其他商业服务（包括教育、商业、专业技术、通信、保险和金融服务）为主，其中，2010年该类服务对华出口额达到105.01亿美元，占美国对华服务出口的49.69%，而中国对美出口则主要集中在运输、旅游等传统劳动密集型服务行业，占中国对美服务出口的54.84%，中美服务贸易结构的不平衡性十分突出。此外，美国通过对华服务业投资规模不断扩大，也促进了美国跨国公司在华子公司对中国服务贸易的持续增长。2005年美国对华服务贸易投资额为190.16亿美元，2010年则高达585.09亿美元；其中，美国对华新增金融存款机构和其他金融机构投资额分别为134亿美元和18.94亿美元，企业证券投资为41.41亿美元，零售业领域投资额为38.98亿美元，信息服务和其他专业技术为36.98亿美元（美国商务部经济分析局，2012）。美国对华服务业投资增长率明显快于中美服务贸易规模增长率，为中美服务贸易继续发展创造了条件。

值得关注的是，中国作为东亚地区最重要的新兴经济体，与东亚各国间服务贸易比重日趋加大，2008年以来，东亚地区在中国服务贸易出口比重均在50%左右，反映了中国在东亚地区服务贸易领域的重要地位，有力推动了中国积极参与东亚区域服务贸易自由化合作。

三、日本和韩国的服务贸易发展特点

20世纪80年代以来，日本对外服务贸易快速增长，尽管受到1998年亚洲金融危机和2008年美国次贷危机的影响，但日本的服务贸易发展始终比较稳定。受国内产业结构调整和服务业支持措施出台的影响，2004年，日本的服务贸易规模首次突破2 000亿美元大关，2008年又突破3 000亿美元，达到3 138亿美元，2012年为3 224亿美元，贸易规模稳定在3 000亿美元以上（表3-14），在亚洲仅次于中国，位列服务贸易进出口规模第二位。但是服务贸易在日本贸易总额中所占的比重始终处于低位，2012年仅占全部贸易额的16%；尽管如此，日本服务贸易占东亚服务贸易的比重呈下降态势，但日本在东亚服务贸易发展中的重要作用不容忽视。

从国际收支来看，多年来日本对外服务贸易始终处于逆差状态。但2001年以来，日本的服务贸易进出口年均增速分别达到3.05%和7.43%，出口增速持续高于进口增速，服务贸易的逆差规模正呈现出缩减态势。联合国贸发会议数据显示，从服务贸易部门结构分析，传统服务部门中的运输业始终是日本服务贸易第一大行业，运输业发展水平位居世界前列，占日本服务贸易总额30%~35%的比重；但相对于日本庞大的货物贸易规模，运输服务发展相形见绌，成为日本服务贸易的主要逆差来源。旅游服务逆差则在2003年日本推出"观光立国"政策后有所好转，但旅游服务贸易规模仍然十分有限。

相比之下，日本的现代服务部门进出口始终占服务进出口比重的50%和60%左右，其他商业服务、金融服务、建筑服务、专利与许可服务等服务部门的贸易额增长较快，贸易顺差不断扩大。同时，作为亚洲经济最发达的国家，伴随东亚地区新兴经济体的快速发展，日本在许多服务行业或领域都具有较高的技术和管理水平，特别是其对外专利与许可服务输出规模不断扩大，服务贸易出口比重持续上升，2012年占据超过25%的服务贸易出口份额。此外，尽管通信、保险、个人文化娱乐和政府服务等其他服务部门在日本的服务贸易份额中所占比重较小，对日本服务贸易影响相对较弱，但其增长速度始终保持稳定，绝对规模仍然不小（表3-14和表

3-15)。

表3-14　2001—2012年日本与韩国服务贸易总体水平（亿美元）

国家	类别/年份	2001	2002	2003	2004	2005	2006
日本	出口额	647.49	660.54	717.84	896.68	1 020.71	1 151.4
	进口额	987.62	978.65	999.06	1 199.25	1 223.69	1 339.0
	类别/年份	2007	2008	2009	2010	2011	2012
	出口额	1 270.6	1 464.4	1 259.18	1 375.55	1 454.37	1 455.90
	进口额	1 486.85	1 674.43	1 469.65	1 552.35	1 676.59	1 767.97
韩国	类别/年份	2001	2002	2003	2004	2005	2006
	出口额	292.48	295.14	337.71	431.63	483.27	483.27
	进口额	327.15	365.45	403.14	499.44	589.64	589.64
	类别/年份	2007	2008	2009	2010	2011	2012
	出口额	713.75	894.28	724.66	815.7	872.82	1 115.59
	进口额	839.54	954.33	795.25	929.78	993.78	1 058.25

资料来源：根据联合国贸易及发展会议（United Nations Conference on Trade and Development, UNCTAD）统计数据整理计算得出。

表3-15　2001—2012年日本服务贸易分部门出口贸易比重（%）

部门\年份	2001	2002	2003	2004	2005	2006
服务部门总体	100	100	100	100	100	100
运输	37.23	36.48	34.11	32.94	32.45	32.09
旅游	5.13	5.32	11.37	11.55	11.28	7.22
现代服务：	57.64	58.20	54.53	55.51	56.28	60.69
通信	1.11	1.13	0.86	0.46	0.36	0.37
建筑	7.42	7.04	5.87	7.04	6.55	7.66
保险	-0.16	-0.54	0.49	1.10	0.79	1.34
金融	4.21	4.77	4.48	4.52	4.60	5.24
计算机与信息	2.19	1.74	1.38	1.07	1.02	0.82
专利与许可	16.20	15.86	15.82	16.08	15.97	17.13
其他商业服务	25.17	26.50	23.28	22.43	24.79	26.16
个人文化娱乐	0.18	0.48	0.18	0.07	0.09	0.12
政府服务	1.31	1.22	2.16	2.74	2.10	1.84

续表

部门\年份	2007	2008	2009	2010	2011	2012
服务部门总体	100	100	100	100	100	100
运输	32.52	31.58	24.61	27.53	26.33	27.59
旅游	7.23	7.28	8.03	9.34	7.54	10.01
现代服务：	60.25	61.14	67.36	63.12	66.13	62.40
通信	0.43	0.44	0.52	0.52	0.52	0.66
建筑	7.99	9.23	9.70	7.53	7.53	7.96
保险	1.05	0.63	0.68	0.90	1.14	−0.27
金融	4.81	3.67	3.76	2.55	2.83	3.19
计算机与信息	0.75	0.64	0.68	0.74	0.82	0.93
专利与许可	11.09	10.80	11.32	11.93	11.43	11.25
其他商业服务	25.50	27.62	33.11	30.06	31.18	25.77
个人文化娱乐	0.12	0.10	0.13	0.11	0.11	0.12
政府服务	1.59	1.56	1.89	1.83	2.03	2.13

资料来源：根据联合国贸易及发展会议（United Nations Conference on Trade and Development，UNCTAD）统计数据整理计算得出。

表3-16　2001—2012年日本服务贸易分部门进口贸易比重（%）

部门\年份	2001	2002	2003	2004	2005	2006
服务部门总体	100	100	100	100	100	100
运输	29.24	28.20	29.12	29.63	30.05	31.60
旅游	24.72	24.98	26.49	29.02	27.95	19.83
现代服务：	46.05	46.82	44.40	41.36	42.00	48.57
通信	1.00	0.86	0.73	0.47	0.46	0.54
建筑	3.56	3.37	3.10	3.64	3.56	4.57
保险	2.48	3.03	3.26	2.61	1.44	3.37
金融	1.54	1.53	2.00	2.01	2.01	2.21
计算机与信息	2.46	2.02	1.93	1.66	1.82	2.31
专利与许可	10.36	10.36	10.10	10.34	10.90	11.43
其他商业服务	22.22	23.26	21.25	18.66	19.75	21.96

续表

部门\年份	2001	2002	2003	2004	2005	2006
服务部门总体	100	100	100	100	100	100
个人文化娱乐	1.30	1.12	0.87	0.82	0.83	0.96
政府服务	1.14	1.25	1.17	1.14	1.23	1.22
部门\年份	2007	2008	2009	2010	2011	2012
服务部门总体	100	100	100	100	100	100
运输	32.60	31.90	27.25	29.51	29.51	31.31
旅游	17.63	16.46	16.91	17.71	16.24	15.77
现代服务	49.77	51.64	55.84	52.79	54.26	52.92
通信	0.68	0.63	0.76	0.65	0.58	0.67
建筑	5.28	6.68	7.69	5.01	4.60	4.39
保险	2.75	3.02	3.45	4.32	4.06	4.18
金融	2.40	2.35	2.05	2.00	2.00	1.82
计算机与信息	2.40	2.34	2.54	2.27	2.52	2.54
专利与许可	11.09	10.80	11.32	11.93	11.43	11.25
其他商业服务	23.18	23.87	26.13	24.88	27.38	26.33
个人文化娱乐	0.88	0.72	0.71	0.59	0.58	0.68
政府服务	1.12	1.24	1.19	1.13	1.11	1.06

资料来源：根据联合国贸易及发展会议（United Nations Conference on Trade and Development, UNCTAD）统计数据整理计算得出。

此外，由于日本服务部门发展成熟，可贸易的服务产品繁多，根据经济合作与发展组织（OECD）服务贸易数据库显示，日本服务贸易目的地的方向相对集中，但也伴随地理上分散的贸易伙伴。其中，北美洲（主要以美国、加拿大为主）和亚洲（主要以东亚地区各经济体为主），占日本约70%的服务贸易量，欧洲占四分之一左右。作为单一经济体，美日服务贸易规模约占日本服务贸易量的27%，其他国家与日本服务贸易额则大多在10%以下且比较分散。其中，日本前十位的服务贸易伙伴约占其服务贸易规模的75%。

与日本相比，韩国的服务贸易规模相对较小，但多年来保持着两位数的高速增长。由于国民经济发展水平持续提高，韩国服务产业结构不断升级,服务部门在国民经济中的地位不断上升。2009年以来,服务业产值在韩国GDP中的比重超过60%,是其经济增长的重要动力。2001年,韩国的服务贸易总额为619亿美元,2011年已达到1 867亿美元,跻身全球服务贸易规模15强(窦强,2012);2012年更突破2 000亿美元大关,达到2 174亿美元(表3-14)。多年来,韩国服务贸易收支始终处于逆差状态,服务贸易出口增速始终低于进口增速,2012年首次实现扭转,服务贸易进出口额双双突破千亿美元,净出口额达到57.34亿美元。同时,服务贸易在韩国贸易总额中所占的比重基本保持稳定,但服务贸易依存度则远高于中国和日本,2012年达到20%,凸显其在韩国经济中的重要地位。

表3-17 2001—2012年韩国服务贸易分部门出口贸易比重(%)

部门\年份	2001	2002	2003	2004	2005	2006
服务部门总体	100	100	100	100	100	100
运输	43.64	43.25	49.12	50.58	48.00	45.40
旅游	21.14	19.43	15.32	13.63	11.67	10.18
现代服务:	35.09	37.24	35.51	35.57	40.29	44.27
通信	1.32	1.24	0.98	1.00	0.89	1.13
建筑	3.94	7.15	5.83	5.97	9.46	12.32
保险	0.20	0.12	0.10	0.31	0.34	0.48
金融	1.76	2.27	2.00	2.43	3.32	4.47
计算机与信息	0.05	0.06	0.08	0.06	0.11	0.44
专利与许可	3.06	2.73	3.75	4.18	3.84	3.60
其他商业服务	21.15	19.65	19.12	18.24	18.94	18.53
个人文化娱乐	0.46	0.60	0.22	0.29	0.54	0.65
政府服务	3.15	3.41	3.44	3.09	2.85	2.66
部门\年份	2007	2008	2009	2010	2011	2012
服务部门总体	100	100	100	100	100	100
运输	45.97	49.39	39.00	44.66	38.78	37.11
旅游	8.41	10.78	13.34	11.87	13.15	12.12
现代服务:	45.52	39.77	47.62	43.45	47.83	50.59
通信	0.75	0.80	0.99	0.96	0.87	0.32
建筑	13.29	15.10	19.78	13.72	16.25	17.67

续表

部门\年份	2007	2008	2009	2010	2011	2012
服务部门总体	100	100	100	100	100	100
保险	0.57	0.51	0.46	0.59	0.54	0.44
金融	5.48	4.18	3.10	3.13	3.56	2.86
计算机与信息	0.47	0.34	0.30	0.27	0.45	0.42
专利与许可	2.38	2.63	4.35	3.60	4.55	3.41
其他商业服务	19.76	14.31	16.43	19.29	19.38	23.24
个人文化娱乐	0.61	0.58	0.71	0.73	0.98	1.12
政府服务	2.22	1.33	1.51	1.16	1.25	1.11

资料来源：根据联合国贸易及发展会议（United Nations Conference on Trade and Development，UNCTAD）统计数据整理计算得出。

表3-18　2001—2012年韩国服务贸易分部门进口贸易比重（%）

部门\年份	2001	2002	2003	2004	2005	2006
服务部门总体	100	100	100	100	100	100
运输	33.29	30.54	33.39	34.96	33.74	32.96
旅游	22.96	28.28	24.78	24.46	25.81	26.86
现代服务：	43.65	41.16	41.81	40.41	40.39	40.15
通信	2.24	1.85	1.70	1.26	1.30	1.44
建筑	0.68	1.16	0.97	0.97	1.47	1.86
保险	1.13	1.54	0.96	0.91	1.23	1.22
金融	0.25	0.19	0.25	0.25	0.39	0.78
计算机与信息	0.31	0.34	0.33	0.31	0.31	0.85
专利与许可	9.20	8.11	8.76	8.80	7.64	6.63
其他商业服务	27.85	25.97	27.10	26.07	26.03	25.23
个人文化娱乐	0.62	0.77	0.64	0.74	0.80	0.96
政府服务	1.37	1.23	1.11	1.10	1.23	1.18
部门\年份	2007	2008	2009	2010	2011	2012
服务部门总体	100	100	100	100	100	100
运输	34.22	38.16	29.23	30.94	29.21	28.41
旅游	25.86	19.78	18.75	19.58	19.72	19.53
现代服务：	39.88	42.02	51.98	49.43	51.04	52.03
通信	1.07	1.19	1.53	1.52	1.52	1.04
建筑	2.15	2.71	3.50	2.40	3.75	3.18

续表

部门\年份	2007	2008	2009	2010	2011	2012
服务部门总体	100	100	100	100	100	100
保险	1.18	0.77	0.92	0.92	0.68	0.75
金融	0.82	0.72	0.88	0.88	0.88	0.92
计算机与信息	0.64	0.59	0.50	0.52	0.55	0.45
专利与许可	6.04	5.87	8.96	9.42	7.21	8.01
其他商业服务	25.69	28.27	33.77	31.72	34.30	35.65
个人文化娱乐	1.09	0.92	1.05	1.07	1.01	1.12
政府服务	1.19	0.97	0.87	0.99	1.12	0.90

资料来源：根据联合国贸易及发展会议（United Nations Conference on Trade and Development，UNCTAD）统计数据整理计算得出。

表3-17和表3-18显示，韩国在服务贸易结构方面与日本有相似之处。例如，运输业是韩国长期以来最大的服务贸易部门，其所占比重始终在40%以上。旅游业也是韩国服务贸易逆差规模最大的部门，并仍呈现出逆差持续增长的态势，反映韩国消费者习惯享受出境旅游服务的热情始终不减。同时，韩国的金融、保险、计算机与信息服务等现代服务业部门的对外贸易增长非常快，在其服务贸易规模中所占比重不断提高，2012年在服务贸易中的比重突破50%。其中，其他商业服务、专利与许可服务的进口规模持续上升，是韩国服务业快速发展的重要表现。特别是建筑服务出口增长速度较快，成为韩国目前主要的现代服务贸易顺差部门。

从服务贸易进口来源地和出口目的地来看，韩国的服务贸易伙伴也高度集中。根据经济合作与发展组织（OECD）服务贸易数据库显示，东亚地区十个主要经济体均属于韩国前20位服务贸易伙伴，约占韩国服务贸易出口比重的42%，特别是近年来，美国和日本在韩国对外服务贸易的份额中不断下降，中韩两国的服务贸易发展则从规模和势头上不断加强。

近年来，随着东亚经济一体化进程推进，中日韩三国间的经贸关系日益密切。就中日韩三国的服务贸易发展而言，服务贸易作为三国贸易的重要组成部分，取得了显著发展；但日韩间服务贸易在整个东北亚地区占有较高份额，中国与日本和韩国的合作水平仍有较大空间。经济合作与发展组织（OECD）统计的数据显示，2005年至2010年日本对华服务贸易总额占其全球服务贸易总额的5.9%，远低于其对美国及欧盟的28.3%和23.3%；

韩国对华服务贸易总额占其全球服务贸易总额的11.9%,同样低于其对美国及欧盟的24%和16.4%(窦强,2012)。其中,中国在旅游等部门对日韩具有比较优势,在金融、保险、专利与许可等部门具有显著的比较劣势;相比之下,日本在建筑、专利与许可、运输等部门具有比较优势,旅游、通信、计算机与信息、个人文化娱乐等多个部门的竞争力较弱;韩国在运输、政府服务部门的比较优势最为明显,旅游、建筑、其他商业服务等部门的竞争力较弱(刘晨阳,2010)。

四、东盟国家的服务贸易发展特点

20世纪90年代以来,东盟各国的服务贸易也取得较快发展。2000年至2011年,东盟国家服务贸易出口额从689.22亿美元增加到2 546.71亿美元,增长了2.7倍(图3-3);进口额从879.18亿美元增加到2 635.33亿美元,增长了2倍(图3-4),但服务贸易收支长期处于逆差状态。根据联合国贸发会议的数据,2012年东盟的服务贸易进出口额分别达到2 860.1亿美元和2 626.3亿美元,首次出现服务贸易收支顺差。与此同时,东盟服务出口在世界市场上的份额突破6%,在商品服务出口额中占比超过17%,略低于世界18%的平均水平;而在服务进口中,其进口额也占世界市场的6%左右,在商品服务进口额中占比则超过20%,高于全球平均水平。

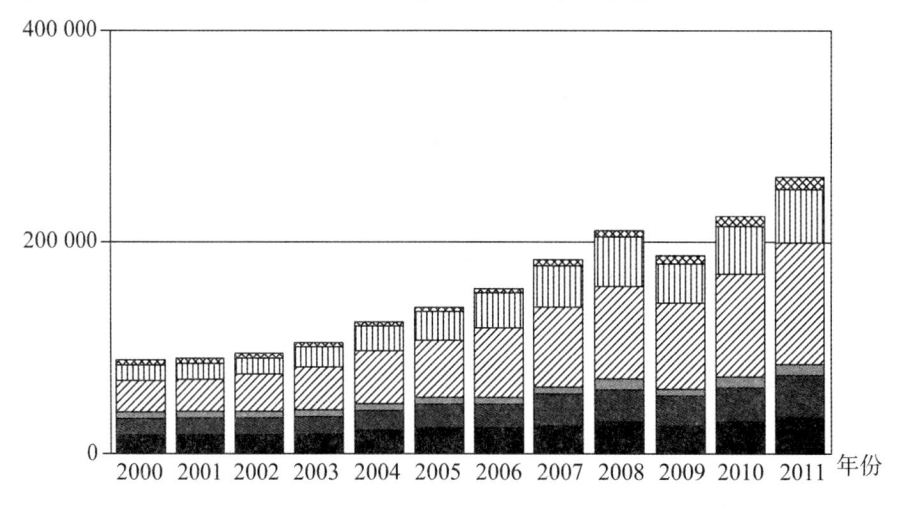

图3-3 2000—2011年东盟10国服务贸易进口总体水平(百万美元)

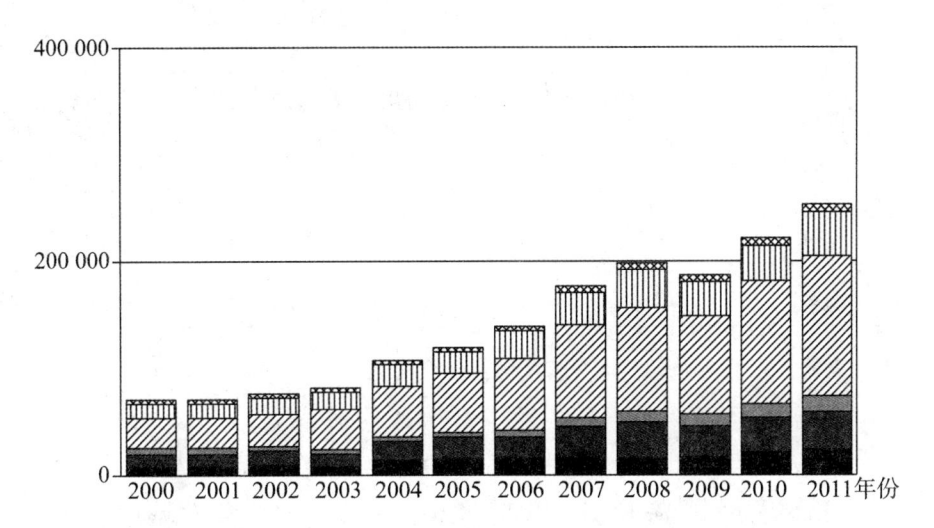

图3-4 2000—2011年东盟10国服务贸易出口总体水平（百万美元）

从东盟成员方的国别上看，各经济体的服务贸易发展水平相差很大（表3-19）。新加坡、泰国、印度尼西亚、菲律宾、越南和马来西亚6国是东盟服务贸易发展的主体，占东盟服务贸易的份额在98%以上，其中新加坡所占份额最大，约占40%，泰国、马来西亚、印度尼西亚分列其后。此外，除新加坡、马来西亚、菲律宾、柬埔寨和老挝5国外，其他东盟各国的服务贸易收支则均处于逆差状态。

表3-19 2011年东盟10国服务贸易进出口水平及其占全球比重

国别	服务进口额（亿美元）	所占比重（%）	服务出口额（亿美元）	所占比重（%）	净出口额（亿美元）
东盟	2 635.33	6.67	2 546.71	6.02	−81
新加坡	1 104.91	2.86	1 250.68	3.01	145.77
泰国	504.9	1.31	404.84	0.98	−100.06
马来西亚	273.06	0.96	357.06	0.86	−16
印度尼西亚	318.19	0.82	199.4	0.48	−118.79
菲律宾	120.13	0.31	155.16	0.37	35.03
越南	117.09	0.3	87.74	0.21	−29.35
柬埔寨	14.48	0.04	21.91	0.05	7.43

续表

国别	服务进口额（亿美元）	所占比重（%）	服务出口额（亿美元）	所占比重（%）	净出口额（亿美元）
文莱	16.03	0.04	12.55	0.03	-3.48
老挝	2.58	0.01	4.89	0.01	2.31
缅甸	7.61	0.02	3.34	0.01	-4.27

资料来源：根据联合国贸易及发展会议（United Nations Conference on Trade and Development, UNCTAD）统计数据整理计算得出。

就服务贸易出口结构而言，表3-20显示，东盟服务贸易出口前三位的服务部门分别为旅游、运输和其他商业服务。其中，旅游服务经历了2003—2010年的下滑之后，2011年以来再度攀升成为东盟最重要的服务产业，相比之下，运输服务则始终处于波澜不惊、发展稳定的状态。现代服务部门的服务出口比重占东盟服务贸易出口的40%，在金融、计算机与信息服务和通信服务上，东盟具有一定优势，服务贸易出口比重中相对较大；而专利与许可服务、个人文化娱乐和政府服务则规模较小。同期，东盟服务贸易进口表现大体相同，除专利和许可服务进口比重较高外，其他现代服务部门进出口服务规模稳定，但大多净出口为负。

表3-20　2001—2012年东盟服务贸易分部门出口贸易比重（%）

部门\年份	2001	2002	2003	2004	2005	2006
服务部门总体	100	100	100	100	100	100
运输	27.58	27.92	28.25	27.66	28.40	27.25
旅游	40.37	38.13	31.76	31.48	29.36	31.53
现代服务：	32.05	33.94	40.00	40.86	42.25	41.22
通信	1.85	1.87	1.95	2.41	2.62	2.46
建筑	1.31	1.34	1.15	1.76	1.82	1.75
保险	1.55	1.45	2.04	1.69	1.40	1.34
金融	3.97	4.17	4.89	4.48	4.46	5.17

续表

部门\年份	2001	2002	2003	2004	2005	2006
服务部门总体	100	100	100	100	100	100
计算机与信息	—	—	—	—	1.03	1.23
专利与许可	0.49	0.53	0.51	0.96	1.03	0.78
其他商业服务	20.89	20.29	24.90	25.66	27.53	26.81
个人文化娱乐	—	—	2.59	1.87	1.58	0.90
政府服务	0.77	0.72	0.70	0.69	0.78	0.77
部门\年份	2007	2008	2009	2010	2011	2012
服务部门总体	100	100	100	100	100	100
运输	27.58	28.60	27.17	27.54	25.46	23.70
旅游	31.47	30.22	31.53	33.21	35.27	36.22
现代服务：	40.95	41.17	41.30	39.25	39.26	40.08
通信	2.19	1.98	2.23	2.15	2.09	1.92
建筑	1.82	1.78	1.85	1.56	1.55	1.61
保险	1.16	1.22	1.92	2.00	1.57	1.66
金融	5.95	5.45	6.66	6.35	6.85	6.68
计算机与信息	1.33	2.00	2.72	2.67	2.76	2.73
专利与许可	0.77	0.85	0.76	0.63	0.86	0.94
其他商业服务	26.40	26.58	23.65	22.77	22.53	23.57
个人文化娱乐	0.70	0.66	0.75	0.43	0.41	0.36
政府服务	0.63	0.66	0.76	0.69	0.65	0.62

资料来源：根据联合国贸易及发展会议（United Nations Conference on Trade and Development, UNCTAD）统计数据整理计算得出。

需要指出的是，近年来，中国与东盟双边服务贸易的发展有了长足进步，特别是2007年7月《中国—东盟自由贸易区服务贸易协议》正式生效和

2011年11月《关于实施〈中国—东盟自由贸易区服务贸易协议〉第二批具体承诺的议定书》的签署,进一步扩大了双边服务贸易的合作水平。

中国与东盟服务贸易规模从2006年的126亿美元发展到2010年的268亿美元;尽管2009年受全球金融危机的影响,双边贸易额出现下降,但五年来仍增长了1.13倍,中国成为东盟第四大服务贸易伙伴,而东盟则继续保持中国第五大服务贸易伙伴的地位(表3-21)。中国对东盟各项服务业直接投资、国际工程承包、国际劳务合作等领域增长迅速,东盟各国则在交通运输、旅游、金融和建筑等服务领域持续扩大与中国的经济合作(周金城,2012)。

表3-21 2006—2010年中国与东盟双边服务贸易水平

年份	双边服务贸易进出口总额(亿美元)	同比增长率
2006	126	—
2007	179	42%
2008	234	31%
2009	221	-5%
2010	268	21%

资料来源:根据世界贸易组织(WTO)国际贸易统计数据库(International Trade Statistics Database)数据整理。

第三节 当前东亚区域服务贸易自由化合作和发展趋势

以地区贸易安排(RTAs)为代表的区域主义和以世界贸易组织(WTO)的多边主义长期以来是国际贸易领域研究和讨论的重点。但是由于WTO"多哈回合"贸易谈判陷入僵局,促使全球区域贸易自由化进程加速,越来越多的国家倾向于开展区域贸易一体化,进而掀起了继欧洲共同市场和北美自由贸易区(NAFTA)建立后的第三次地区贸易安排签订高潮。与传统的区域贸易协定不同,新近缔结的地区贸易安排在目标和形式上更趋多元化。除商品贸易外，服务贸易和投资自由化已成为区域贸易协定的重要内容。根据WTO公布的数据，截至2012年1月，区域贸易协定的通报和生效数量达511个和319个，其中基于《服务贸易总协定》（GATS）的第5条通报的协定有95个（贺平，2012）。

更值得关注的是，近年新建立的地区服务贸易安排不仅在地理邻近的国家间签署，而是注重区域内部和跨区域发达国家与发展中国家间的合作与交流；相较于多边服务贸易谈判，区域服务贸易自由化的快速发展，已日趋成为全面服务贸易自由化的基石，作用越来越明显。其中，尽管亚洲各国启动RTAs的进程较晚，但亚洲尤其是东亚经济体参与和签订区域服务贸易协定的速度很快。许多亚洲发展中国家更是将参与区域贸易协定作为经济发展的重要手段，并顺应服务贸易自由化趋势，将服务贸易作为区域一体化进程中的重要支柱，力图促进新兴产业的发展和贸易规模的扩大。

通过观察亚洲各国已签署的35个区域服务贸易协定，不难发现其中大多数是由亚洲经济体跨区域缔结的地区服务贸易安排。具体而言，在选择缔结对象时，亚洲经济体通常会突破地理和距离限制，美国、澳大利亚、新西兰和欧盟成为多数亚洲经济体考虑签署服务贸易协定时优先选择的缔约对象。

同时，截至2014年1月，东亚内部各国间向WTO报告的已生效区域贸易安排为14个，其中11个包含了服务贸易自由化条款，或单独签署了服务贸易自由化协定（于晓燕，2014），例如东盟自由贸易区，尽管主要以商品贸易自由化为主，但也已先后进行了5轮服务贸易谈判，并已将谈判成果付诸实施，反映了东亚各主要经济体包括日本、东盟、韩国以及部分发展中国家，都认识到主动参与东亚区域经济合作的重要性。其中，日本和新加坡分别参与签署了8个以上的地区服务贸易安排（表3-22）。可以预见，未来尚未加入地区服务贸易安排的亚洲经济体也会设法跻身其中（高冉，2010）。

表3-22　东亚经济体间已生效的区域服务贸易安排情况（截至2014年1月）

签订的国家或经济体	协议范围	协议类型	生效时间
东盟—中国	商品和服务贸易	FTA&EIA	2005年1月1日（商品） 2007年7月1日（服务）
东盟—日本	商品	FTA	2008年12月1日
东盟—韩国	商品和服务贸易	FTA&EIA	2010年1月1日（商品） 2009年5月1日（服务）
东盟自由贸易区	商品	FTA	1992年1月28日
日本—文莱	商品和服务贸易	FTA&EIA	2008年7月31日
中国—新加坡	商品和服务贸易	FTA&EIA	2009年1月1日
日本—印度尼西亚	商品和服务贸易	FTA&EIA	2008年7月1日
日本—马来西亚	商品和服务贸易	FTA&EIA	2006年7月13日
日本—菲律宾	商品和服务贸易	FTA&EIA	2008年12月11日
日本—新加坡	商品和服务贸易	FTA&EIA	2002年11月30日
日本—泰国	商品和服务贸易	FTA&EIA	2007年11月1日
日本—越南	商品和服务贸易	FTA&EIA	2009年10月1日
韩国—新加坡	商品和服务贸易	FTA&EIA	2006年3月2日
老挝—泰国	商品	PSA	1991年6月20日

资料来源：根据世界贸易组织（WTO）国际贸易统计数据库（International Trade Statistics Database）数据整理。

同时，自2001年以来，中国采取了积极扩大、稳妥发展的地区贸易安排策略，逐渐加大了缔结区域自由贸易协定的力度，签订的RTAs数量呈现较快增长的态势。截至2013年年底，我国与29个国家和地区建设16个自由贸易区，其中已生效的协定有10个，正在商签的自贸区有6个；在已生效的RTAs中有8个涉及地区服务贸易安排（表3-23），并且还在进一步参与同亚洲或跨区域经济体的区域贸易安排研究（中国自由贸易区服务网，2013）。

表3-23　RTAs框架下中国区域服务贸易协定签订情况

RTAs 的签订进展情况	自由贸易协定	服务贸易协定
已签订/实施的 FTAs	内地与香港 CEPA	已实施
	内地与澳门 CEPA	已实施
	大陆与台湾 ECFA	—
	中国—巴基斯坦 FTA	已实施
	中国—智利 FTA	已实施
	中国—新西兰 FTA	已实施
	中国—新加坡 FTA	已实施
	亚太贸易协定	—
	中国—秘鲁 FTA	已实施
	中国—东盟 FTA	已实施
谈判中的 FTAs	中国—澳大利亚 FTA	谈判中
	中国—冰岛 FTA	谈判中
	中国—挪威 FTA	谈判中
	中国—GCCFTA	—
	中国—SACUFTA	—
	中国—哥斯达黎加 FTA	谈判中

资料来源：根据中国自由贸易区服务网（www.mofcom.gov.cn）相关资料整理。

总的来看，就当前东亚服务贸易发展本身而言，各主要经济体，特别是发展中经济体之间服务贸易出口相似度较高，存在一定程度的直接或间接竞争，贸易结构和分工差异决定了东亚服务贸易的发展机制和路径将不同于现有货物贸易发展方式。因此，东亚区域内部服务贸易自由化进程仍有较大发展空间，东亚各经济体进一步加强与欧美发达国家的服务贸易合作，也有利于克服全球贸易不平衡问题。

一般而言，在区域经济一体化进程或地区贸易安排中，货物贸易自由化往往先于服务贸易,货物贸易自由化协议数量要远多于服务贸易自由化协议数量。当前,东亚地区还没有建立起覆盖整个地域的自由贸易区,中国、日本、东盟和韩国等主要经济体对于已经建立的"10+3""10+6"机制,以及全面经济伙伴协议(RCEP)和跨太平洋伙伴关系协议(TPP)等区域合作治理方案难以达成共识(刘中伟,沈家文,2012),位于"轮轴"地位的东盟态度的摇摆不定,"小马拉大车"(翟崑,2009),以及美国"重返亚太"战略的实施,都为东亚区域贸易自由化发展带来不确定性,也导致服务贸易自由化进程的相对滞后。

然而,2012年11月中日韩三国正式宣布启动自贸区谈判,此前进度缓慢、难以融合的东亚合作再次出现继续推进的趋势。尽管东亚各经济体的服务贸易自由化发展水平参差不齐,例如新加坡的自由化水平极高,缅甸、柬埔寨等发展中国家则相对落后,推进区域内服务贸易自由化仍存在相当大的难度;但在促进服务贸易自由化快速发展的意愿上,大多数东亚地区经济体表现出了较强的"扩展"倾向,积极扩大和开放市场准入,在国内政策制定上朝着服务贸易自由化方向发展,努力释放积极信号。此外,从具体服务部门开放来看,东亚各国倾向于继续开放和深化建筑、旅游、通信等自身优势明显的服务产业,但在环境、金融服务等知识密集型行业的开放上态度谨慎,自由化程度不高(孟夏,于晓燕,2009)。可以预见,在未来东亚区域服务贸易自由化的发展过程中,环境、医疗与健康、金融服务、交通运输等部门和领域必将成为谈判焦点,在上述领域率先实现东亚区域内服务贸易自由化或形成有效的合作和治理机制,同时进一步提高与包括美国在内的东亚区域外经济体的服务贸易水平,将可能成为东亚区域框架下服务贸易自由化的新起点。

第四节 本章小结

本章通过回顾全球和东亚区域服务贸易发展格局,对东亚地区服务贸易总体状况和服务贸易自由化的发展特点与趋势进行了阐述。一是东亚地区服务贸易发展迅猛,贸易规模不断扩大,在世界服务贸易中占据重要地位。二是东亚地区服务贸易结构不断优化调整，现代服务贸易部门在服务贸易进出口中的比重有所提高，服务产业的多样性和不同部门的比较优势差异为开展服务贸易自由化提供了产业基础。三是东亚各经济体的服务贸易规模占对外贸易总量比重仍然偏低，服务贸易伙伴和对象相对集中；但是，东亚区域内服务贸易规模巨大，服务贸易发展程度呈现梯度差异，亟待推动东亚区域服务贸易自由化的深度合作。四是东亚各经济体间服务贸易合作协定签订数量不断增加，但服务贸易协议质量参差不齐，服务贸易自由化的深度和广度仍有待拓展；同时，受地缘政治因素影响，东亚区域服务贸易自由化的合作路径和发展方向值得进一步比较研究。

第四章 东亚区域服务贸易自由化的贸易效应与实证研究

传统比较优势理论认为,国家间的差异是国际贸易产生的基本动力,无论是生产技术或劳动生产率的差异,还是要素禀赋或产品要素密集度的差异,抑或是其他影响可贸易商品的差异性因素,如技术条件、市场结构、产业特征、国家政策和制度条件等(Costinot, 2009),各国依照自身具有的比较优势进行专业化生产,实现产品、资源和要素的最优配置,故而自由贸易就被认为是最好的贸易政策(余振, 2010)。根据前文的分析,越来越多的国家间缔结了双边和多边服务贸易协定或安排,寻求在服务贸易领域减少对服务提供和要素流动的空间限制,通过国际生产和服务的分散化合作,以期获得自由化带来的经济收益。但是,区域经济合作组织成员国间的服务贸易发展,可能由于出口相似程度过高,会在某些领域存在直接或间接的竞争(李秉强, 2008),而区域内各经济体的服务贸易结构特点将引起区域服务贸易合作路径的不同选择;同时,能否有效衡量服务贸易自由化水平也将影响区域经济一体化发展和经济治理模式的政策取向。

基于对上述内涵的认识,本章将在现有区域服务贸易自由化贸易效应理论研究的基础上,对东亚区域内主要经济体之间服务贸易发展的紧密性、互补性和竞争性进行全面考察和评价,并据此利用扩展的贸易引力模型(Trade Gravity Model),对东亚主要经济体之间开展服务贸易自由化的贸易效应进行评估,以期为推动东亚区域服务贸易自由化深入发展,提供有效的理论分析和实证研究依据。

第一节 区域服务贸易自由化贸易效应的理论分析

基于传统比较优势理论适用于服务贸易理论分析的观点,贸易自由化在提高经济效益和经济福利方面的作用，在服务贸易领域同样适用。因为服务贸易具有联合生产（joint production）的特征，即不同的国家利用各自的生产要素共同完成一项服务（Mirza, Nicoletti, 2003），可以理解成垂直分散化产业链上的"前向—后向"增值交易，各国只有通过参与全球分工体系才能实现服务生产的共享。因此，服务贸易自由化总是致力于"出口"本国具有比较优势的服务产品，"进口"成本较高、缺乏竞争力的服务产品（王晓畅，2004），加深国际生产的分散化，从而使参与者获得两方面的收益：贸易本身带来的收益增加和专业化生产和服务产业优化升级的利益。

从长期来看，在服务贸易形成规模经济的情况下，由于服务贸易的生产和消费存在时空一致性，服务贸易自由化还促使生产要素的大规模流动成为可能，比较优势会出现动态性改进；而伴随竞争效应、本地市场效应（home market effect）等特征，一国服务市场需求扩大成为推动服务出口重要因素的同时，服务进口也由于服务要素流动和消费者流动而提高，大大提升了服务的可贸易性（Krugman, 1980, 1991），进而扩大服务贸易自由化的贸易效应。因此，这里从静态和动态两个层面考察区域服务贸易自由化贸易效应的特征。

一、区域服务贸易自由化的静态贸易效应分析

区域特惠贸易安排（Regional Preferential Trading Arrangement）是区域服务贸易自由化的制度载体，如果区域内经济体达成有关服务贸易特惠协定将产生自由化带来的静态贸易效应，即相互消除各种对服务贸易的关税或非关税壁垒，本国低效率的服务产品生产者被更有效率的其他成员国服务提供商替代，由此产生贸易创造效应（trade creation）；同时，由于区域特惠贸易安排之外的非成员国无法享受优惠税率或免除贸易限制，部分原来从非成员国进口的服务将转向成员国，从而产生贸易转移效应（trade diversion）。因此，在对雅各布·维纳（Jacob Viner, 1950）关税同盟理论的贸易创造与贸易转移模型扩展的基础上，我们可以看到区域服务贸易自由化带来的静态贸易效应得以显现，具体分析如下。

1.区域服务贸易自由化贸易创造的福利效应

在图4-1中，假设维纳模型中的基本前提条件不变，A国和B国建立一

个服务贸易特惠安排，C国为非成员国，生产服务产品的各种服务要素在国内外可以自由流动。在未建立服务贸易特惠安排时，A国以较低生产效率生产部分其所需要的服务产品X，D和S分别代表A国对服务产品X的需求曲线和国内供给曲线，A国在建立区域服务贸易特惠安排前对所有国家服务产品提供者的关税是相同的；同时假设B国对服务产品X的生产效率更高，并在B国的生产具有完全供给弹性，因而在价格OP上可以获得无限供给。

在服务贸易特惠安排实施前，A国对服务产品X的关税为PT，征收关税后的进口供给函数为TT'，此时A国对X的服务生产数量为OQ，服务消费数量为OM，从B国的服务进口数量为QM。取消关税后，A国进口曲线调整为PP'，对应服务消费数量增至OM'，服务进口规模扩大至Q'M'，国内服务生产减少Q'Q。

此时，A国消费者增加的福利可以用数字1+2+3+4的面积来表示，但并不等于国家净福利的增加值。区域1是A国受保护的服务产品X的生产者利润，由于生产效率原因，伴随区域服务贸易自由化，这部分利润损失与消费者的福利收益相抵消；区域3是原有关税收入，如果这部分原本由政府支配的税收减少需由其他公共收入弥补，以满足社会公共事业开支的话，社会净福利并没有增加。因此，区域2+4构成A国在实施服务贸易自由化后的福利净收益。

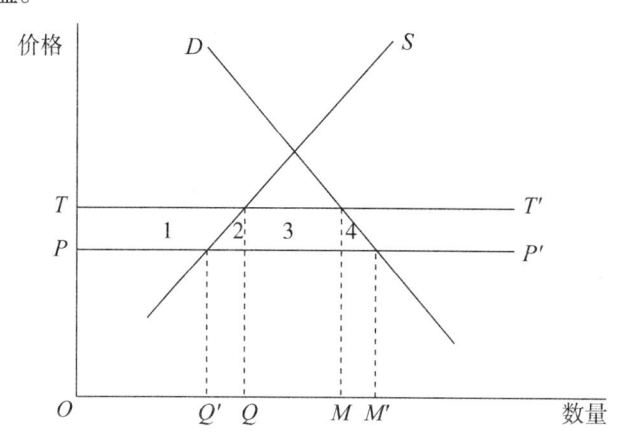

图4-1 区域服务贸易自由化贸易创造的福利效应

2.区域服务贸易自由化贸易转移的福利效应

如果A国另一种服务产品Y的消费此前完全由C国进口，且C国是国际市场上Y最有效率的服务提供者。B国亦能生产产品Y，虽然生产效率低于C国，但是由于A国和B国签订服务贸易特惠安排，B国的生产效率足以占据C国在A国的市场份额。在图4-2中，D'代表A国对服务产品Y的需求曲线，并假设B国和C国均能在价格P_B和P_C处对Y的供给具有完全弹性。

在服务贸易特惠安排实施前，A国以从价关税（Ad Valorem Tariff）形式分别对B国和C国服务产品Y征收关税P_BT_B和P_CT_C（两者相等），征收关税后，A国依据进口成本比较，从C国进口服务产品Y的数量为OQ_C。A国和B国建立服务贸易特惠安排后，对B国进口服务产品Y实行免税，A国的服务进口规模扩大至OQ_B。此时，A国消费者增加的福利可以用数字1+2的面积来表示，但同样并不等于国家净福利的增加值。区域1是A国原有关税收入，伴随区域服务贸易自由化，这部分关税收入损失与消费者剩余的福利收益相抵消；区域2是没有被抵消的消费者剩余的净增加。但同时，区域3是因为C国未参与服务贸易自由化而损失的消费者剩余，使得贸易转移而带来的A国福利收益将取决于区域3和区域2的面积大小。实际上，贸易转移中发生净损失的可能性有限，如果该模型如图4-1表示，将A国服务生产者的供给函数考虑在内，当服务产品Y的价格因区域服务贸易自由化而下降时，受保护的生产者产出也将下降，由此将带来新的收益（如图4-1中的区域2）。因此，区域服务贸易自由化总体上也为A国在贸易转移过程中带来福利净收益。英国学者罗布森随后在其自由贸易区的贸易效应模型中也验证和说明了上述结论（罗布森，2001）。

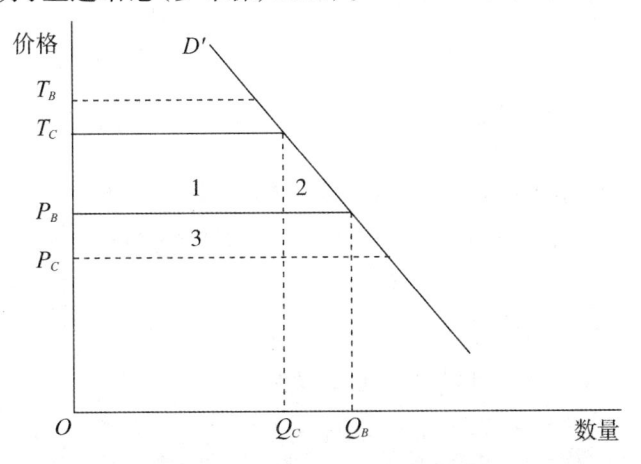

图4-2 区域服务贸易自由化贸易创造的福利效应

3.对区域服务贸易自由化的静态贸易效应分析的扩展性评价

观察上述分析,如果各国进行多种服务产品的消费和贸易,区域服务贸易自由化能否继续实现上述有益的结论?对这一问题的精确计算取决于不同贸易方式的选择,但可以初步进行判断的是:贸易创造(必然增加福利)是否强于贸易转移(因为可能增加或不增加福利)。区域服务贸易自由化中,如果贸易创造处于主导地位,各成员国的经济应该既是(自由化前)真正竞争的,又是(自由化后)潜在互补的。因为受保护性关税和服务贸易壁垒的影响,各国服务经济的产出模式相类似,因此存在真正意义的竞争性(理查德·E.凯弗斯等,2005)。然而,基于劳动生产率和要素禀赋等因素差异,区域服务贸易自由化激发了各成员国(特别是成熟经济体)根据其潜在的比较优势(Jones, Kierzkowski, 1990),寻求最有效的方式,生产其他伙伴国之前保护的服务产品或为其提供更有价值的服务要素,从而扩大贸易创造带来的福利效应。

需要强调的是,伴随技术创新、市场结构、产业特征和制度环境以及需求方面的变化,本国相对成本所决定的比较优势也趋于动态变化(Dixit, Grossman, 1982),而服务贸易由于其国际生产共享的特征,更容易受到本国成本变化的影响。因此,针对服务贸易自由化带来的贸易效应不仅适用于最终消费者的服务收益,也适用于那些作为生产性投入的服务收益,尤其后者是促进自由贸易帕累托改进中更重要的收益(Markusen, 1989),在区域服务贸易自由化的动态贸易效应中反映得更加明显。

二、区域服务贸易自由化的动态贸易效应分析

在静态分析区域服务贸易自由化的贸易创造和贸易转移效应基础上,加入动态因素的区域服务贸易自由化研究,能够更好地反映生产要素的跨境流动,以及专业化分工和规模经济对服务贸易的促进作用,全面认识区域服务贸易自由化带来的福利增进效应。

1.区域服务贸易自由化的规模经济效应

尽管国家间的差异是开展国际贸易活动的主要原因,但世界上相似国家(高收入国家)间的贸易规模往往更大,这与传统比较优势理论的认识

形成一定差距,并且在服务贸易领域更加明显。对此,新贸易理论研究认为,即使在技术水平和资源条件完全相同的国家,由于存在规模经济与国际市场不完全竞争形成的产品差异,专业化分工和贸易就会出现;而当规模经济占据主导地位时,一国从生产规模化和产品多样化中获得的贸易利益将会超过一般的比较优势利益(Copeland, Mattoo, 2012)。诚如前文理论综述的分析,规模经济对服务贸易的推动作用可以更好地解释其对区域服务贸易自由化的动态经济效应。

首先,杨小凯等曾建立数学模型分析了有关劳动分工和贸易壁垒的新古典贸易理论(张定胜等,2003),可适用于分析区域服务贸易自由化对贸易结构的影响。其核心观点:在服务贸易壁垒存在的情况下,即使每个个体进行专业生产,其劳动分工并没有遵循专业化分工的潜在模式,劳动生产率不会得到明显提高(张艳等,2011)。假设每个个体的效用函数是 n 个服务任务的函数,采用科布—道格拉斯方程形式,且每个人只有1个单位劳动禀赋。生产函数是线性的,并有固定成本投入($0<A<1$)。

个体的劳动生产函数是:

$$y_i = \max(l_i - A), \quad 0<A<1, \quad i=1, 2, \cdots, n \tag{4-1}$$

交易方程是:

$$g_i = kt_i, \quad 0<A<1, \quad i=1, 2, \cdots, n \tag{4-2}$$

其中,系数 k 是交易成本变量。伴随技术进步和区域服务贸易自由化发展,交易成本 k 会下降。在特定均衡下,假定每个个体的生产任务为 m,到国际市场上购买的任务为 $n-m$。当 $m=1$ 时,实现完全专业化;当 $m=n$ 时,是完全封闭式生产模式,m 的值越小,专业化程度越高。

对于效用最大化的表示为:

$$\max: x_1, \cdots, x_{m-1}(x_m - x_{m+1} - \cdots - x_n)(kx_{m+1}) \cdots (kx_m)$$
$$s.t. \quad x_1 + x_2 + \cdots + x_m = 1 - mA \tag{4-3}$$

最优结果是:

$$x_1 = x_{m-1} = \cdots = x_{m+1} = x_n = 1 - mA/n$$
$$x_m = (n-m-1)(1-mA)/n \tag{4-4}$$

每个个体的最优效用水平为:

$$U=\left(\frac{1}{n}\right)^n(1-mA)^n k^{n-m} \quad m^*=\text{argmax}(1-mA)^n k^{n-m} \quad (4-5)$$

从而得到专业化分工水平 m^* 是服务贸易壁垒 k 的函数，$m^*(k)$ 是 k 的弱减函数。因此可以得到结论：当区域服务贸易自由化水平提高时，交易成本 k 下降，专业化水平提高，一国的服务贸易进出口规模将增加。

综合分析，区域服务贸易自由化的规模经济效应主要表现在：可以有效突破制约规模经济实现的限制，将国内外市场联系在一起，提高专业化分工水平，在全球市场上安排服务的提供方式和规模，提升服务贸易的竞争力。此外，如果本国的服务行业或部门还在某些服务领域具有比较优势，那么与区域服务贸易自由化产生的规模经济效应叠加，能带来更大的福利收益。

其次，区域服务贸易自由化强化规模经济效应的过程中，通过"一个国家对某种商品的巨大需求使该国成为生产该商品的优越生产地，并出口该商品"（Krugman，1980，1991），实现"本地市场效应"，从而带动三种潜在收益生成：一是消费者和生产者在服务消费或购买服务进行投入时，获得多样化的服务选择，从而帮助企业有机会找到市场定位，开发和生产特定类型的服务产品，拉动服务部门的多业态发展。二是扩大的市场不仅增加了最终消费者的服务选择，也支持国内更多样化的专门性服务生产商扩大市场占有，提高服务提供的生产率，获得更强的生命力。三是实现本地市场效应本身的能力，或成为获取比较优势的源泉。通过服务贸易对不同行业在本地市场的重新定位与国家间差异的相互作用，区域服务贸易自由化带来的福利增长可能形成螺旋上升的乘数效应。

最后，区域服务贸易自由化会减少规模经济中集聚负效应的产生。贸易在集聚过程中对福利的影响是复杂的，关键取决于贸易成本的大小。考虑两个相同国家的简单集聚模式，假设均只涉及农业和制造业的生产，农业可持续获得规模收益，制造业如果获得专门的中间产品和服务，生产能力会得到提升。两国在没有贸易往来之前同等富裕。随着贸易成本的下滑，两国都受益于贸易带来的收益和多样化服务；但当贸易成本的下滑使得其中一国成为区域产业集聚的核心，使其最终服务和产品出口产生成本效应时,将促使中间产品提供商逐渐向最终产品提供商转变,另一国经济则因此受损而被"边缘化"。然而,伴随贸易成本持续降低,边缘地区则会因其低工资和其他低成本优势重新吸引产业回归,直至贸易成本完全消除,核心地区和边缘地区的差距将被抚平(Krugman, Vernables, 1995)。由此发现,深度的区域服务贸易自由化对于既有不平衡的经济格局有着积极促进作用,通过降低贸易壁垒和市场准入限制,能够有效调整对集聚驱动下的落后地区的贸易收益分配。

2.区域服务贸易自由化的竞争效应

区域服务贸易自由化的实现会强化竞争,外部竞争者的出现会对本国服务业市场带来动态性变化,并具有正向和负向的竞争效应。通常意义上认为,那些和竞争的进口行业有紧密联系的要素容易受损,而那些和出口行业关系密切的要素容易受益(Copeland, Mattoo, 2012)。

区域服务贸易自由化的竞争效应主要表现在:在区域服务贸易自由化实现之前,各国均对多数服务部门实施贸易保护和政府管制,部分行业具有一定程度的垄断特征,服务厂商缺乏对服务产品的创新和多样化设计的动力,服务产品的生产和使用效率不高,市场适应力和竞争力受到扭曲。区域服务贸易自由化实现后,市场准入门槛迅速降低,部分垄断性服务部门的高利润被消除,服务业市场规模迅速扩大。本国企业面对激烈的市场竞争不得不加快改进服务产品生产方式和手段,寻求提高生产效率和专业化程度,尝试多样化服务提供,改善经营管理,加快技术进步和创新等。总体上,正向的竞争效应促进本国的服务部门技术水平和自生能力不断提升,投资和资源配置能力有效加强,服务产品价格不断下降,消费者福利水平得到提高(王佃凯,2010)。

区域服务贸易自由化的负向竞争效应,主要体现在本国低效的服务提供商逐渐被淘汰,规模较小或处于初始阶段的服务厂商出现经营困难甚至破产,国外竞争力强的服务厂商占据部分行业的服务市场份额不断扩大等,对这些国家的服务业发展造成损害。需要指出的是,伴随经济全球化的深入,包括东亚地区各经济体在内的新兴发展中国家,大部分都经历了贸易保护和进口替代到出口导向的经济转型,对于开放与经济增长的关系,保护政策对社会福利的损失有深刻认识(Paul Romer,1994)。开放中的外部竞争并不是威胁,真正的竞争是互补的前提,是培育比较优势的基础(理查德·E.凯弗斯等,2005)。在保持服务贸易自由化的开放速度和逐步扩大市场准入范围的同时,做好涉及不同部门间的收入分配调节政策,逐步培养起服务厂商的强烈竞争意识、市场意识和风险意识,经济的活力将在变革中寻找到新的源泉。

3.区域服务贸易自由化的知识和网络溢出效应

区域服务贸易自由化的知识和网络溢出效应主要表现在:一方面,通过参与区域服务贸易自由化,服务产品交易、生产要素流动、业务流程外包等服务贸易活动得以无障碍地跨境开展,本国服务产品提供者有机会接触先进的知识、技术和人才,掌握管理方法和经验诀窍,并通过与国外技术密集型企业开展合作,相互学习,形成知识溢出效应。同时,服务贸易四种提供模式中商业存在和自然人流动是技术溢出效应的主要途径,两种方式对知识的传播和扩散效果明显(尚涛等,2007),尤其自然人流动不仅能够通过其服务为企业带来收益和示范效应,还能进一步将其自身具有的隐形知识转移和扩散,更加深了知识外溢效应的程度。

另一方面,区域服务贸易自由化还带来另一种潜在效应——网络溢出效应。在规模经济背景下,部分服务部门,如电信、航运、金融服务和交通运输等行业提供的服务,关键在于能否进入其他地区的消费和生产网络。在参与区域服务贸易自由化之前,各类监管障碍会限制不同行业国内外网络的连接点;而在参与区域服务贸易自由化后,允许不同系统间的畅通连接和融合就将带来网络溢出效应,从而实现贸易收益(Copland,2002)。需要说明的是,大多数情况下各类网络往往由于规模经济的要求,或由国家公共所有,或由企业垄断控制,即使接入也较难享有完全的国民待遇(Spair,Winter,1994)。但是,伴随市场规模的扩大,网络溢出效应所形成贸易的便利化,仍然能为其他消费者和生产者带来巨大的福利增进。

4.区域服务贸易自由化的经济增长效应

区域服务贸易自由化的动态收益核心在于促进经济可持续发展的经济增长效应。参与区域服务贸易自由化后,伴随区域内服务市场相互开放,本国的服务经济突破价格和资源配置扭曲的限制，生产效率和专业化水平大幅提高，本地市场效应的产生和集聚负效应减低，逐渐形成以规模报酬递增为特点的良性经济增长机制。主要表现在：通过规模经济效应实现服务生产的专业化，扩大服务贸易市场规模，提高服务要素资源的配置效率；通过竞争效应打破部分服务市场垄断，淘汰低效服务厂商并提高服务企业的自生能力，提高消费者的福利水平；通过知识溢出效应加快知识创新与转移，系统和网络融合带来规模收益递增，扩大贸易收益。

从经验研究上观察，萨克斯和沃纳分析了78个发展中经济体在20世纪70、80年代的开放与(经济增长)趋同化(convergence)之间的关系，对区域服务贸易自由化的经济增长效应分析具有理论意义。定义"开放"为不存在对国际贸易和收支的控制，也不存在计划经济体制对国内经济的集中管制。"趋同化"是指一国在一段时期内的收入增长率与在同期生产率最高的经济体之间的差距关系。通过技术扩散和追赶，经济上最落后的国家也会获得增长机会。结果显示，样本中的封闭国家，并没有出现追赶的证据；但在开放经济体之间，却存在明显的追赶过程，人均年收入增长率在开放的发展中经济体和发达经济体中平均为4.5%和2.3%，而封闭经济体只有0.7%(Sachs, Warner, 1995)。由此反映了开放和自由化为区域经济体带来的巨大(经济增长)趋同效应。

《全球竞争力指数报告：2010—2011》显示，包括中国在内的东亚新兴经济体正在从"要素驱动型经济"走向"效率驱动型经济"，或者已经处于第二个阶段。如果在服务生产价值链中实现再升级，必须寻求向"创新驱动型经济"转型(刘中伟，2014)。因此，在东亚区域服务贸易自由化进程中，伴随技术市场和服务市场需求的双重驱动，服务企业在自身利益的激励下，利用在时区、地理和文化上与主要需求市场的相近性，能够有效扩大技术创新和知识利用规模，从而保持经济持续增长的活力。同时，在满足企业和消费者对高附加值和低价格的服务需求上，发展中国家可以具有比发达国家更大的竞争优势(Gereffi, 2010)。有鉴于此，东亚区域服务贸易自由化可能成为全球服务业和服务贸易发展的主要承载者和衔接者，并引领整个东亚地区步入价值链转型升级的经济增长新阶段。

第二节 东亚区域服务贸易结构的紧密性、互补性和竞争性分析

区域服务贸易自由化主要通过比较优势、规模经济、知识溢出和网络融合等效应，扩大区域服务贸易市场容量，提升服务专业化生产水平，实现服务贸易自由化的贸易效应。区域内经济体之间服务贸易结构的紧密性、互补性和竞争性是参与区域服务贸易自由化，增加各参与方福利来源的重要条件。

成员国间服务贸易联系的紧密性影响着自由化对成员国的贸易扩大效应；成员国间服务贸易的互补性则影响着自由化对各方直接获得福利的提升水平和贸易产业内专业化分工程度，反映了成员国能否通过参与服务贸易自由化深化区域内分工，获得更大的自由化收益；同时，成员国对外服务贸易是否具有竞争优势和相对竞争优势也影响着自由化对成员国付出参与成本的高低和结构调整的难易程度（李丹，2012）。因此，通过对东亚各经济体之间服务贸易结构的紧密性、互补性和竞争性分析，可以有效评估东亚区域服务贸易自由化开展的潜在福利水平。

一、东亚区域服务贸易结构测度的评价指标

关于国际贸易领域涉及贸易紧密性、竞争性和互补性的研究很多，但主要以货物贸易领域的研究为主，有关服务贸易互补性或竞争性的研究则较少。由文献综述部分可知，大多数贸易评价指标关注于既有自由贸易区签订后的效果测度、双边服务贸易收支结构和服务贸易国际竞争力研究方面，对多边或区域服务贸易结构的紧密性、互补性和竞争性测度及其对服务贸易自由化的影响，研究可谓乏善可陈。同时，尽管东亚已成为全球经济增长最快的地区，但囿于东亚地区各经济体的差异性和复杂性，始终缺少对其全面的服务贸易结构特点的测度。

本研究拟按服务贸易结构特点划分，对中国、日本、韩国、新加坡和东

盟(不含新加坡)五个东亚主要经济体相关数据进行测度和评价。由于新加坡一国占东盟服务贸易总额的50%以上,有必要单独进行比较和说明,以便更好地解释相关数据可能出现的结果。

1. 东亚区域服务贸易结构紧密性的测度指标

本书将应用区域服务贸易结合度指数(TCD)对东亚区域服务贸易结构的紧密性进行测度。服务贸易结合度是反映区域内各国(或地区)贸易的相互依赖程度的指数。是一国对另一贸易伙伴国的服务贸易出口额占该国服务贸易出口总额的比重与其贸易伙伴国服务贸易进口额占其全球进口总额的比重之比。服务贸易结合度指数越大,表明两国(或地区)的服务贸易联系越紧密,反之则越松散。

具体由公式表示为:

$$TCD_{ij} = (X_{ij}/X_i) / (M_j/M_w) \tag{4-6}$$

其中,TCD_{ij}表示i国与j国的贸易结合度,X_{ij}表示i国对j国的服务贸易出口额,X_i表示i国的服务贸易出口总额,M_j表示j国的服务贸易进口额,M_w表示j国的服务贸易进口总额。$TCD_{ij}<1$时,说明两国的相互贸易依赖关系松散;$TCD_{ij}>1$时,说明两国的相互贸易依赖关系紧密;$TCD_{ij}=1$时,说明两国的相互贸易依赖关系处于平均水平。如果TCD_{ij}指数呈现不断升高的态势,说明自由化后会对两国的服务贸易带来贸易扩大效应。

2. 东亚区域服务贸易结构互补性的测度指标

从各国间服务贸易综合性互补情况和产业内分工的深化上评价,对东亚区域服务贸易结构的互补性进行测度的指标包括:显示性比较优势指数(RCA)、服务贸易互补指数(TCI)和服务贸易产业内贸易指数(IIT)。

(1)显示性比较优势指数(RCA)

显示性比较优势指数(Revealed Comparative Advantage),是由美国经济学家巴拉萨(Balassa Bela,1965)提出的,是指一国(或地区)某种产品或行业产出占该国(或地区)出口的比重相对于该种产品或行业产出的出口值占世界出口比重的比率,反映了该国的产品或行业的比较优势。

具体用公式表示为:

$$RCA_{ik}=(X_{ik}/X_i)/(W_k/W) \qquad (4-7)$$

其中，RCA_{ik}代表i国（或地区）k类服务的显示性比较优势，X_{ik}代表i国（或地区）对世界市场出口k类服务的出口额，X_i代表i国（或地区）对世界市场的服务出口总额，W_k代表世界市场k类服务的出口总额，W代表世界市场的出口总额。

RCA指数考虑了不同国家（或地区）的贸易结构与贸易依存状况。日本贸易振兴机构（JERTO）的评价标准（邵亚申，丁赞，2012），认为若RCA指数大于2.5表示该国（或地区）服务产品或行业具有很强的比较优势；若RCA指数为1.25~2.5，表示该国（或地区）服务产品或行业具有较强的比较优势；若RCA指数为0.8~1.25，表示该国（或地区）服务产品或行业具有一般的比较优势；若RCA指数小于0.8，则表示该国（或地区）服务产品或行业的比较优势较弱。

（2）服务贸易互补指数（TCI）

服务贸易互补指数（Service Trade Complementary Index）是由戴斯戴尔（Drysdale，1988）提出的，用来衡量两国（或地区）服务贸易的互补程度，同时也反映两国（或地区）服务贸易的发展潜力。

具体用公式表示为：

$$TCI_{ijk}=RCA_{xik} \times RCA_{mjk} \qquad (4-8)$$
$$RCA_{xik}=(X_{ik}/X_i)/(W_k/W) \qquad (4-9)$$
$$RCA_{mjk}=(M_{jk}/M_j)/(W_k/W) \qquad (4-10)$$

其中，TCI_{ijk}表示i国与j国在k类服务的贸易互补指数，RCA_{xik}代表i国（或地区）k类服务的显示性比较优势，RCA_{mjk}代表j国（或地区）k类服务的显示性比较劣势，虽然后者在形式上与显示性比较优势相同，但内涵存在差异。

X_{ik}代表i国（或地区）的k类服务的出口额，X_i代表i国（或地区）对世界市场的服务出口总额，M_{jk}代表j国（或地区）的k类服务的进口额，M_j代表j国（或地区）的服务进口总额。W_k代表世界市场k类服务的出口总额，W代表世界市场的出口总额。

因此，从数据结果上看，RCA_{xik}越大，说明i国（或地区）服务产品或行业的比较优势越明显；RCA_{mjk}越大，说明j国（或地区）服务产品或行业的比较劣势越明显；两者的乘积，即TCI_{ijk}越大，说明在i国与j国在k类服务贸易上互补性越强，$TCI_{ijk}>1$，说明两国在k类服务贸易上的互补性很强。

需要说明的是，两国（或地区）的服务贸易综合互补性测度，可以用如下公式进行计算：

$$TCI_{ij}=\sum[(RCA_{xik}\times RCA_{mjk})\times W_k/W] \qquad (4-11)$$

如果$TCI_{ij}>1$，说明i国与j国间的服务贸易互补性强，其数值越大越有利于双方扩大服务贸易规模，深化服务贸易自由化合作。

(3) 服务贸易产业内贸易指数（IIT）

服务贸易产业内贸易指数（Intra-Industry Trade）是衡量一国（或地区）的服务贸易产业内贸易水平的主要测定指数。1975年Grubel和Lloyd第一次基于存量变化对产业内贸易情况进行计算，所以产业内贸易指数也称为GL指数。通过对两国（或地区）间服务贸易产业内具有生产替代或消费替代的进出口活动进行测度，以反映不同经济体间深层次的贸易互补性。

具体用公式表示为：

$$GLIIT_{it}=1-|X_{it}-M_{it}|/(X_{it}+M_{it}) \qquad (4-12)$$

其中，$GLIIT_{it}$代表特定服务产品组合或服务产业i的产业内贸易指数。X_{it}和M_{it}分别代表该服务产品组合或服务产业的出口额和进口额，t代表时间。该指数在0和1之间进行变动，越接近1，说明服务产业内贸易水平越高，反之则越低。通过该指数可以更清晰地展示区域内不同国家（或地区）经济互补的特点，为提高服务贸易自由化福利水平奠定基础。

3. 东亚区域服务贸易结构竞争性的测度指标

对东亚区域服务贸易结构的竞争性进行测度的指标包括：服务贸易竞争指数（TC）和基于显示性比较优势指数基础上的服务贸易相对竞争指数（RTC）。

(1) 服务贸易竞争指数（TC）

服务贸易竞争指数（Trade Comparative Index）也称为贸易专业化指数

或贸易竞争优势指数,反映一国(或地区)某类服务或服务贸易本身净出口比率,以说明服务贸易净进口或净出口的相对规模,利用一国(或地区)的服务贸易差额占服务贸易总额的比重进行计算。

具体用公式表示为:

$$TC_{ik}=(X_{ik}-M_{ik})/(X_{ik}+M_{ik}) \tag{4-13}$$

其中,TC_{ik}是i国k类服务的贸易竞争指数,X_{ik}是k类服务的出口总额,M_{ik}是k类服务的进口总额。服务贸易竞争指数的取值范围为[−1, 1],TC值越接近0,说明竞争强度越接近平均水平;大于0时,说明竞争强度大,越接近1越明显。如果TC值等于−1,表明i国的该种服务只有进口而没有出口,如果TC值等于1,则表明该种服务只有出口而没有进口。

一般认为,当服务贸易竞争指数取值为[−1, −0.6]时,表明其有很大的竞争劣势;TC取值为(−0.6, −0.3]时,表明有较大竞争劣势;取值为(−0.3, 0]时,显示有微弱竞争劣势;取值为(0, 0.3]时,有微弱竞争优势;取值为(0.3, 0.6]时,有较强竞争优势;取值为(0.6, 1]时,则表示有极强竞争优势(周金城,陈乐一,2012)。

(2)服务贸易相对竞争指数(RTC)

服务贸易相对竞争指数(Relative Trade Comparative Index)是由两国(或地区)的显示性比较优势指数的比值构建的一个相对竞争指数,用以反映同类服务产品或服务产业本身的相对竞争程度(邵亚申,丁赟,2012)。

具体用公式表示为:

$$RTC_{ijk}=RCA_{ik}/RCA_{jk}=[(X_{ik}/X_i)(X_{jk}/X_j)] \tag{4-14}$$

其中,RTC_{ijk}表示i国在出口k类服务的贸易中相对于j国的竞争优势,RCA_{ik}和RCA_{jk}分别为i国和j国出口k类服务的显示性比较优势指数。当RTC的值大于1时,i国在出口k类服务的贸易中相对于j国具有竞争优势;当RTC的值小于1时,i国在出口k类服务的贸易中相对于j国具有竞争劣势;RTC的值接近或等于1时,i国和j国在出口k类服务的贸易中具有相同的竞争优势,此时的竞争相对最为激烈。由此可以判断,不同经济体间贸易结构的竞争性对开展区域服务贸易自由化的福利影响。

二、东亚区域服务贸易结构紧密性的测度分析

从本节起将根据上述不同测度方法，对东亚区域各经济体间服务贸易结构特性进行测度和分析，使用的时间序列数据主要来源于近十年来世界贸易组织的国际贸易统计数据库（International Trade Statistics Database）、联合国贸易和发展会议数据库（UNCTAD Stats）、经济合作与发展组织（OECD）数据库和东盟统计数据库（ASEAN Stats）的有关服务贸易统计数据，由于部分双边数据缺失，本书将根据不同指数计算的数据可得性做出调整。首先，应用区域服务贸易结合度指数（TCD）对东亚区域各经济体之间服务贸易结构的紧密性进行测度。

根据TCD指数的计算方法，本节利用面板数据测算了2008—2012年中国、日本、韩国、新加坡和东盟五国（泰国、越南、印度尼西亚、马来西亚和菲律宾）之间的服务贸易结合度，以反映东亚主要经济体间双边服务贸易联系的紧密程度。需要说明的是，由于数据获取困难，柬埔寨、文莱、老挝和缅甸四国的数据未在TCD指数中计算，且上述四国服务贸易规模总和占东盟服务贸易总额不足1.6%，对结果影响十分有限。具体结果如表4-1所示。

表4-1　东亚区域各经济体间服务贸易结合度（TCD）指数（2008—2012）

日本对东亚其他经济体服务贸易结合度（TCD）					
年份 国别	2008	2009	2010	2011	2012
中国	1.44	1.32	1.39	1.52	1.45
韩国	1.27	1.33	1.02	0.98	1.10
新加坡	4.01	3.35	3.39	3.75	3.58
东盟五国	5.17	4.91	4.99	5.35	5.30

续表

新加坡对东亚其他经济体服务贸易结合度（TCD）						
年份 国别	2008	2009	2010	2011	2012
中国	1.00	1.09	1.15	0.84	1.76
日本	2.06	2.15	3.39	2.09	2.40
韩国	1.59	1.61	1.51	1.46	1.38

东盟五国对东亚其他经济体服务贸易结合度（TCD）						
年份 国别	2008	2009	2010	2011	2012
日本	4.76	4.24	4.15	5.38	4.87

韩国对东亚其他经济体服务贸易结合度（TCD）						
年份 国别	2008	2009	2010	2011	2012
中国	3.46	2.86	3.05	2.60	1.95
日本	2.01	1.85	1.82	2.10	2.15
新加坡	1.82	1.66	1.47	1.43	1.28
东盟五国	4.10	4.34	3.78	4.45	5.09

中国对东亚其他经济体服务贸易结合度（TCD）						
年份 国别	2008	2009	2010	2011	2012
日本	1.35	1.57	1.31	1.31	1.25
韩国	2.83	2.86	2.56	2.60	2.76
新加坡	0.86	1.01	0.92	1.02	0.97

东盟五国对东亚其他经济体服务贸易结合度（TCD）						
年份 国别	2008	2009	2010	2011	2012
韩国	4.81	4.49	4.48	4.07	3.06

根据服务贸易结合度的定义,当TCD$_{ij}$>1时,说明两国的相互贸易依赖关系紧密;由此判断几乎所有东亚主要经济体成员间的服务贸易联系都非常紧密,但紧密程度有所差异。

其中,日本与东盟地区经济体的服务贸易联系紧密性更高,同中韩两国紧密性相对平稳,反映了中日韩三国经济结构相对成熟,服务产业可能存在趋同性。韩国对中日两国的贸易结合度持续保持高位,说明韩国与中日两国经济的依赖性较强。相比之下,韩国与东盟国家的服务贸易关系存在区别,与发展中国家的结合度更高且呈上升趋势;而与作为发达国家的新加坡联系相对松散,反映了同是"亚洲四小龙",可能贸易互补性有限。新加坡和东盟五国在与中日韩三国的服务贸易结合度上存在差异,后者与日韩两国的服务贸易联系明显高于新加坡,说明可能两者的经济互补性更强,而新加坡与中国的结合度上升,与日韩之间的服务贸易联系稳中有降的特征,更能体现双边服务贸易发展中升级和优化的新趋势。表中数据显示,中国与韩国的服务贸易结合度最高,日本次之,新加坡最低,一方面反映了中日韩三国服务贸易市场在东亚区域服务贸易合作中的重要性,三者始终相互比较依赖,客观上说明了东亚服务贸易自由化的核心动力所在;另一方面,如果能够继续有效推动中日韩服务贸易深入合作,利用其对东盟国家的"引领"和带动作用,各国间的服务贸易紧密性将进一步加强,从而带来东亚区域的服务贸易扩大效应。

三、东亚区域服务贸易结构互补性的测度分析

通过TCD指数的测度,我们发现东亚各经济体服务贸易关系密切,但紧密程度各不相同,一方面可能由于其服务业的发展基础、分工水平和优势领域各异,形成了服务贸易发展中的互补作用;另一方面,又可能由于要素禀赋的相似性和经济发展的同步性(例如包括中国在内和部分东盟国家都属于新兴发展中国家),引起东亚经济体服务贸易领域的竞争。通过对互补性和竞争性的一系列指标测度,将更清楚地观察到东亚各经济体服务贸易发展的潜力,并由此判断区域服务贸易自由化后能否提高其潜在福

利水平。下面对东亚区域服务贸易结构的互补性进行具体测度。

1. 显示性比较优势指数（RCA）的测度分析

显示性比较优势指数（RCA）是服务贸易结构的互补性和竞争性测度的前提，通过观察一国（或地区）服务贸易出口占该国（或地区）出口总额的份额与全球服务贸易出口占世界出口份额的比重，来衡量该国服务贸易的比较优势。根据RCA指数的计算方法，利用面板数据测算了2005—2012年中国、日本、韩国、新加坡、东盟十国的显示性比较优势指数（RCA），全面评估了东亚各主要经济体服务贸易的比较优势。具体结果如表4-2所示。

表4-2 东亚各主要经济体2005—2012年显示性比较优势指数（RCA）

年份 国别	2005	2006	2007	2008	2009	2010	2011	2012
日本	0.80	0.80	0.77	0.82	0.82	0.76	0.78	0.79
韩国	0.75	0.76	0.82	0.91	0.76	0.78	0.76	0.87
新加坡	1.01	1.03	1.13	1.18	1.00	1.06	1.11	1.16
中国	0.46	0.45	0.46	0.48	0.44	0.46	0.45	0.44
东盟	0.79	0.80	0.86	0.86	0.79	0.82	0.85	—

RCA指数是剔除了世界和国家服务贸易出口规模的总量波动，衡量一国（或地区）服务贸易领域的实际竞争力。从整体上看，新加坡的服务贸易始终具有较强的比较优势，日本、韩国和东盟整体的RCA值均在0.7~0.9范围内波动，反映了其服务贸易比较优势大体相当，竞争力不强；中国的服务贸易比较优势则显示最弱，说明在不考虑贸易规模的情况下，中国的服务贸易尚处于比较劣势，服务业发展仍有较大上升潜力和空间。就此，为更好地描述东亚服务贸易的现状和格局，接下来对上述各经济体服务贸易的分部门比较优势情况进行测度分析，结果如表4-3所示。

表4-3　2005—2012年东亚主要经济体服务贸易分部门显示性比较优势指数（RCA）

国别	部门	2005	2006	2007	2008	2009	2010	2011	2012
日本	运输	1.47	1.47	1.48	1.39	1.26	1.33	1.31	1.39
	旅游	0.41	0.28	0.29	0.30	0.33	0.38	0.31	0.41
	通信	0.16	0.15	0.18	0.18	0.20	0.21	0.21	0.27
	建筑	3.01	3.23	3.22	3.22	3.16	2.95	3.09	3.33
	保险	0.41	0.63	0.48	0.30	0.25	0.36	0.47	—
	金融	0.66	0.68	0.57	0.48	0.51	0.35	0.39	0.46
	计算机与信息	0.25	0.19	0.17	0.13	0.13	0.13	0.14	0.16
	专利与许可	2.57	2.87	3.08	2.96	2.54	2.88	3.01	3.34
	其他商业服务	1.05	1.09	1.05	1.14	1.31	1.19	1.21	0.98
	个人文化娱乐	0.10	0.15	0.16	0.14	0.16	0.12	0.12	0.14
	政府服务	0.95	0.85	0.81	0.88	1.00	1.04	1.15	1.24

国别	部门	2005	2006	2007	2008	2009	2010	2011	2012
韩国	运输	2.17	2.08	2.09	2.17	2.00	2.16	1.93	1.87
	旅游	0.43	0.39	0.34	0.44	0.54	0.49	0.54	0.49
	通信	0.39	0.46	0.32	0.32	0.37	0.38	0.36	0.13
	建筑	4.34	5.20	5.36	5.27	6.43	5.38	6.67	7.39
	保险	0.18	0.23	0.26	0.24	0.17	0.24	0.23	0.19
	金融	0.47	0.58	0.64	0.55	0.42	0.43	0.49	0.42
	计算机与信息	0.03	0.10	0.10	0.07	0.06	0.05	0.08	0.07
	专利与许可	0.62	0.60	0.41	0.45	0.65	0.55	0.69	0.52
	其他商业服务	0.80	0.78	0.82	0.59	0.65	0.76	0.75	0.89
	个人文化娱乐	0.60	0.79	0.80	0.78	0.91	0.86	1.10	1.27
	政府服务	1.29	1.22	1.12	0.75	0.81	0.66	0.71	0.64

续表

国别	部门	2005	2006	2007	2008	2009	2010	2011	2012
中国	运输	0.94	1.05	1.17	1.15	0.93	1.02	1.00	1.02
	旅游	1.44	1.41	1.21	1.13	1.24	1.16	1.13	1.06
	通信	0.28	0.33	0.40	0.43	0.35	0.30	0.40	0.38
	建筑	1.60	1.26	1.77	2.45	2.38	3.50	3.42	2.67
	保险	0.38	0.28	0.34	0.44	0.46	0.43	0.71	0.75
	金融	0.03	0.02	0.02	0.03	0.04	0.11	0.07	0.14
	计算机与信息	0.61	0.75	0.79	0.85	0.94	1.04	1.21	1.29
	专利与许可	0.03	0.04	0.05	0.07	0.05	0.08	0.06	0.08
	其他商业服务	1.32	1.32	1.37	1.31	1.39	1.28	1.28	1.33
	个人文化娱乐	0.20	0.18	0.34	0.38	0.10	0.09	0.08	0.07
	政府服务	0.30	0.29	0.23	0.26	0.39	0.33	0.24	0.30

国别	部门	2005	2006	2007	2008	2009	2010	2011	2012
新加坡	运输	1.59	1.56	1.55	1.56	2.03	1.98	1.90	1.86
	旅游	0.41	0.43	0.42	0.44	0.50	0.61	0.68	0.65
	通信	0.44	0.46	0.47	0.49	—	—	—	—
	建筑	0.45	0.35	0.36	0.32	0.46	0.43	0.58	0.57
	保险	1.21	1.02	0.82	0.87	1.29	1.51	1.11	1.19
	金融	1.15	1.25	1.32	1.32	1.92	1.79	1.91	2.04
	计算机与信息	0.23	0.31	0.26	0.31	—	—	—	—
	专利与许可	0.26	0.25	0.25	0.23	0.17	0.16	0.23	0.26
	其他商业服务	1.61	1.56	1.53	1.50	0.93	0.82	0.83	0.87

续表

国别	部门	2005	2006	2007	2008	2009	2010	2011	2012
新加坡	个人文化娱乐	0.36	0.38	0.36	0.27	0.75	0.63	0.52	0.39
	政府服务	0.15	0.14	0.13	0.14	0.17	0.15	0.15	0.15

国别	部门	2005	2006	2007	2008	2009	2010	2011	2012
东盟	运输	1.28	1.25	1.26	1.26	1.39	1.33	1.27	—
	旅游	1.07	1.20	1.25	1.23	1.28	1.36	1.45	—
	通信	1.14	1.00	0.92	0.79	0.85	0.86	0.86	—
	建筑	0.83	0.74	0.73	0.62	0.60	0.61	0.64	—
	保险	0.73	0.63	0.53	0.57	0.71	0.81	0.65	—
	金融	0.20	0.17	0.14	0.16	0.26	0.28	0.22	—
	计算机与信息	0.26	0.29	0.30	0.40	0.51	0.49	0.48	—
	专利与许可	0.17	0.13	0.13	0.15	0.11	0.10	0.13	—
	其他商业服务	1.16	1.12	1.09	1.10	0.94	0.90	0.87	—
	个人文化娱乐	1.75	1.10	0.91	0.88	0.96	0.51	0.46	—
	政府服务	0.35	0.35	0.31	0.37	0.40	0.38	0.35	—

注：黑体表示RCA指数值在0.8以上的服务部门，以反映其具有较强的比较优势。

由表4-3显示，在运输服务领域，东亚主要经济体均具有较强的比较优势，以韩国的优势最为明显。多年来，运输服务一直是韩国服务贸易的主导产业，强大的造船能力、合理的船队结构和丰富的航运人才是其保持竞争力的重要保证，也体现了运输服务逐渐显现的劳动、资本和技术集合的复合密集型产业特征（王诏怡，2012）。相比之下，东盟国家只在劳动密集型服务产业上具有一定的比较优势。

在旅游服务领域，中国和东盟国家具有明显的比较优势，但东盟国家在传统旅游产业中的比较优势呈现稳步上升趋势，而中国则有逐年下降的趋势，一方面反映中国经济增长带动本国出境旅游规模不断扩大，东南亚各经济体已成为主要目的地国家；另一方面，说明中国旅游业本身产业升级压力加大，亟待从软硬件两方面，创新和增强对海外游客的旅游吸引力。

在建筑服务领域，中日韩三国均具有较强的比较优势，2012年RCA指数分别达到2.67、3.33和7.39，其中，中国的建筑服务主要依靠充裕的劳动力参与国际建筑服务分工，通过国际工程承包和海外基础设施建设获得比较大的经济收益（聂聆，李三妹，2014）；日本和韩国则在价值链高端的建筑设计和技术创新上更胜一筹，这与韩日两国现代服务部门的快速发展，特别是与两国在专利与许可服务上具有较强的比较优势相辅相成。东盟十国在该项服务领域只具备一般竞争力，比较优势不突出。

在通信、保险、金融和计算机与信息服务领域，日本、韩国均未显现具有比较优势，特别是在金融领域见长的日本，2012年的RCA指数不足0.5，反映了其金融服务跨境提供不足，主要服务国内市场的特征。而韩国在通信、保险和计算机与信息服务提供中则处于比较劣势，其RCA指数是中日韩三国中最低的。相比而言，中国在计算机与信息服务，新加坡在金融和保险服务，东盟各国在通信服务中分别具有比较优势，后两者的比较优势可能更多体现在东盟区域内贸易中，可通过下文的贸易互补指数（TCI）测算结果加以验证。

在其他商业服务和个人文化娱乐服务领域，东亚各经济体均具有相当的比较优势。其中，韩国的个人文化娱乐服务RCA指数最高，提升速度迅速，同韩国政府构建"文化立国"方针，大力发展文化创意产业的政策密不可分（郭新茹等，2010）。中国以巨大的人口规模、市场容量和经济活力，在东亚区域其他商业服务中的比较优势上拔得头筹，但在相对附加值高、资本密集度大和技术复合强的服务行业中，竞争力仍然很弱。此外，日本和韩国还在其他政府服务提供领域具备一定的比较优势，与其经济社会发达程度基本一致。

总体来看，中国的服务贸易比较优势主要体现在运输、旅游、建筑、计算机与信息以及其他商业服务方面，金融、专利与许可以及个人文化娱乐方面的比较劣势更加明显。日本和韩国的比较优势主要集中在运输、建筑、专利与许可服务、其他商业服务和政府服务方面，韩国在个人文化娱乐服务上更具竞争力,但在金融、保险和计算机与信息服务方面竞争力不高;日本则在通信、个人文化娱乐服务方面居于劣势。新加坡和其他东盟国家在运输、旅游和其他商业服务上"趋同",服务贸易比较优势明显,但在金融和保险服务、个人文化娱乐服务上则各具突出优势。在计算机与信息服务、专利与许可服务上存在共同的比较劣势,服务贸易竞争力略显不足。因此,以RCA指数测度的东亚主要经济服务贸易比较优势,基本与当前东亚的经济发展水平一致,呈现出服务贸易涉及领域广、服务提供水平层次多、服务提供能力差距大的服务贸易竞争力格局,为继续研究各方贸易结构的互补性奠定了基础。

2. 服务贸易互补指数(TCI)的测度分析

根据服务贸易结合度指数(TCD)对东亚区域各经济体间服务贸易结构紧密性进行的测算,结合显示性比较优势指数(RCA)的综合评估,接下来进一步利用服务贸易互补指数(TCI)来衡量两国(或地区)服务贸易的具体互补程度,同时也反映两国(或地区)服务贸易的发展潜力。根据TCI指数的计算方法,利用面板数据测算了2005—2012年中国、日本、韩国、新加坡、东盟国家彼此之间的服务贸易互补指数(TCI),全面评估东亚各主要经济体服务贸易呈现的不对称依赖关系,并以此把握区域服务贸易自由化后可能出现的福利增长点。具体结果如表4-4所示。

表4-4 2005—2012年中日两国服务贸易总体和分部门的服务贸易互补指数(TCI)

类别	中国作为出口方的TCI指数							
部门	2005	2006	2007	2008	2009	2010	2011	2012
总体	1.03	1.00	1.05	1.08	1.07	1.06	1.06	1.04
运输	1.27	1.51	1.73	1.61	1.31	1.45	1.47	1.61
旅游	1.47	1.07	0.85	0.76	0.85	0.84	0.75	0.68
通信	0.06	0.07	0.12	0.11	0.10	0.08	0.10	0.10
建筑	2.61	2.43	3.78	5.72	5.95	6.88	6.46	4.90
保险	0.29	0.44	0.42	0.62	0.59	0.75	1.20	1.34
金融	0.01	0.01	0.01	0.01	0.01	0.03	0.02	0.04

续表

类别	中国作为出口方的TCI指数							
部门	2005	2006	2007	2008	2009	2010	2011	2012
计算机与信息	0.28	0.40	0.43	0.40	0.45	0.43	0.53	0.56
专利与许可	0.06	0.07	0.09	0.12	0.09	0.14	0.11	0.14
其他商业服务	**1.10**	**1.21**	**1.31**	**1.29**	**1.44**	**1.26**	**1.36**	**1.33**
个人文化娱乐	0.18	0.22	0.39	0.36	0.09	0.06	0.05	0.06
政府服务	0.17	0.16	0.13	0.18	0.25	0.22	0.15	0.19

类别	日本作为出口方的TCI指数							
部门	2005	2006	2007	2008	2009	2010	2011	2012
总体	**1.08**	**1.11**	**1.12**	**1.10**	**1.06**	**1.07**	**1.02**	0.98
运输	**2.25**	**2.29**	**2.24**	**1.93**	**1.90**	**2.10**	**2.20**	**2.14**
旅游	0.39	0.25	0.26	0.27	0.36	0.44	0.39	0.60
通信	0.05	0.05	0.06	0.07	0.06	0.05	0.04	0.06
建筑	**2.66**	**2.77**	**2.91**	**3.09**	**3.79**	**3.03**	**1.98**	**1.79**
保险	**1.83**	**2.57**	**1.78**	**1.12**	0.66	**1.19**	**1.63**	—
金融	0.02	0.08	0.03	0.02	0.03	0.03	0.02	0.05
计算机与信息	0.12	0.08	0.06	0.05	0.05	0.04	0.04	0.04
专利与许可	**2.63**	**3.16**	**3.31**	**3.29**	**2.67**	**2.96**	**2.80**	**3.21**
其他商业服务	0.87	0.94	**1.02**	**1.15**	**1.11**	0.84	0.78	0.56
个人文化娱乐	0.02	0.02	0.02	0.03	0.04	0.03	0.02	0.03
政府服务	0.32	0.20	0.27	0.29	0.28	0.35	0.29	0.27

注：黑体表示TCI指数值大于1的服务部门，以反映双方较强的服务贸易互补性。

表4-4测算了中国和日本分别作为出口国与对方服务贸易进口之间的互补关系。计算结果显示，中日两国服务贸易的综合互补性基本大于1，反映了中日两国服务进出口吻合程度趋势明显，存在较强的贸易互补关系。

就具体部门来看,中国的服务出口行业中运输、旅游、建筑、保险和其他商业服务与日本进口的互补性较高;日本的服务出口行业中运输、建筑、保险、专利与许可和其他商业服务同中国的进口吻合度高,同时,中国在计算机与信息服务和日本在旅游服务的出口贸易中,互补性还呈现出明显上升趋势。

表4-5测算了中国和韩国分别作为出口国与对方服务贸易进口之间的互补关系。计算结果显示,中韩两国服务贸易的综合互补性均大于1,并且中韩两国服务贸易的互补性大于中日服务贸易的互补性。就具体部门来看,在中国的服务出口行业中,运输、旅游、建筑和其他商业服务与韩国进口的互补性较高;韩国的运输和建筑服务与中国的进口吻合度较高,同时,韩国出口的TCI指数明显高于中国出口的TCI指数,客观上揭示了中国对韩国服务贸易逆差的原因之一。另外,中国在保险服务和韩国在旅游、个人文化娱乐服务的出口贸易中,双方互补性还呈现出明显上升趋势。

表4-5 2005—2012年中韩两国服务贸易总体和分部门的服务贸易互补指数(TCI)

类别	中国作为出口方的TCI指数							
部门	2005	2006	2007	2008	2009	2010	2011	2012
总体	1.07	1.10	1.12	1.12	1.08	1.05	1.10	1.08
运输	1.43	1.58	1.82	1.93	1.40	1.52	1.45	1.46
旅游	1.36	1.45	1.25	0.91	0.95	0.93	0.91	0.84
通信	0.16	0.19	0.18	0.20	0.20	0.18	0.25	0.16
建筑	1.08	0.99	1.54	2.32	2.70	3.30	5.27	3.55
保险	0.25	0.16	0.18	0.16	0.16	0.16	0.20	0.24
金融	0.00	0.00	0.00	0.00	0.00	0.01	0.01	0.02
计算机与信息	0.01	0.04	0.03	0.02	0.02	0.02	0.03	0.03
专利与许可	0.04	0.04	0.05	0.07	0.07	0.11	0.07	0.10
其他商业服务	1.45	1.39	1.45	1.53	1.86	1.60	1.70	1.81
个人文化娱乐	0.18	0.21	0.48	0.47	0.13	0.11	0.09	0.09
政府服务	0.17	0.16	0.14	0.14	0.18	0.19	0.15	0.16

续表

类别	韩国作为出口方的TCI指数							
部门	2005	2006	2007	2008	2009	2010	2011	2012
总体	1.16	1.14	1.15	1.14	1.18	1.19	1.12	1.03
运输	3.32	3.24	3.17	3.02	3.01	3.40	3.23	2.87
旅游	0.41	0.36	0.31	0.41	0.60	0.56	0.68	0.72
通信	0.12	0.14	0.11	0.12	0.11	0.09	0.07	0.03
建筑	3.85	4.45	4.83	5.05	7.73	5.53	4.28	3.97
保险	0.79	0.92	0.96	0.91	0.45	0.78	0.78	0.59
金融	0.01	0.07	0.03	0.03	0.02	0.04	0.02	0.04
计算机与信息	0.01	0.04	0.04	0.03	0.02	0.01	0.02	0.02
专利与许可	0.63	0.66	0.44	0.50	0.69	0.57	0.64	0.50
其他商业服务	0.66	0.66	0.79	0.60	0.55	0.54	0.48	0.51
个人文化娱乐	0.12	0.12	0.12	0.17	0.20	0.19	0.21	0.29
政府服务	0.43	0.28	0.38	0.25	0.23	0.22	0.18	0.14

注：黑体表示TCI指数值大于1的服务部门，以反映双方较强的服务贸易互补性。

表4-6测算了中国和新加坡分别作为出口国与对方服务贸易进口间的互补关系。计算结果显示，中新两国服务贸易的综合互补性均略低于1，互补性一般，低于中韩、中日之间服务贸易的互补性。就具体部门来看，在中国和新加坡的服务出口行业中，均为运输、保险和其他商业服务与对方的进口吻合度较高，但新加坡相关服务部门的出口TCI指数高于中国的出口TCI指数，反映了产业内分工层次和水平的差异，在服务贸易自由化条件下，可能为中国带来较大的技术溢出效应。另外，双方在专利与许可服务贸易中互补性呈现出明显上升趋势，也在某种程度上印证了上述观点。

续表

表4-6 2005—2012年中新两国服务贸易总体和分部门的服务贸易互补指数（TCI）

类别	中国作为出口方的 TCI 指数							
部门	2005	2006	2007	2008	2009	2010	2011	2012
总体	0.90	0.96	1.01	0.96	0.91	0.87	0.87	0.88
运输	1.56	1.75	1.99	1.75	1.42	1.45	1.40	1.49
旅游	0.96	0.92	0.85	0.80	0.95	0.88	0.88	0.82
通信	0.20	0.21	0.30	0.29	—	—	—	—
建筑	0.27	0.15	0.25	0.34	0.39	0.70	0.93	0.68
保险	0.70	0.44	0.48	0.60	0.57	0.69	1.18	1.18
金融	0.01	0.01	0.01	0.01	0.01	0.04	0.02	0.05
计算机与信息	0.11	0.17	0.16	0.21	—	—	—	—
专利与许可	0.09	0.09	0.10	0.16	0.12	0.20	0.16	0.20
其他商业服务	1.08	1.29	1.31	1.30	1.41	1.21	1.19	1.23
个人文化娱乐	0.11	0.09	0.17	0.16	0.07	0.05	0.04	0.03
政府服务	0.05	0.04	0.03	0.04	0.05	0.04	0.02	0.03
类别	新加坡作为出口方的 TCI 指数							
部门	2005	2006	2007	2008	2009	2010	2011	2012
总体	0.81	0.80	0.75	0.73	0.88	0.99	0.98	0.94
运输	2.43	2.43	2.35	2.17	3.06	3.12	3.20	2.86
旅游	0.39	0.40	0.39	0.41	0.55	0.71	0.85	0.96
通信	0.14	0.14	0.16	0.19	—	—	—	—
建筑	0.40	0.30	0.32	0.31	0.55	0.44	0.37	0.31
保险	5.41	4.16	3.05	3.26	3.40	4.95	3.83	3.75
金融	0.03	0.14	0.07	0.06	0.11	0.18	0.08	0.20
计算机与信息	0.11	0.12	0.10	0.13	—	—	—	—

类别	新加坡作为出口方的TCI指数							
部门	2005	2006	2007	2008	2009	2010	2011	2012
专利与许可	0.27	0.27	0.26	0.26	0.18	0.16	0.21	0.25
其他商业服务	1.33	1.33	1.48	1.51	0.79	0.58	0.53	0.50
个人文化娱乐	0.07	0.06	0.06	0.06	0.17	0.14	0.10	0.09
政府服务	0.05	0.03	0.04	0.05	0.05	0.05	0.04	0.03

注：黑体表示TCI指数值大于1的服务部门，以反映双方较强的服务贸易互补性。

表4-7测算了中国和东盟国家分别作为出口国与对方的服务贸易互补关系。计算结果显示，中国和东盟国家服务贸易的综合互补性均大于1，反映了双方服务贸易互补性明显。其中，中国的运输、保险、专利与许可和其他商业服务与东盟国家进口的互补性较高；东盟整体的运输、旅游和保险服务与中国的进口吻合度较高。就东盟整体而言，中国在服务部门互补层次上更高，相对高于大部分东盟国家的发展水平。同时，中国和东盟的服务贸易互补空间巨大，在通信、金融、计算机与信息、个人文化娱乐和政府服务方面，中国的出口TCI指数均高于东盟国家，并呈现出明显上升趋势，客观上为进一步推动中国和东盟服务贸易合作深化，紧密双方政治和经济联系提供了坚实保障。

表4-7 2005—2011年中国与东盟国家服务贸易总体和分部门的服务贸易互补指数（TCI）

类别	中国作为出口方的TCI指数						
部门	2005	2006	2007	2008	2009	2010	2011
总体	1.05	1.09	1.10	1.08	1.02	1.04	1.03
运输	1.68	1.91	2.11	2.03	1.68	1.81	1.89
旅游	0.89	0.90	0.83	0.78	0.95	0.90	0.86
通信	0.67	0.66	0.70	0.64	0.63	0.67	0.70
建筑	1.06	0.93	0.87	0.64	0.59	0.60	0.50
保险	1.71	1.53	1.46	1.45	1.33	1.50	1.39

续表

类别	中国作为出口方的TCI指数						
部门	2005	2006	2007	2008	2009	2010	2011
金融	0.21	0.21	0.22	0.21	0.21	0.21	0.20
计算机与信息	0.25	0.27	0.25	0.28	0.30	0.28	0.27
专利与许可	**1.54**	**1.37**	**1.26**	**1.39**	**1.33**	**1.35**	**1.32**
其他商业服务	0.98	**1.01**	**1.02**	0.99	**1.01**	0.95	0.94
个人文化娱乐	0.52	0.58	0.59	0.69	0.66	0.50	0.51
政府服务	0.42	0.41	0.43	0.43	0.42	0.44	0.46

类别	东盟作为出口方的TCI指数						
部门	2005	2006	2007	2008	2009	2010	2011
总体	**1.05**	**1.04**	**1.04**	**1.04**	**1.06**	**1.09**	**1.10**
运输	**1.97**	**1.94**	**1.90**	**1.75**	**2.10**	**2.10**	**2.12**
旅游	**1.02**	**1.11**	**1.14**	**1.14**	**1.43**	**1.58**	**1.81**
通信	0.35	0.31	0.32	0.30	0.25	0.20	0.18
建筑	0.74	0.63	0.66	0.60	0.72	0.63	0.41
保险	**3.26**	**2.57**	**1.97**	**2.15**	**1.87**	**2.64**	**2.24**
金融	0.01	0.02	0.01	0.01	0.01	0.03	0.01
计算机与信息	0.12	0.11	0.11	0.16	0.19	0.14	0.14
专利与许可	0.17	0.14	0.14	0.16	0.12	0.10	0.12
其他商业服务	0.96	0.96	**1.05**	**1.11**	0.79	0.63	0.56
个人文化娱乐	0.35	0.16	0.14	0.19	0.22	0.12	0.09
政府服务	0.12	0.08	0.10	0.12	0.11	0.13	0.09

注：黑体表示TCI指数值大于1的服务部门，以反映双方较强的服务贸易互补性。

表4-8测算了日本和韩国分别作为出口国与对方服务贸易进口之间的互补关系。计算结果显示，两国服务贸易的综合互补性大于1，并明显大于

与中国的服务贸易互补性，反映了日韩两国服务进出口具有高度吻合性。就具体部门来看，日本服务出口行业中运输、建筑、专利与许可和其他商业服务同韩国进口的互补性较高；韩国的运输、建筑和专利与许可服务同日本的进口吻合度高。2012年韩国在运输和建筑服务中的TCI指数分别达到2.95和13.55，在双方服务贸易结构中具有绝对优势；同时，日本在专利与许可服务中的TCI指数也超过4，反映双方在服务贸易领域的互补程度之高。此外，韩国在个人文化娱乐服务和日本在政府服务中的出口互补性呈现出明显上升趋势，也存在扩大出口的潜力。

表4-8　2005—2012年日韩两国服务贸易总体和分部门的服务贸易互补指数（TCI）

类别	日本作为出口方的 TCI 指数							
部门	2005	2006	2007	2008	2009	2010	2011	2012
总体	1.14	1.11	1.13	1.19	1.23	1.23	1.21	1.22
运输	2.24	2.21	2.31	2.33	1.89	1.98	1.90	1.99
旅游	0.39	0.28	0.30	0.24	0.25	0.31	0.25	0.32
通信	0.09	0.09	0.08	0.08	0.12	0.13	0.13	0.11
建筑	2.03	2.54	2.80	3.04	3.59	2.78	4.76	4.42
保险	0.26	0.36	0.26	0.11	0.08	0.13	0.13	—
金融	0.04	0.07	0.05	0.05	0.06	0.04	0.05	0.06
计算机与信息	0.00	0.01	0.01	0.00	0.00	0.00	0.00	0.00
专利与许可	3.17	3.18	3.18	2.97	3.43	4.14	3.27	4.08
其他商业服务	1.15	1.16	1.12	1.34	1.75	1.50	1.60	1.34
个人文化娱乐	0.09	0.17	0.22	0.17	0.22	0.16	0.14	0.18
政府服务	0.53	0.46	0.49	0.48	0.46	0.59	0.73	0.65
类别	韩国作为出口方的 TCI 指数							
部门	2005	2006	2007	2008	2009	2010	2011	2012
总体	1.19	1.26	1.31	1.35	1.41	1.28	1.28	1.31
运输	2.95	3.00	3.11	3.05	2.80	3.07	2.82	2.95

续表

类别	韩国作为出口方的TCI指数
部门	2005	2006	2007	2008	2009	2010	2011	2012
---	---	---	---	---	---	---	---	---
旅游	0.44	0.29	0.24	0.29	0.37	0.35	0.36	0.31
通信	0.08	0.10	0.09	0.08	0.11	0.10	0.09	0.03
建筑	**7.10**	**10.02**	**11.40**	**12.31**	**16.09**	**10.56**	**12.57**	**13.55**
保险	0.13	0.35	0.32	0.34	0.22	0.41	0.38	0.34
金融	0.14	0.16	0.18	0.17	0.12	0.12	0.14	0.11
计算机与信息	0.01	0.05	0.06	0.03	0.03	0.02	0.03	0.03
专利与许可	**1.09**	**1.15**	0.77	0.83	**1.11**	**1.00**	**1.18**	0.89
其他商业服务	0.67	0.71	0.78	0.59	0.67	0.75	0.80	0.89
个人文化娱乐	0.55	0.93	0.91	0.75	0.82	0.60	0.73	0.98
政府服务	0.71	0.68	0.64	0.53	0.51	0.43	0.44	0.40

注：黑体表示TCI指数值大于1的服务部门，以反映双方较强的服务贸易互补性。

表4-9测算了日本和新加坡分别作为出口国与对方服务贸易进口之间的互补关系。计算结果显示，日新两国服务贸易的综合互补性均大于1，互补性明显，但低于日韩、高于中日之间的服务贸易互补性。其中，在日本的服务出口行业中，运输、专利与许可和其他商业服务与新加坡的进口吻合度较高，新加坡出口的运输、建筑、保险和其他商业服务与日本的互补性强。日本在对新加坡的专利与许可服务贸易互补上占有绝对优势，但新加坡在运输和保险服务部门的出口TCI指数明显高于日本的出口TCI指数，反映了发达国家间在高水平专业化分工中存在的优势差异。另外，日新双方在建筑和金融服务贸易中，互补性还呈现出小幅上升势头。

表4-9　2005—2012年日新两国服务贸易总体和分部门的服务贸易互补指数（TCI）

类别	日本作为出口方的 TCI 指数							
部门	2005	2006	2007	2008	2009	2010	2011	2012
总体	1.30	1.29	1.27	1.27	1.22	1.27	1.27	1.29
运输	2.44	2.46	2.52	2.11	1.93	1.90	1.83	2.02
旅游	0.28	0.18	0.20	0.21	0.25	0.29	0.24	0.31
通信	0.11	0.10	0.13	0.12	—	—	—	—
建筑	0.51	0.39	0.45	0.45	0.52	0.59	0.84	0.85
保险	0.74	0.98	0.68	0.40	0.31	0.59	0.79	0.00
金融	0.15	0.19	0.20	0.18	0.17	0.12	0.14	0.17
计算机与信息	0.04	0.04	0.03	0.03	—	—	—	—
专利与许可	7.02	6.62	6.32	7.21	6.07	7.26	7.63	8.16
其他商业服务	0.85	1.07	1.01	1.14	1.33	1.13	1.12	0.91
个人文化娱乐	0.05	0.07	0.08	0.06	0.11	0.07	0.06	0.06
政府服务	0.14	0.11	0.11	0.14	0.14	0.11	0.12	0.12
类别	新加坡作为出口方的 TCI 指数							
部门	2005	2006	2007	2008	2009	2010	2011	2012
总体	1.01	1.04	1.05	1.05	1.03	1.04	1.04	1.06
运输	2.16	2.26	2.30	2.19	2.84	2.81	2.79	2.93
旅游	0.42	0.33	0.30	0.29	0.34	0.45	0.45	0.42
通信	0.09	0.10	0.14	0.12	—	—	—	—
建筑	0.73	0.68	0.76	0.76	1.14	0.84	1.09	1.05
保险	0.91	1.60	1.02	1.23	1.65	2.62	1.87	2.14
金融	0.33	0.36	0.37	0.41	0.53	0.49	0.53	0.54
计算机与信息	0.10	0.16	0.14	0.15	—	—	—	—

续表

类别	新加坡作为出口方的 TCI 指数							
部门	2005	2006	2007	2008	2009	2010	2011	2012
专利与许可	0.46	0.48	0.47	0.43	0.29	0.29	0.39	0.45
其他商业服务	1.34	1.43	1.47	1.49	0.96	0.81	0.88	0.88
个人文化娱乐	0.33	0.44	0.42	0.26	0.68	0.44	0.34	0.30
政府服务	0.08	0.08	0.07	0.10	0.10	0.10	0.09	0.09

注：黑体表示TCI指数值大于1的服务部门，以反映双方较强的服务贸易互补性。

表4-10测算了日本和东盟国家分别作为出口国与对方服务贸易进口之间的互补关系。计算结果显示，日本对东盟国家服务贸易的综合互补性均大于1，但东盟对日本服务贸易出口的综合互补性略低，反映了双方经济发展水平和服务产业体系上的较大差距。就具体部门而言，日本的运输、建筑、专利与许可和其他商业服务与东盟国家进口的互补性较高；东盟则是运输、旅游、建筑、保险和其他商业服务与日本的进口吻合度较高。可以看出，东盟主要进行依托于货物贸易的各种服务提供，而日本在服务产业层次上明显更高。此外，日本和东盟在保险服务领域具有互补潜力，可以判断未来较长时间内，双方服务贸易发展还将伴随货物贸易发展才能有更大上升空间。

表4-10　2005—2011年日本与东盟国家服务贸易总体和分部门的服务贸易互补指数（TCI）

类别	日本作为出口方的 TCI 指数						
部门	2005	2006	2007	2008	2009	2010	2011
总体	1.25	1.25	1.23	1.21	1.15	1.18	1.18
运输	2.63	2.68	2.68	2.45	2.28	2.36	2.46
旅游	0.25	0.18	0.20	0.20	0.25	0.30	0.24
通信	0.10	0.10	0.13	0.11	0.12	0.14	0.15

续表

类别	日本作为出口方的TCI指数						
部门	2005	2006	2007	2008	2009	2010	2011
建筑	3.19	3.01	2.82	2.06	1.88	1.78	1.53
保险	0.70	0.96	0.70	0.43	0.33	0.55	0.66
金融	0.13	0.14	0.12	0.10	0.11	0.07	0.08
计算机与信息	0.06	0.05	0.04	0.04	0.04	0.04	0.04
专利与许可	3.96	3.92	3.86	4.12	3.37	3.89	3.96
其他商业服务	1.02	1.11	1.08	1.14	1.33	1.13	1.14
个人文化娱乐	0.05	0.08	0.09	0.10	0.11	0.06	0.06
政府服务	0.40	0.35	0.34	0.38	0.43	0.46	0.53

类别	东盟作为出口方的TCI指数						
部门	2005	2006	2007	2008	2009	2010	2011
总体	1.01	0.98	0.98	0.97	0.96	0.96	0.95
运输	1.74	1.80	1.87	1.76	1.95	1.89	1.86
旅游	1.10	0.91	0.88	0.82	0.88	0.99	0.97
通信	0.23	0.22	0.26	0.20	0.24	0.23	0.20
建筑	1.36	1.43	1.56	1.45	1.51	1.20	1.20
保险	0.55	0.99	0.66	0.81	0.91	1.40	1.10
金融	0.06	0.05	0.04	0.05	0.07	0.08	0.06
计算机与信息	0.12	0.15	0.16	0.19	0.24	0.20	0.21
专利与许可	0.29	0.25	0.25	0.27	0.20	0.18	0.22
其他商业服务	0.97	1.03	1.04	1.09	0.97	0.89	0.93
个人文化娱乐	1.60	1.29	1.04	0.84	0.87	0.36	0.30
政府服务	0.20	0.20	0.18	0.26	0.25	0.24	0.22

注：黑体表示TCI指数值大于1的服务部门，以反映双方较强的服务贸易互补性。

表4-11测算了韩国和新加坡分别作为出口国与对方服务贸易进口之间的互补关系。计算结果显示，韩新两国服务贸易的综合互补性均大于1，但低于日韩和中韩间的服务贸易互补性。其中，在韩国的服务出口行业中，运输、建筑、专利与许可服务与新加坡进口的互补性较高；新加坡的运输和其他商业服务与韩国的进口吻合度较高，但其他部门的TCI指数明显偏低。另外，韩国在其他商业服务、个人文化娱乐服务，新加坡在建筑服务的出口贸易中，双方互补性有小幅上升的趋势，具有贸易扩大的潜力。

表4-11 2005—2012年韩新两国服务贸易总体和分部门的服务贸易互补指数（TCI）

类别	韩国作为出口方的 TCI 指数							
部门	2005	2006	2007	2008	2009	2010	2011	2012
总体	1.18	1.14	1.14	1.09	1.02	1.06	1.01	1.00
运输	3.62	3.48	3.56	3.31	3.05	3.08	2.69	2.72
旅游	0.29	0.25	0.24	0.31	0.41	0.37	0.42	0.38
通信	0.27	0.30	0.23	0.22	—	—	—	—
建筑	0.73	0.63	0.74	0.73	1.07	1.08	1.81	1.89
保险	0.32	0.35	0.37	0.33	0.21	0.38	0.38	0.30
金融	0.11	0.16	0.23	0.21	0.14	0.15	0.18	0.15
计算机与信息	0.00	0.02	0.02	0.02	—	—	—	—
专利与许可	1.69	1.39	0.83	1.10	1.56	1.38	1.74	1.27
其他商业服务	0.65	0.76	0.78	0.59	0.66	0.73	0.70	0.82
个人文化娱乐	0.33	0.39	0.40	0.33	0.64	0.48	0.51	0.55
政府服务	0.20	0.16	0.15	0.12	0.11	0.07	0.07	0.06
类别	新加坡作为出口方的 TCI 指数							
部门	2005	2006	2007	2008	2009	2010	2011	2012
总体	1.12	1.08	1.09	1.16	1.07	1.05	1.04	1.04
运输	2.42	2.35	2.42	2.62	3.05	2.95	2.76	2.66
旅游	0.39	0.45	0.44	0.35	0.38	0.49	0.55	0.52

续表

类别	新加坡作为出口方的TCI指数
部门	2005	2006	2007	2008	2009	2010	2011	2012
---	---	---	---	---	---	---	---	---
通信	0.24	0.27	0.21	0.23	—	—	—	—
建筑	0.30	0.28	0.31	0.31	0.52	0.40	0.89	0.76
保险	0.78	0.58	0.44	0.31	0.44	0.56	0.31	0.38
金融	0.06	0.13	0.13	0.12	0.23	0.22	0.23	0.27
计算机与信息	0.00	0.01	0.01	0.01	—	—	—	—
专利与许可	0.32	0.28	0.25	0.23	0.23	0.23	0.24	0.32
其他商业服务	**1.77**	**1.65**	**1.63**	**1.76**	**1.24**	**1.03**	**1.10**	**1.19**
个人文化娱乐	0.32	0.44	0.52	0.34	**1.01**	0.79	0.60	0.49
政府服务	0.08	0.07	0.08	0.08	0.08	0.09	0.10	0.08

注：黑体表示TCI指数值大于1的服务部门，以反映双方较强的服务贸易互补性。

表4-12测算了韩国和东盟国家分别作为出口国与对方服务贸易进口之间的互补关系。计算结果显示，韩国和东盟国家服务贸易的综合互补性均大于1，反映了双方服务贸易具有较强互补性。其中，2011年韩国在运输和建筑服务部门对东盟国家出口的RCA指数分别达到3.63和3.3，具有明显的互补优势；东盟在运输、旅游、其他商业服务和个人文化娱乐服务与韩国的进口吻合度较高。双方在具体服务部门的贸易互补性仍主要体现在传统服务产业，但韩国在专利与许可服务、个人文化娱乐服务方面互补优势上升迅速，东盟在建筑服务领域的出口TCI指数也已接近1，加强韩国和东盟国家服务贸易合作将进一步促进双方服务互补性的实现。

表4-12 2005—2011年韩国与东盟国家服务贸易总体和分部门的服务贸易互补指数（TCI）

类别	韩国作为出口方的TCI指数
部门	2005	2006	2007	2008	2009	2010	2011
---	---	---	---	---	---	---	---
总体	1.31	1.28	1.28	1.25	1.18	1.23	1.19

续表

类别	韩国作为出口方的TCI指数						
部门	2005	2006	2007	2008	2009	2010	2011
运输	3.89	3.79	3.78	3.83	3.61	3.83	3.63
旅游	0.26	0.25	0.23	0.30	0.41	0.38	0.41
通信	0.26	0.30	0.22	0.21	0.24	0.26	0.25
建筑	4.60	4.83	4.69	3.38	3.82	3.25	3.30
保险	0.30	0.34	0.38	0.35	0.23	0.36	0.31
金融	0.10	0.12	0.14	0.12	0.09	0.09	0.10
计算机与信息	0.01	0.03	0.03	0.02	0.02	0.01	0.02
专利与许可	0.95	0.82	0.51	0.63	0.87	0.74	0.90
其他商业服务	0.78	0.79	0.83	0.59	0.66	0.73	0.71
个人文化娱乐	0.31	0.46	0.47	0.54	0.60	0.43	0.56
政府服务	0.54	0.50	0.48	0.33	0.34	0.29	0.32
类别	东盟作为出口方的TCI指数						
部门	2005	2006	2007	2008	2009	2010	2011
总体	1.08	1.08	1.09	1.09	1.03	1.02	1.02
运输	1.96	1.88	1.96	2.11	2.09	1.98	1.84
旅游	1.02	1.24	1.29	0.99	0.97	1.09	1.17
通信	0.64	0.59	0.42	0.38	0.49	0.53	0.54
建筑	0.56	0.58	0.64	0.59	0.69	0.58	0.98
保险	0.47	0.36	0.28	0.21	0.24	0.30	0.18
金融	0.01	0.02	0.01	0.02	0.03	0.03	0.03
计算机与信息	0.00	0.01	0.01	0.01	0.01	0.01	0.01
专利与许可	0.20	0.15	0.14	0.15	0.15	0.14	0.14
其他商业服务	1.28	1.18	1.16	1.29	1.25	1.13	1.16
个人文化娱乐	1.54	1.29	1.30	1.09	1.30	0.64	0.53
政府服务	0.20	0.19	0.19	0.20	0.18	0.21	0.22

注：黑体表示TCI指数值大于1的服务部门，以反映双方较强的服务贸易互补性。

表4-13测算了新加坡和东盟其他国家分别作为出口国与对方服务贸易进口之间的互补关系。新加坡是东盟国家中唯一的发达国家，服务贸易规模占东盟总额的一半以上，自由化程度、贸易结构和产业水平也位居全球领先地位。考察新加坡与东盟其他国家的服务贸易互补性，有利于立足东盟自身比较优势，灵活推进服务贸易自由化。计算结果显示，双方服务贸易的综合互补性均大于1，表示双方服务贸易具有较强互补性。其中，新加坡在运输、保险和其他商业服务部门对东盟国家的出口具有明显互补作用，集中反映了新加坡独特的区位优势；东盟则在运输、旅游和通信服务部门与新加坡的进口吻合度较大。双方在具体服务部门的贸易互补性仍主要体现在与货物贸易联系相关的传统服务产业。

表4-13 2005—2011年新加坡与东盟其他国家服务贸易总体和分部门的

服务贸易互补指数（TCI）

类别	新加坡作为出口方的 TCI 指数						
部门	2005	2006	2007	2008	2009	2010	2011
总体	1.26	1.21	1.19	1.22	1.15	1.18	1.27
运输	3.12	3.02	2.88	3.13	3.63	3.68	4.40
旅游	0.23	0.25	0.26	0.28	0.37	0.48	0.51
通信	0.28	0.32	0.33	0.31	—	—	—
建筑	0.75	0.61	0.55	0.38	0.52	0.35	0.30
保险	1.34	1.33	1.39	1.31	2.22	2.49	1.18
金融	0.24	0.23	0.21	0.14	0.21	0.18	0.14
计算机与信息	0.07	0.10	0.08	0.11	—	—	—
专利与许可	0.21	0.18	0.17	0.16	0.10	0.08	0.10
其他商业服务	1.78	1.68	1.66	1.50	0.99	0.82	0.81
个人文化娱乐	0.17	0.20	0.20	0.22	0.48	0.33	0.32
政府服务	0.06	0.06	0.06	0.06	0.10	0.11	0.09

续表

类别	东盟其他国家作为出口方的 TCI 指数						
部门	2005	2006	2007	2008	2009	2010	2011
总体	**1.18**	0.99	**1.01**	**1.09**	**1.12**	**1.03**	**1.03**
运输	**1.77**	**1.61**	**1.66**	**1.51**	**1.20**	**1.02**	**1.05**
旅游	**1.05**	**1.16**	**1.31**	**1.34**	**1.43**	**1.51**	**1.61**
通信	**1.19**	**1.03**	**1.01**	0.75	—	—	—
建筑	0.21	0.16	0.17	0.15	0.15	0.14	0.15
保险	0.37	0.36	0.43	0.37	0.38	0.40	0.39
金融	0.05	0.04	0.05	0.04	0.03	0.04	0.05
计算机与信息	0.05	0.06	0.07	0.14	—	—	—
专利与许可	0.22	0.05	0.05	0.14	0.20	0.13	0.12
其他商业服务	0.64	0.73	0.67	0.70	0.99	0.97	0.86
个人文化娱乐	**1.54**	0.71	0.60	0.58	0.81	0.26	0.21
政府服务	0.08	0.07	0.06	0.07	0.08	0.06	0.05

注：黑体表示TCI指数值大于1的服务部门，以反映双方较强的服务贸易互补性。

3.服务贸易产业内贸易指数（IIT）的测度分析

根据上述分析，东亚主要经济体间服务贸易关系紧密且互补优势明显，特别是服务产业内贸易互补性不断增强，反映了东亚经济体之间专业化分工关系日趋复杂，这里将通过服务贸易产业内贸易指数（IIT）进一步对东亚主要经济体间服务贸易产业内生产或消费替代的进出口活动程度进行测度，以反映不同经济体间深层次的贸易互补性。

按照IIT静态指数（GL指数）的计算方法，综合有关数据的可得性，利用面板数据测算了2008—2012年中国、日本、韩国、新加坡、东盟五国（泰国、越南、印度尼西亚、马来西亚和菲律宾）之间的服务贸易产业内贸易指数（GLIIT），比较全面地评估东亚主要经济体服务贸易产业内深化的程度。具体结果如表4-14所示。

表4-14 东亚主要经济体间2008—2012年服务贸易产业内贸易指数（GLIIT）比较

国别	中国和日本	中国和韩国	中国和新加坡	日本和韩国
2008	1.00	0.89	0.89	0.74
2009	0.98	0.94	0.94	0.81
2010	0.97	0.87	0.87	0.71
2011	0.89	0.92	0.92	0.60
2012	0.71	—	—	0.57
均值	0.91	0.91	0.91	0.69

国别	日本和新加坡	日本和东盟	韩国和新加坡	韩国和东盟
2008	0.80	0.90	0.97	0.99
2009	0.81	0.94	0.98	1.00
2010	0.78	0.87	0.97	0.94
2011	0.77	0.85	0.98	0.97
2012	0.87	0.91	—	—
均值	0.80	0.89	0.98	0.97

表4-14的计算结果显示，东亚主要经济体间的GLIIT指数的均值均接近1，总体反映了其相互间较强的服务产业内贸易水平。其中，韩国和新加坡、韩国和东盟、中国和日本、中国和韩国以及中国和新加坡的服务产业内贸易程度最高，日本和新加坡、日本和东盟的程度次之，日本和韩国之间的相对较低。需要说明的是，中日韩三国间的GLIIT指数始终处于较高水平，但在2011年后却出现大幅下降，由于产业内贸易指数是基于双边贸易数据计算获得，因此GLIIT指数的快速下降可能是外生变量突然变动造成的结果，可能与三国间政治关系的骤然趋冷有密切联系。

四、东亚区域服务贸易结构竞争性的测度分析

基于专业化分工的视角，东亚主要经济体服务贸易互补性的一系列指标测度，反映了未来东亚区域服务贸易发展的潜力和空间。本节将对东亚

主要经济体服务贸易结构的竞争性进行具体测度,以便进一步判断未来区域服务贸易自由化在贸易结构上可能遇到的阻碍和付出成本的大小。

1.服务贸易竞争指数（TC）的测度分析

根据服务贸易竞争指数的计算方法,利用面板数据测算了2005—2012年中国、日本、韩国、新加坡和东盟十国的TC指数,全面评估东亚各主要经济体服务贸易的竞争优势和强度高低。具体结果如表4-15所示。

表4-15　2005—2012年东亚主要经济体总体和分部门的服务贸易竞争指数（TC）

国别	部门	2005	2006	2007	2008	2009	2010	2011	2012
日本	总体	**−0.10**	**−0.07**	**−0.08**	**−0.07**	**−0.07**	**−0.05**	**−0.07**	**−0.10**
	运输	−0.06	−0.06	−0.08	−0.07	−0.12	−0.09	−0.13	−0.16
	旅游	−0.50	−0.52	−0.48	−0.44	−0.42	−0.36	−0.43	−0.31
	通信	−0.22	−0.25	−0.30	−0.24	−0.25	−0.16	−0.12	−0.10
	建筑	0.20	0.18	0.13	0.10	0.04	0.15	0.17	0.20
	保险	−0.38	−0.49	−0.51	−0.69	−0.71	−0.68	−0.61	—
	金融	0.30	0.35	0.26	0.16	0.22	0.07	0.10	0.18
	计算机与信息	−0.37	−0.53	−0.58	−0.61	−0.63	−0.55	−0.56	−0.54
	专利与许可	0.09	0.13	0.16	0.17	0.13	0.17	0.21	0.23
	其他商业服务	0.02	0.02	−0.03	0.01	0.04	0.04	−0.01	−0.11
	个人文化娱乐	−0.84	−0.81	−0.79	−0.78	−0.73	−0.72	−0.72	−0.74
	政府服务	0.17	0.13	0.10	0.05	0.16	0.18	0.23	0.25

续表

国别	部门	2005	2006	2007	2008	2009	2010	2011	2012
韩国	**总体**	**−0.09**	**−0.10**	**−0.08**	**−0.03**	**−0.04**	**−0.05**	**−0.03**	**0.03**
	运输	0.08	0.05	0.07	0.10	0.10	0.14	0.11	0.16
	旅游	−0.45	−0.53	−0.56	−0.32	−0.21	−0.29	−0.23	−0.21
	通信	−0.27	−0.22	−0.25	−0.23	−0.26	−0.27	−0.30	−0.51
	建筑	0.69	0.69	0.68	0.68	0.68	0.68	0.61	0.71
	保险	−0.63	−0.51	−0.41	−0.23	−0.37	−0.26	−0.14	−0.24
	金融	0.75	0.65	0.70	0.69	0.53	0.53	0.58	0.53
	计算机与信息	−0.52	−0.41	−0.23	−0.31	−0.30	−0.36	−0.13	−0.02
	专利与许可	−0.41	−0.39	−0.49	−0.41	−0.38	−0.48	−0.25	−0.38
	其他商业服务	−0.25	−0.25	−0.20	−0.36	−0.38	−0.29	−0.31	−0.19
	个人文化娱乐	−0.28	−0.29	−0.35	−0.26	−0.24	−0.23	−0.05	0.03
	政府服务	0.32	0.29	0.23	0.13	0.23	0.03	0.02	0.13
中国	**总体**	**−0.06**	**−0.05**	**−0.03**	**−0.04**	**−0.10**	**−0.09**	**−0.15**	**−0.19**
	运输	0.94	−0.30	−0.24	−0.16	−0.13	−0.33	−0.30	−0.39
	旅游	0.15	0.17	0.11	0.06	−0.05	−0.09	−0.20	−0.34
	通信	−0.11	−0.02	0.04	0.02	0.00	0.04	0.18	0.04
	建筑	0.23	0.15	0.30	0.41	0.23	0.48	0.60	0.54
	保险	−0.86	−0.88	−0.84	−0.80	−0.75	−0.80	−0.73	−0.72
	金融	−0.05	−0.72	−0.41	−0.28	−0.29	−0.02	0.06	−0.01
	计算机与信息	0.06	0.26	0.33	0.33	0.34	0.51	0.52	0.58
	专利与许可	−0.94	−0.94	−0.92	−0.90	−0.93	−0.88	−0.90	−0.89
	其他商业服务	0.17	0.17	0.14	0.09	0.14	0.21	0.19	0.22
	个人文化娱乐	−0.07	0.06	0.35	0.24	−0.48	−0.50	−0.53	−0.64

续表

国别	部门	2005	2006	2007	2008	2009	2010	2011	2012
中国	政府服务	−0.11	0.07	−0.22	−0.16	0.06	−0.09	−0.17	−0.02
新加坡	**总体**	**0.00**	**0.01**	**0.07**	**0.06**	**−0.05**	**−0.03**	**−0.02**	**−0.03**
	运输	−0.02	−0.03	0.02	0.08	0.09	0.13	0.14	0.09
	旅游	−0.24	−0.19	−0.18	−0.17	−0.26	−0.14	−0.09	−0.11
	通信	−0.23	−0.17	−0.16	−0.09	—	—	—	—
	建筑	0.45	0.49	0.49	0.45	0.43	0.33	0.35	0.36
	保险	−0.19	−0.20	−0.21	−0.16	−0.03	−0.07	−0.22	−0.17
	金融	0.66	0.63	0.62	0.59	0.68	0.65	0.67	0.68
	计算机与信息	0.14	0.15	0.20	0.18	—	—	—	—
	专利与许可	−0.82	−0.80	−0.76	−0.80	−0.88	−0.89	−0.84	−0.82
	其他商业服务	0.33	0.24	0.29	0.26	−0.09	−0.11	−0.07	−0.06
	个人文化娱乐	−0.21	−0.12	−0.09	−0.16	−0.02	0.03	0.05	−0.08
	政府服务	−0.01	0.03	0.04	0.01	0.03	0.15	0.17	0.19
东盟	**总体**	**−0.09**	**−0.08**	**−0.04**	**−0.06**	**−0.07**	**−0.06**	**−0.06**	—
	运输	−0.25	−0.26	−0.22	−0.22	−0.19	−0.20	−0.25	—
	旅游	0.18	0.23	0.26	0.23	0.19	0.21	0.25	—
	通信	0.17	0.13	0.10	0.05	0.08	0.06	0.05	—
	建筑	−0.21	−0.19	−0.13	−0.07	−0.06	−0.06	0.07	—
	保险	−0.48	−0.48	−0.50	−0.48	−0.36	−0.36	−0.41	—
	金融	0.44	0.46	0.49	0.50	0.57	0.57	0.62	—
	计算机与信息	−0.09	−0.06	0.04	0.12	0.19	0.20	0.22	—
	专利与许可	−0.84	−0.85	−0.82	−0.83	−0.86	−0.88	−0.84	—
	其他商业服务	0.00	−0.03	−0.01	0.00	−0.11	−0.09	−0.10	—

续表

国别	部门	2005	2006	2007	2008	2009	2010	2011	2012
东盟	个人文化娱乐	0.75	0.26	0.19	0.06	0.12	−0.04	−0.09	—
	政府服务	−0.06	−0.06	−0.10	−0.10	−0.11	−0.14	−0.11	—

表4-15的结果显示，东亚经济体整体的服务贸易竞争强度较弱，总体TC指数值基本均低于0，且主要在(−0.1, 0)的区间内波动，处于具有微弱竞争劣势的地位。其中，新加坡的服务竞争力相对最强，但也略有下降趋势；中国、日本和韩国的服务贸易竞争强度一直处于劣势状态，但部分部门有不断上升的迹象。东盟的TC指数则始终保持稳定，长期处于微弱劣势的地位。

从服务部门和行业上看，在运输服务领域中，除韩国和新加坡以外的东亚经济体均不具有竞争优势，但竞争劣势微弱，只有中国2012年的TC指数达到−0.39，竞争劣势较大。旅游部门作为东亚服务贸易的重要组成部分，以东盟的竞争优势最为明显，其他经济体均为负值，以中国和日本相对较弱，借助TCD指数参考评价，反映了中国在该部门产业内贸易规模较大，而日本则长期处于劣势地位。通信服务领域，中国和东盟的TC指数为正，其他经济体指数为负，总体差距不大，处于一般竞争水平。在建筑服务领域，东亚经济均有一定竞争优势，TC指数均大于0，其中以韩国和中国最高，突出了两国各自在要素禀赋和技术外包上的建筑服务发展特点。在保险和金融部门，各主要经济体的保险服务领域均处于微弱劣势，在TC指数考虑进出口规模变动的情况下，中国的竞争劣势相对突出；而日本、新加坡和东盟整体金融服务优势明显，其中，新加坡的TC指数接近0.7，带动整个东盟的金融服务TC指数也超过0.6。计算机和信息服务中，中国的竞争优势突出，日韩等国竞争强度差距较大；而专利和许可服务领域，除日本具有竞争优势外，其他国家均处于劣势地位，且中国、新加坡和东盟国家均接近−1水平。在其他商业服务领域，中国继续保持在东亚地区的领先地位，其他经济体的竞争强度均为负值；个人文化娱乐的竞争优势则非韩国莫属，日本和中国在该领域竞争劣势相对明显。政府服务领域，则主要是日本、韩国和新加坡等发达国家具有优势，中国和其他东盟成员国TC指数为负。因此，由TC指数测度的东亚服务贸易竞争强度总体不大，各经济体服务部门间贸易往来的互补特征进一步得以验证和显现。

2.服务贸易相对竞争指数（RTC）的测度分析

与TC指数相比，利用RCA指数计算的服务贸易相对竞争指数（RTC）剔除了国家贸易总量变动和世界贸易总量的变动，能够更好地验证两国（或地区）服务贸易和服务部门的相互竞争强度。根据RTC的计算方法，利用面板数据测算了2005—2012年中国、日本、韩国、新加坡和其他东盟国家（不含新加坡）服务出口的RTC指数，具体结果如表4-16所示。

表4-16、表4-17和表4-18的数据反映了中日韩三国间服务贸易出口的相对竞争强度，其中，中日和中韩服务贸易综合竞争强度较弱，日本和韩国更具相对竞争优势。在日韩两国较强的服务贸易结构互补性、较高的GLIIT指数和较弱的TC指数的基础上，两国RTC指数较大说明了其双边具体服务部门内的产业结构具有相似性。从具体服务部门上看，中国在对日韩的服务贸易出口部门RTC指数上，具有相对竞争优势的部门与其互补优势基本一致，综合优势较日韩两国仍弱；而日本相较韩国，计算机与信息服务、金融和保险服务、专利与许可和其他商业服务的出口竞争力方面更胜一筹，其他领域则韩国占优，可见双方的服务贸易结构互补性仍然大于竞争性。

表4-16　2005—2012年中日两国服务贸易总体和分部门的相对竞争指数（RTC）

部门	2005	2006	2007	2008	2009	2010	2011	2012
总体	0.58	0.57	0.60	0.59	0.54	0.61	0.57	0.56
运输	0.64	0.71	0.79	0.83	0.74	0.77	0.77	0.74
旅游	3.49	5.11	4.21	3.82	3.81	3.02	3.64	2.61
通信	1.82	2.16	2.24	2.43	1.78	1.45	1.87	1.41
建筑	0.53	0.39	0.55	0.76	0.75	1.19	1.11	0.80
保险	0.94	0.45	0.71	1.49	1.83	1.18	1.50	—
金融	0.04	0.03	0.04	0.06	0.07	0.32	0.17	0.31

续表

部门	2005	2006	2007	2008	2009	2010	2011	2012
计算机与信息	2.42	3.90	4.74	6.69	7.45	7.71	8.39	8.12
专利与许可	0.01	0.01	0.02	0.02	0.02	0.03	0.02	0.02
其他商业服务	1.26	1.20	1.30	1.14	1.06	1.07	1.06	1.35
个人文化娱乐	2.05	1.25	2.14	2.75	0.59	0.72	0.64	0.53
政府服务	0.32	0.34	0.28	0.29	0.39	0.32	0.21	0.24

表4-17　2005—2012年中韩两国服务贸易总体和分部门的相对竞争指数（RTC）

部门	2005	2006	2007	2008	2009	2010	2011	2012
总体	0.61	0.59	0.56	0.53	0.58	0.59	0.58	0.51
运输	0.43	0.50	0.56	0.53	0.47	0.47	0.52	0.55
旅游	3.37	3.62	3.62	2.57	2.30	2.38	2.09	2.16
通信	0.73	0.71	1.28	1.34	0.94	0.79	1.13	2.93
建筑	0.37	0.24	0.33	0.46	0.37	0.65	0.51	0.36
保险	2.18	1.25	1.30	1.83	2.68	1.80	3.14	3.96
金融	0.06	0.04	0.03	0.05	0.09	0.26	0.14	0.34
计算机与信息	21.55	7.36	7.63	12.68	16.99	21.33	15.44	18.14
专利与许可	0.06	0.06	0.12	0.15	0.08	0.14	0.09	0.16
其他商业服务	1.65	1.70	1.67	2.20	2.14	1.67	1.70	1.50
个人文化娱乐	0.33	0.23	0.42	0.49	0.11	0.10	0.07	0.06
政府服务	0.23	0.24	0.20	0.34	0.48	0.51	0.34	0.47

续表

表4-18 2005—2012年日韩两国服务贸易总体和分部门的相对竞争指数（RTC）

部门	2005	2006	2007	2008	2009	2010	2011	2012
总体	1.06	1.04	0.94	0.90	1.07	0.98	1.02	0.90
运输	0.68	0.71	0.71	0.64	0.63	0.62	0.68	0.74
旅游	0.97	0.71	0.86	0.67	0.60	0.79	0.57	0.83
通信	0.40	0.33	0.57	0.55	0.53	0.54	0.60	2.08
建筑	0.69	0.62	0.60	0.61	0.49	0.55	0.46	0.45
保险	2.32	2.79	1.84	1.23	1.46	1.53	2.09	—
金融	1.39	1.17	0.88	0.88	1.21	0.81	0.79	1.11
计算机与信息	8.90	1.89	1.61	1.90	2.28	2.77	1.84	2.24
专利与许可	4.16	4.76	7.57	6.57	3.89	5.24	4.39	6.42
其他商业服务	1.31	1.41	1.29	1.93	2.02	1.56	1.61	1.11
个人文化娱乐	0.16	0.18	0.20	0.18	0.18	0.14	0.11	0.11
政府服务	0.74	0.69	0.72	1.17	1.24	1.57	1.62	1.92

表4-19、表4-20和表4-21的数据反映了整体上中日韩与新加坡间的服务贸易出口相对竞争强度均较弱，新加坡更具相对竞争优势，这与当前东亚服务贸易发展的现状一致。但从具体服务部门上看，中日韩对新加坡的服务贸易出口部门RTC指数上具有的相对竞争优势与其互补性优势基本一致，反映了三国服务贸易整体的综合优势较新加坡仍弱，因此，可以得出各方整体的服务贸易结构互补性仍然大于竞争性的结论。

表4-19 2005—2012年中新两国服务贸易总体和分部门的相对竞争指数（RTC）

部门	2005	2006	2007	2008	2009	2010	2011	2012
总体	0.45	0.44	0.41	0.41	0.44	0.44	0.40	0.38
运输	0.59	0.67	0.75	0.74	0.46	0.52	0.53	0.55
旅游	3.53	3.25	2.86	2.57	2.51	1.88	1.66	1.62

续表

部门	2005	2006	2007	2008	2009	2010	2011	2012
通信	0.65	0.72	0.86	0.87	—	—	—	—
建筑	3.58	3.57	4.96	7.55	5.20	8.19	5.91	4.68
保险	0.32	0.28	0.41	0.51	0.35	0.28	0.64	0.63
金融	0.02	0.02	0.02	0.02	0.02	0.06	0.03	0.07
计算机与信息	2.68	2.42	3.01	2.72	—	—	—	—
专利与许可	0.13	0.15	0.20	0.28	0.30	0.50	0.28	0.32
其他商业服务	0.82	0.84	0.89	0.87	1.49	1.56	1.54	1.52
个人文化娱乐	0.56	0.49	0.93	1.38	0.13	0.14	0.15	0.19
政府服务	2.04	2.10	1.77	1.82	2.36	2.16	1.59	2.00

表4-20 2005—2012年日新两国服务贸易总体和分部门的相对竞争指数（RTC）

部门	2005	2006	2007	2008	2009	2010	2011	2012
总体	0.79	0.77	0.68	0.70	0.82	0.72	0.70	0.68
运输	0.92	0.94	0.96	0.89	0.62	0.67	0.69	0.75
旅游	1.01	0.63	0.68	0.67	0.66	0.62	0.46	0.62
通信	0.36	0.33	0.38	0.36	—	—	—	—
建筑	6.74	9.15	9.01	9.92	6.90	6.90	5.33	5.82
保险	0.34	0.62	0.58	0.34	0.19	0.24	0.43	0.00
金融	0.57	0.54	0.43	0.36	0.26	0.20	0.20	0.23
计算机与信息	1.11	0.62	0.64	0.41	—	—	—	—
专利与许可	9.81	11.53	12.53	12.66	15.16	18.29	13.36	12.81
其他商业服务	0.65	0.70	0.69	0.76	1.40	1.45	1.46	1.12
个人文化娱乐	0.27	0.39	0.43	0.50	0.22	0.20	0.24	0.36
政府服务	6.45	6.15	6.26	6.26	6.07	6.71	7.56	8.23

表4-21 2005—2012年韩新两国服务贸易总体和分部门的相对竞争指数（RTC）

部门	2005	2006	2007	2008	2009	2010	2011	2012
总体	0.75	0.74	0.73	0.77	0.76	0.74	0.69	0.75
运输	1.37	1.33	1.35	1.39	0.98	1.09	1.01	1.01
旅游	1.05	0.90	0.79	1.00	1.09	0.79	0.79	0.75
通信	0.89	1.01	0.67	0.65	—	—	—	—
建筑	9.73	14.72	14.97	16.24	14.07	12.57	11.51	12.92
保险	0.15	0.22	0.32	0.28	0.13	0.16	0.20	0.16
金融	0.41	0.46	0.49	0.42	0.22	0.24	0.26	0.20
计算机与信息	0.12	0.33	0.39	0.21	—	—	—	—
专利与许可	2.36	2.42	1.65	1.93	3.90	3.49	3.04	1.99
其他商业服务	0.50	0.50	0.53	0.39	0.70	0.93	0.91	1.01
个人文化娱乐	1.67	2.11	2.20	2.83	1.21	1.36	2.12	3.27
政府服务	8.74	8.88	8.71	5.35	4.88	4.28	4.67	4.28

表4-22至表4-25的数据反映了中日韩新四国与东盟其他国家整体的服务贸易出口相对竞争强度。从总体上看，相对于东盟其他国家，中国的服务贸易出口竞争优势仍然较弱；而日韩两国则与除新加坡外的东盟国家的RTC指数均大于1，相对竞争优势更明显；新加坡的相对竞争优势地位对其他东盟国家亦是如此。从具体服务部门上看，中日韩新四国对东盟其他国家的服务贸易出口部门RTC指数上具有的相对竞争优势与其各自的互补性优势一致，因此，也可以得出中日韩新四国对东盟其他国家的服务贸易结构互补性大于竞争性的结论。

表4-22 2005—2011年中国与东盟其他国家服务贸易总体和分部门的相对竞争指数（RTC）

部门	2005	2006	2007	2008	2009	2010	2011
总体	0.69	0.69	0.66	0.71	0.66	0.68	0.63
运输	0.88	1.09	1.20	1.16	1.19	1.43	1.33
旅游	0.91	0.79	0.65	0.59	0.67	0.59	0.55
通信	0.17	0.21	0.29	0.38	—	—	—
建筑	1.31	0.98	1.44	2.21	2.67	5.11	6.29
保险	1.87	1.22	1.13	1.61	1.51	1.75	3.03
金融	0.14	0.13	0.16	0.27	0.48	1.11	0.51
计算机与信息	2.14	2.66	2.19	1.51	—	—	—
专利与许可	0.42	1.73	2.11	1.16	0.61	1.57	1.32
其他商业服务	1.67	1.76	1.97	1.85	1.42	1.25	1.38
个人文化娱乐	0.07	0.13	0.28	0.28	0.08	0.19	0.17
政府服务	0.61	0.54	0.54	0.53	0.71	0.59	0.49

表4-23 2005—2011年日本与东盟其他国家服务贸易总体和分部门的相对竞争指数（RTC）

部门	2005	2006	2007	2008	2009	2010	2011
总体	1.20	1.21	1.10	1.21	1.21	1.12	1.09
运输	1.38	1.53	1.52	1.40	1.61	1.87	1.74
旅游	0.26	0.16	0.15	0.16	0.17	0.19	0.15
通信	0.09	0.10	0.13	0.16	—	—	—
建筑	2.46	2.51	2.61	2.90	3.54	4.31	5.68
保险	1.99	2.71	1.59	1.09	0.82	1.48	2.02
金融	3.30	4.40	3.98	4.64	6.58	3.46	3.02

续表

部门	2005	2006	2007	2008	2009	2010	2011
计算机与信息	0.89	0.68	0.46	0.23	—	—	—
专利与许可	31.80	133.38	135.63	51.74	30.85	57.87	62.64
其他商业服务	1.32	1.46	1.52	1.62	1.34	1.17	1.30
个人文化娱乐	0.04	0.10	0.13	0.10	0.14	0.27	0.27
政府服务	1.92	1.59	1.89	1.83	1.81	1.82	2.33

表4-24 2005—2011年韩国与东盟其他国家服务贸易总体和分部门的相对竞争指数（RTC）

部门	2005	2006	2007	2008	2009	2010	2011
总体	1.14	1.16	1.17	1.34	1.13	1.14	1.07
运输	2.19	2.42	2.22	2.10	2.66	3.05	2.66
旅游	0.34	0.27	0.23	0.20	0.18	0.22	0.26
通信	0.24	0.27	0.28	0.41	—	—	—
建筑	2.28	2.30	3.51	4.67	6.01	7.70	11.82
保险	0.16	0.55	0.59	0.82	0.85	0.98	0.73
金融	1.58	2.37	3.33	5.57	8.33	5.38	3.24
计算机与信息	0.08	0.05	0.08	0.18	—	—	—
专利与许可	7.59	31.63	27.24	10.54	4.93	9.04	13.62
其他商业服务	1.05	1.06	1.15	1.10	0.83	0.58	0.70
个人文化娱乐	0.08	0.20	0.49	0.58	0.70	1.69	1.98
政府服务	2.91	2.58	3.01	2.53	2.04	1.32	1.63

表4-25　2005—2011年新加坡与东盟其他国家服务贸易总体和分部门的
相对竞争指数(RTC)

部门	2005	2006	2007	2008	2009	2010	2011
总体	1.52	1.57	1.60	1.74	1.48	1.55	1.56
运输	1.57	1.68	1.63	1.58	1.97	2.19	2.70
旅游	0.22	0.22	0.22	0.23	0.23	0.22	0.24
通信	0.27	0.28	0.31	0.41	—	—	—
建筑	0.44	0.51	0.36	0.32	0.40	0.47	0.84
保险	5.49	4.77	4.06	3.72	2.68	3.53	5.51
金融	6.73	7.49	8.12	12.03	17.10	12.94	14.87
计算机与信息	0.94	0.88	0.63	0.54	—	—	—
专利与许可	1.95	11.36	11.56	4.35	2.98	4.69	3.49
其他商业服务	2.08	2.21	2.32	2.21	1.56	1.48	1.00
个人文化娱乐	0.15	0.26	0.30	0.28	0.32	0.60	1.64
政府服务	0.33	0.29	0.34	0.29	0.23	0.25	0.34

五、东亚区域服务贸易结构测度与服务贸易自由化贸易效应评价

通过本节对东亚区域服务贸易结构紧密性、互补性和竞争性的测度分析,可以得出如下结论:

第一,东亚各经济体的双边服务贸易发展迅速,整体服务贸易结合度较高,相互贸易联系紧密,具有继续深化贸易往来和实现贸易扩大效应的基础和条件。

第二,综合各项指数测度评价,东亚主要经济体的服务贸易综合比较优势较弱,新加坡的综合比较优势最高,中国相对最弱。但在东亚主要经

济体中，中国在服务贸易方面的优势主要体现在旅游、通信、建筑、计算机与信息和其他商业服务方面；日本在运输、建筑、专利与许可、其他商业服务和政府服务方面具有优势；韩国在运输、建筑和个人文化娱乐方面比较突出；新加坡则在运输、保险和金融以及通信服务中占据优势；东盟其他国家则在旅游和其他商业服务中具有一定优势。

第三，东亚主要经济体之间总体上存在着显著且稳定的服务贸易互补关系。其中，中日韩三国间的服务贸易互补性大于中日韩三国与东盟国家各自双边服务贸易互补性，中韩两国的服务贸易互补性大于中日两国的服务贸易互补性。就具体服务部门而言，相互的贸易互补领域与各经济体服务贸易出口部门的相对竞争优势基本一致。

第四，东亚主要经济体间的服务贸易结构互补性大于竞争性。根据TCI指数的测度，除中国和新加坡、日本和东盟间的互补性略弱外，其他经济体间双边出口均呈现显著的互补性。而TC指数和RTC指数的测度，则反映在东亚经济体间服务贸易总体互补的基础上，新加坡、日本和韩国的竞争优势更突出，具有较强的服务贸易竞争力。从服务贸易部门角度看，运输、旅游、建筑和其他商业服务方面存在一定竞争。

由上述对东亚国家服务贸易结构的紧密性、互补性和竞争性的测度与对比，结合区域服务贸易自由化福利效应的理论分析观点，可以看到，如果参与区域服务贸易自由化前的东亚各经济体出口之间均能形成互补关系，则反映其形成专业化分工和规模经济效应将可能最为明显，同时，叠加技术和网络溢出效应和经济增长效应、区域服务贸易自由化带来的整体福利效应最强；如果参与区域服务贸易自由化前的一方经济体与大部分成员出口之间具有互补性，与个别成员出口之间存在竞争性，那么其付出的服务贸易自由化成本将高于完全具有互补性的经济体，但获得的服务贸易自由化的福利水平，则将是以专业化分工和竞争效应为主的综合效果。如果参与区域服务贸易自由化前的一方经济体与其他成员出口之间竞争性大于互补性，那么在付出服务贸易自由化成本的同时，还需要判断其竞争正负效应的大小，以最终确定其开展区域服务贸易自由化的福利水平。

根据表4-26和4-27的结果,可以得出对当前东亚主要经济体之间贸易结构的综合互补性和竞争性的评价。其中,中国与新加坡的贸易关系为(竞争,竞争),反映了两国在缺少服务贸易互补性的情况下,新加坡的服务贸易相对竞争优势十分突出,实现服务贸易自由化过程中会付出较大的成本,需要进行制度协调,以期获得服务贸易的福利增进(两国双边服务贸易协议2009年1月1日已生效)。日本与韩国的贸易关系为(互补+竞争,互补+竞争),说明两者在服务贸易结构互补的基础上,存在相当的竞争优势。在实现服务贸易自由化中会产生一定的竞争负效应,但同时也能获得竞争正效应和其他福利效应,总体会实现服务贸易自由化的相关收益。

表4-26　东亚主要经济体间服务贸易出口的TCI指数和RTC指数的均值

出口方＼进口方	中国	日本	韩国	新加坡	东盟
中国	—	1.07(1.73)	1.14(1.74)	0.86(2.38)	1.06(1.49)
日本	1.05(0.58)	—	1.30(1.01)	1.04(1.37)	0.97(0.86)
韩国	1.09(0.56)	1.18(0.99)	—	1.08(1.35)	1.06(0.86)
新加坡	0.92(0.42)	1.27(0.73)	1.08(0.74)	—	1.06(0.64)
东盟	1.06(0.67)	1.21(1.16)	1.25(1.16)	1.21(1.57)	—

注:括号外数值表示2005—2012年两国间出口的TCI指数的均值,括号内数值表示2005—2012年两国间出口的RTC指数的均值。其中,东盟的计算为2005—2011年数据。

表4-27　东亚主要经济体间服务贸易的互补性和竞争性综合评价

出口方＼进口方	中国	日本	韩国	新加坡	东盟
中国	—	互补	互补	竞争	互补
日本	互补	—	互补+竞争	互补	互补
韩国	互补	互补+竞争	—	互补	互补
新加坡	竞争	互补	互补	—	互补
东盟	互补	互补	互补	互补	—

第三节 基于引力模型的东亚区域服务贸易自由化贸易效应水平分析

根据前文的分析,东亚主要经济体服务贸易结构的紧密性、互补性和竞争性既是推动区域服务贸易自由化的基础和前提,也会对服务贸易自由化的福利增进产生影响。在对东亚服务贸易结构特征分析的基础上,这里将以引力模型作为研究工具,对东亚主要经济体参与服务贸易自由化后,以服务贸易出口额为代表的贸易水平变动进行量化研究,进一步探讨推动东亚服务贸易自由化的经济意义。

一、引力模型的理论概述及其在服务贸易领域的适用性

20世纪60年代初,丁伯根(Tinbergen)等人首次将牛顿在物理学中的"引力法则"(两物体之间的引力与其质量乘积成正比,与它们之间距离的二次方成反比)引入国际贸易理论的研究中,认为双边的贸易流量与贸易双方的经济规模成正比,而与其物理距离成反比。具体表达为:

$T_{ij}=AY_iY_j/D_{ij}$

其中,T_{ij}为i国和j国两国的贸易量,Y_i、Y_j分别为两国的经济规模总量,A为常数,D_{ij}为两国间的距离。两国的经济总量分别反映贸易双方潜在的供给和需求能力,双方的距离则通过运输成本反映可能的贸易阻力因素,由此形成了基于贸易引力概念的一般模型。随着琳妮曼恩等将人口、汇率和政策文化等参数变量引入模型进行分析(Linnemann, 1966),引力模型逐渐成为应用于测算贸易潜力、鉴别贸易集团效果、分析贸易模式以及估计贸易壁垒边界成本等领域的定量分析工具(盛斌, 2004)。

随后,安德森和麦柯莱伦等学者不断从引力模型本身的理论推导解释入手,先后在"阿明顿假设"(Arminton Assumption)的基础上,推导出贸易引力模型的最简化形式;用"多边阻力"(multilateral resistance)对传统引力模型进行革新,探讨双边贸易量受到双边贸易壁垒影响的同时,与两

国和其他贸易伙伴间的壁垒关系影响(Anderson, 1979; McCallum, 1995; Anderson, Wincoop, 2003; 苏阳, 2012)。伯格斯坦、海尔普曼和克鲁格曼等则从国际贸易理论研究出发,对增加人均收入变量、整合引力模型与要素禀赋理论进行尝试,用以检验和解释影响贸易发展的因素,同时开始对原始模型进行修正和扩展,取得了良好的分析效果(Bergstrand, 1985, 1989; Helpman, Krugman, 1995; Deardoff, 1995; Evenett, Keller, 2002; 聂翔, 2008)。由此,各种扩展的引力模型在货物贸易领域的研究和应用得以广泛发展。

2001年,弗兰西斯首次将引力模型应用到服务贸易领域,利用贸易双方的人均GDP和绝对距离作为解释变量,对双边服务贸易的引力模型进行了回归分析(Francois, 2001)。但是在国际贸易领域,由于涉及领域众多,服务贸易本身又包含多种提供方式,例如,商业存在作为服务提供的主要方式,数据收集非常困难,使得服务贸易统计始终是国际贸易统计中的薄弱环节。近年来,特别是OECD国家的双边服务贸易数据库公布后,部分学者得以开始利用引力模型对服务贸易的决定因素进行分析,但在区域服务贸易自由化效应问题上的研究仍十分有限,且存在不同的结论和分歧。格鲁菲格等利用引力模型对22个OECD国家1999年的服务贸易截面数据进行量化研究,显示服务贸易自由化对一国的服务出口潜力提升不超过50%(Grufeld, Moxnes, 2003)。而另有学者却在引入虚拟变量拓展引力模型的条件下,得到区域贸易安排对货物和服务贸易出口均产生显著影响,而且对服务贸易的影响更大的结论(Kimura, Lee, 2004)。古尔林和周念利则根据服务贸易自由化承诺深度对区域贸易安排进行了分类,利用面板数据对双边服务贸易引力模型进行了评估,其结论是区域服务贸易自由化的深入有助于提升区域内贸易(Gullin, 2011; 周念利, 2012)。

综合来看,引力模型在服务贸易领域的应用仍相对薄弱,对于区域服务贸易自由化福利效应研究尚待加强。就具体研究方法来看,主要围绕三个方向:一是修正和扩展解释变量,包括逻辑变量的扩展和外延型变量的增加(周念利, 2010);二是改进模型的估计方法,集中表现为截面数据分析向面板数据分析转移和统计分析模型的优化(Walsh, 2006; Egger,

2002）；三是将引力模型引入服务贸易具体部门的行业研究，例如，国内学者利用贸易引力模型研究信息技术对服务贸易的促进作用（黄建锋，陈宪，2005），长三角和珠三角地区在服务贸易领域的边界问题（王晔倩，林理升，2006）等。本节将在吸收和借鉴上述研究和经验的基础上，尝试基于面板数据，通过引入新的解释变量，对东亚主要经济体间服务贸易出口流量变动进行预测，并以此判断推动东亚服务贸易自由化对东亚经济体的福利水平是否有所变化。

二、模型、样本和数据

1.扩展的贸易引力模型

基于丁伯根国际贸易引力模型的基本形态，即在双方的贸易规模和物理距离之外，人均国民收入也作为解释变量被引入模型，其自然对数的表达形式为：

$$\ln X_{ijt} = a_{ij} + \beta_1 \ln Y_{it} Y_{jt} + \beta_2 \ln (Y_{it}/P_{it})(Y_{jt}/P_{jt}) + \beta_3 \ln d_{ij} + \varepsilon_{ijt} \quad (4-15)$$

根据引力模型的经验研究，采用自然对数形式可以使引力公式线性化，同时减少数据中的异常点，尽量避免数据残差的非正态分布和异方差的出现（张海森，谢杰，2008）。同时，结合东亚主要经济体服务贸易结构互补性和竞争性的特征，针对各经济体参与区域服务贸易自由化的福利效应分析，通过引入是否签订服务贸易协议（SFTA）作为虚拟解释变量，得到扩展的引力模型方程为：

$$\ln X_{ijt} = a_{ij} + \beta_1 \ln \text{GDP}_{it} + \beta_2 \ln \text{GDP}_{jt} + \beta_3 \ln \text{PGDP}_{it} + \beta_4 \text{PGDP}_{jt} + \beta_5 \ln d_{ij} + \beta_6 \text{SFTA}_{ijt} + \varepsilon_{ijt} \quad (4-16)$$

其中，因变量 X_{ijt} 为 t 期 i 国对 j 国的服务贸易出口额，a_{ij} 为常数项，β_1，β_2，…，β_6 为待估参数，ε_{ijt} 为随机干扰项。表4-28是扩展的引力模型中解释变量的含义与理论解释。

表4-28　扩展的引力模型中解释变量的含义、预期符号和理论解释

解释变量	含义	预期符号	理论解释
GDP_{it}	出口国 i 的名义国内生产总值	+	用出口国的国内生产总值作为解释变量，反映服务贸易供给方面对双边的贸易流量的影响。经济规模越大，双方的贸易流量就越大
GDP_{jt}	进口国 j 的名义国内生产总值	+	用进口国的国内生产总值作为解释变量，反映服务贸易需求方面对双边的贸易流量的影响。经济规模越大，双方的贸易流量就越大
$PGDP_{it}$	出口国 i 的人均名义国内生产总值	+	用出口国的人均国内生产总值作为解释变量，代表出口国的经济发展水平和出口能力，与双边贸易流量成正向关系
$PGDP_{jt}$	进口国 j 的人均名义国内生产总值	+	用进口国的人均国内生产总值作为解释变量，代表进口国的经济发展水平，随着人均收入增长，对进口需求数量与差异化产品的进口需求都会增高
d_{ij}	i 国和 j 国之间的物理距离	不确定	反映服务贸易双方的贸易成本，是阻碍货物贸易的重要因素，但既有文献表明距离和服务贸易流量的相关性尚不明确
$SFTA_{ijt}$	虚拟变量，表示 i 国与 j 国之间是否缔结服务贸易自由化安排，是取1，否则取0	+	既有东亚经济体间签署的服务贸易自由化协定生效后对服务贸易产生的影响尚没有文献加以验证，预期其对东亚地区经济体双边服务贸易流量具有正向关系

根据已有的文献研究情况，结合对东亚区域服务贸易自由化研究的实际特点，我们对上述模型中部分统计指标选择做以下说明。一方面，目前东亚主要经济体间已生效的自由贸易协定中，大部分包括了服务贸易自由化条款并已逐步付诸实施。双边服务贸易自由化的实施有利于降低两国

间的贸易壁垒,降低交易成本,扩大服务贸易流量,因此预期其符号为正,从而借此预测一国参与东亚区域服务贸易自由化的福利增进可能(李丹,2012)。另一方面,由于服务贸易区别于货物贸易的特点之一是具有无形性,有些服务的提供需要空间上的移动得以实现,有些服务则可通过网络等无形空间完成。因此,物理距离对于服务贸易而言,其重要性有所降低;当预期符号为正时,说明该国的服务贸易发展正以新型服务贸易形式为主,距离影响不大;当预期符号为负时,意味着传统服务贸易仍然占据主导地位(Walsh,2006)。

2. 样本的采用及说明

本书将对2001—2012年中国、日本、韩国和新加坡之间的双边服务贸易出口流量的面板数据进行引力模型回归测算,力图寻找一个东亚经济体的双边服务贸易出口的引力方程,以反映在东亚地区开展服务进出口贸易的影响因素。基于数据的可得性、东亚区域服务贸易发展现状和新加坡在东盟国家服务贸易发展中的代表性,上述经济体互为主要服务贸易伙伴,贸易规模巨大,并基本涵盖了东亚地区服务贸易总量的绝大部分,部分签署了双边或区域服务贸易安排,服务贸易联系紧密,贸易结构互补性强,竞争适度,服务贸易产业内贸易具有较高水平,具有较强的代表性。因此,通过对上述四个经济体的服务贸易出口流量进行测度,从中识别对东亚双边服务贸易出口具有显著性影响的因素,进而衡量和预测东亚区域服务贸易自由化对地区各经济体的贸易效应影响。

3. 数据来源和计量方法

本书选择的2001—2012年中国、日本、韩国和新加坡之间的双边服务贸易出口流量的面板数据来自联合国国际服务贸易统计数据库(UN Service Trade)和经济合作发展组织(OECD)State Extracts数据库。2001—2012年各样本经济体的GDP和人均GDP数据来自国际货币基金组织WEO数据库。各经济体间的距离数据仍采取传统引力模型的方法,计算两个经济体首都之间的直线距离,数据来源于Geobytes网站的"距离计算器"。有关双边和区域涉及服务贸易自由化的协定或条款签署和生效时间来自世界贸易组织(WTO)的RTA Database数据库,其中,中国、日本和韩国均与新加坡和东盟签订自由贸易协定,涉及了不同水平的服务贸易自由化条款;但中日韩三国间则尚未达成任何贸易自由化协议(表4-29)。此外,由于东盟其他国家的服务贸易数据缺失,未将其样本纳入讨论之中,存在一定的评价局限性。

表4-29 服务贸易出口流量的基本数据描述性统计情况

解释变量	平均数	方差	标准差	最大值	最小值
服务贸易出口额	6 674 858 478	1.348 41E+21	3 338 245 851	15 052 350 000	1 386 900 000
样本国的GDP	2 436.217 917	747 979 971.8	2 287.056 88	8 386.677	89.285
样本国的人均GDP	23 771.276 88	34 489 347 772	15 530.107 86	54 007.304	1 032.099
空间距离	3 101.833 333	440 554 244	1 755.220 473	5 238	954
是否签订SFTAs	0.305 555 556	30.555 555 56	0.462 250 164	1	0

注:详细的原始基本数据情况见附录A。

模型采用普通最小二乘法(OLS),基于面板数据,分别针对上述四个经济体的引力方程式(4-16)进行多元线性回归分析。通过对数变换基本能够克服异方差问题,但可能出现变量的内生性(Cyrus, 2002)、多重共线性或忽略双方某些特定效应形成的误差(Matyas, 1997),可能导致模型回归结果有一定误差。

三、实证研究结果与分析

本书通过计量经济学软件Eviews8.0对上述服务贸易引力方程式进行回归分析。根据卡巴西之前的研究,在个别双边服务贸易流量缺失的情况下,为便于取对数,则以0.025代替0值计算(Kalbasi, 2001)。首先分别使用面板混合回归模型、固定效应模型和随机效应模型对式(4-16)进行回归估计(见表4-30)。

表4-30　引力模型的回归结果

解释变量	面板混合回归模型	固定效应模型（FEM）	随机效应模型（REM）
GDP_i (β_1)	1.167 919*** （7.471 899）	1.454 202*** （8.964 203）	1.192 080*** （8.111 493）
GDP_j (β_2)	1.344 659*** （8.407 858）	1.673 758*** （9.818 982）	1.372 323*** （9.099 981）
$PGDP_i$ (β_3)	0.561 909*** （3.010 002）	0.758 148*** （4.148 488）	0.577 114*** （3.306 399）
$PGDP_j$ (β_4)	0.739 812*** （3.823 061）	0.974 373*** （5.075 486）	0.758 197*** （4.185 028）
d_{ij} (β_5)	−4.277 608*** （−10.840 80）	−4.378 230*** （−11.861 91）	−4.290 315*** （−11.677 19）
SFTA (β_6)	6.834 403*** （11.494 97）	7.629 083*** （13.090 05）	6.913 549*** （12.426 12）
C 常数项	−36.034 06*** （−3.562 355）	−58.133 98*** （−5.249 559）	−37.839 86*** （−3.954 013）
R^2	0.780 024	0.824 874	0.778 692
调整 R^2	0.770 390	0.801 246	0.769 000
F 检验值	80.965 73	34.910 77	80.341 28
D−W 值	2.177 947	2.482 706	2.204 707

注：括号中数值表示为估计系数的t统计量，***表示在1%水平上显著。详细的引力模型估计结果见附录B。

根据表4-30，结合不同估计方法的特点，面板混合回归模型、固定效应模型和随机效应模型在上述解释变量的拟合效果和统计检验中均呈现相对一致的结果，拟合优度和显著性检验效果较好，各变量与模型解释变量的预期符号一致。基于混合回归方法在反映时间和样本个体等因素对双边贸易流量的影响的局限性（周念利，2010），选用随机效应模型较面板混合回归方程进行的回归估计更为理想，与艾格、沃尔什在对引力模型进行回归估计时,分别就比较不同估计方法对测算结果评价的看法基本一致(Egger, 2002; Walsh, 2006)。据此,以随机效应回归模型的计算结果,对影响东亚区域内双边服务贸易流量具有显著性的因素加以识别解释,可以得到如下结论:

(1)进出口国双方GDP(经济规模)、进出口国双方的人均GDP(经济发展水平)、空间距离和是否缔结区域服务贸易自由化相关安排的虚拟变量均对东亚经济体服务贸易出口具有统计显著性。其中,距离变量对东亚经济体服务贸易出口具有负向影响,其他解释变量均与预期符号一致,具有正向影响。

(2)就对服务贸易出口的影响程度而言,进出口双方GDP和人均GDP影响明显,但双方经济规模扩张对出口产生的促进作用要高于经济发展水平提升的影响。其中出口国GDP每增长1%会带来其服务贸易出口额增长约1.19%,进口国GDP每增长1%会带来对方服务贸易出口额增长约1.37%;出口国和进口国人均GDP每增长1%,带来的服务贸易出口额增长仅为0.58%和0.76%。同时,进口国在服务贸易出口增长上的促进作用也高于出口国,反映了在东亚区域服务贸易发展中,进口国的服务需求水平具有更大的影响力和话语权。

(3)距离对于东亚经济体双边服务贸易出口影响为负,即随着距离的增加,服务贸易出口额下降。反映了东亚地区服务贸易出口结构仍有待优化,知识密集型服务业发展水平仍不高,东亚地区主要经济体传统服务产业在服务贸易发展中占主导地位的现状尚未改变。同时,空间距离的影响要大于进出口双方GDP和人均GDP产生的影响,说明服务贸易结构升级调整的压力较大。

(4)签订区域服务贸易自由化相关安排对东亚经济体服务贸易出口额也呈现显著的正向影响,反映了在传统货物贸易自由化基础上,区域服务贸易自由化协议的签订,可以促进东亚地区双边服务贸易发展。未来东亚区域服务贸易自由化的深化对各经济体具有一定经济福利增进的效果。

上述结果表明,在东亚地区双边服务贸易发展中,进出口双方的经济和市场规模、经济发展水平、空间距离等因素都对增加服务贸易机会,促进服务贸易规模增长产生重要影响。空间距离的负向作用,也反映了东亚地区仍主要以传统服务业和服务贸易发展为主,与前文对于东亚地区贸易互补性和竞争性的分析基本一致。同时,相关区域服务贸易自由化机制安排对扩大服务贸易出口具有积极作用,可以成为促进地区国家经济增长的重要手段,有利于提升各国的经济福利水平。因此,进一步探讨推动东亚区域服务贸易自由化的经济意义:一方面在于探寻服务产业自身升级,由传统劳动密集型服务业向现代知识密集型服务业转型发展,反映为人均经济发展水平影响的增强,空间距离的负向效应减弱;另一方面在于寻求东亚区域整体的服务贸易自由化,加强国家间政策协调,破除制约服务流动的壁垒与阻碍,推动实现东亚各国经济的持续增长。

此外,由于部分政治、历史和文化等因素难以量化处理,导致上述扩展的引力模型可能忽略了其他某些产生影响的要素和变量。同时,受制于其他东亚国家服务贸易数据的可得性,本书未能针对更多东亚国家双边服务贸易流量和分服务行业部门的贸易流量进行研究,有待于今后继续研究和认识,并逐步加以解决。

第四节 本章小结

本章首先基于传统比较优势理论适用于服务贸易理论分析的观点,认为贸易自由化在提高经济效益和经济福利水平方面的作用,在服务贸易领域同样适用,并对东亚区域服务贸易自由化的积极作用明显。首先,在对贸易创造与贸易转移模型扩展的基础上,区域服务贸易自由化带来的静态贸易效应得以显现;同时,加入动态因素的区域服务贸易自由化研究,也更好地反映了生产要素的跨境流动,以及专业化分工和规模经济对服务贸易的促进作用,从而得以全面认识区域服务贸易自由化带来的实际贸易效应。

其次,基于对东亚各经济体之间服务贸易结构的紧密性、互补性和竞争性分析,评估东亚区域服务贸易自由化开展的潜在福利水平。一是东亚各经济体的双边服务贸易发展迅速,整体服务贸易结合度较高,为继续深化服务贸易往来和实现贸易扩大效应奠定了基础。二是东亚主要经济体服务贸易发展整体优势仍然较弱,但相互间存在着显著且稳定的服务贸易互补关系。三是东亚主要经济体间的服务贸易结构互补性大于竞争性,但需要结合区域服务贸易自由化福利效应的理论分析观点,综合确定不同国家参与服务贸易自由化的福利水平。

最后,在对东亚服务贸易结构特征进行分析的基础上,以扩展的服务贸易引力模型作为研究工具,对东亚主要经济体参与服务贸易自由化,以服务贸易出口变动为代表的福利水平变动效果进行量化研究,评价了东亚区域框架下实现服务贸易自由化对包括中国、日本、韩国和以新加坡为代表的东盟经济体可能产生的贸易效应。认为相关区域服务贸易自由化机制安排对扩大服务贸易出口具有积极作用,可以成为促进地区国家经济增长的重要手段,有利于提升各国的经济福利水平。推动东亚服务贸易自由化的经济意义主要在于寻求东亚区域整体的服务贸易自由化,或者说东亚区域服务贸易一体化,以实现各国福利水平的有效提升。

第五章　东亚区域服务贸易自由化合作路径研究
——基于博弈理论的分析框架

不同国家和地区经济实力和服务业发展的差异，各国国内利益集团对贸易政策的不同影响力，通常会使服务贸易自由化的发展呈现出与理想状态自由贸易不同的特征。现实中的区域服务贸易自由化是国内外政策协调和谈判，各方利益相关者的政治和妥协的结果，是各方利益均衡的产物。因此，从经济理论上讲，区域服务贸易自由化协定的达成是各国或地区政策协调和博弈的结果。

本章将借助博弈理论的相关工具和经验研究，对东亚区域服务贸易自由化进行合作路径分析。首先，通过静态博弈分析对东亚区域服务贸易自由化的合作前提和行动态度进行分析，探讨东亚区域服务贸易自由化合作的必要性，进而利用东亚经济体服务业发展及服务贸易的合作博弈和非合作博弈比较，反映开展区域服务贸易自由化的深层原因和积极作用。其次，根据轮流出价和重复议价的讨价还价模型，研究服务贸易自由化协议的签订与执行不同阶段的机制特征和政策预期。最后，观察和理解区域服务贸易自由化协议签订与国内利益集团影响的互动关系，从而全面地评价东亚区域服务贸易自由化的合作路径和机制作用。

第一节　东亚区域服务贸易自由化的合作博弈分析

博弈理论从参与人的先后顺序划分为静态博弈（Static game）和动态博弈（Dynamic game）。前者反映博弈中参与人同时或在不知道对方的行动的情况下选择行动;后者则指参与人根据各方先后行动的选择而进行活动的博弈(谢识予,2002)。本节将通过对区域服务贸易自由化合作静态博弈中的占优战略均衡进行分析,揭示东亚区域服务贸易自由化合作的前提和必要性;同时,在服务业要素流动和服务环节全球再分配的背景下,借助萨卡齐伯拉等人在2007年创建的基于对服务外包跨国合作模型的扩展,通过动态博弈分析对推动东亚区域服务贸易自由化的深层原因和积极作用进行理论解释。

一、东亚区域服务贸易自由化合作前提——基于占优战略均衡分析

一般来说,在参与区域服务贸易自由化过程中,一国(或地区)的福利效应(支付)是参与服务贸易自由化的所有经济体战略的函数,因此每个国家(或地区)的最优战略选择依赖于所有其他参与方的战略选择。但在博弈理论分析中,有一类特殊的博弈,即一国的最优战略可能不依赖于其他参与方的战略选择,也就是说,它的最优战略选择是唯一的,称为"占优战略"(dominant strategy)(张维迎,1996)。本节将通过对不同国家在囚徒困境和智猪博弈条件下占优战略的选择,说明东亚区域服务贸易自由化开展合作的必要性。

1. 基于囚徒困境模型的分析

假设东亚区域内两个经济体M国和N国,考虑如何选择策略,以期获得更大的服务贸易利益。双方的策略选择均为"自由化"和"贸易保护",前者力图通过既有贸易格局扩大,寻求获得服务贸易自由化的福利效应;后者,则希望推行贸易保护政策,获得关税收入,扶持和保护国内服务产业。具体决策矩阵如图5-1、图5-2和图5-3。

N 国

		自由化	贸易保护
M 国	自由化	R_M, R_N	S_M, T_N
	贸易保护	T_M, S_N	P_M, P_N

图5-1 囚徒困境模型中的贸易决策选择1

		N国	
		自由化	贸易保护
M国	自由化	R_M, R_N	S_M, T_N-p
	贸易保护	T_M-p, S_N	P_M-p, P_N-p

图5-2 囚徒困境模型中的贸易决策选择2

		N国	
		自由化	贸易保护
M国	自由化	R_M-lp, R_N-lp	S_M-lp, T_N-hp
	贸易保护	T_M-hp, S_N-lp	P_M-hp, P_N-hp

图5-3 囚徒困境模型中的贸易决策选择的扩展解释

其中，R_M，R_N是两国采取自由化策略时的支付，P_M，P_N是两国采取贸易保护策略时的支付，T_M，T_N和S_M，S_N分别是M国和N国一方采取贸易保护策略，而另一方采取自由化策略时的支付。所有支付均满足$T>R>P>S$的福利效应条件。就占优战略均衡而言，显然两国均选择贸易保护为纳什均衡解。但是，两国均为推行服务贸易壁垒作为具体策略的收益小于双方均推行自由化的收益，纳什均衡解（贸易保护，贸易保护）对双方并不是最优的；在外部条件没有调整的情况下，现有的纳什均衡解不会改变。

如果期望增加双方更大的福利收益，使（自由化，自由化）成为最终结果，则只有通过签订服务贸易自由化协议得以实现。如图5-3，如果引入对选择贸易保护策略的给予惩罚成本p，使得p足够大，导致$T-p<R$，那么该博弈的纳什均衡就成为（自由化，自由化）。就此可以说明，东亚区域服务贸易自由化实现的必要性在于福利的增加大于保护主义的收益，而自由化的前提在于各经济体间能够形成有约束力的服务贸易协议。和则两利，分则两失，通过一定机制的约束将非合作博弈的囚徒困境，转化为合作博弈中的双方收益扩大，也反映了当前东亚双边和区域服务贸易自由化不断深化的重要原因。

2. 基于囚徒困境模型的扩展和修正

需要说明的是，吉博斯的研究认为，在贸易策略的执行和实施中，博弈过程中可能会出现外部执行的正误可能性（Gibbons，1992），图5-3对上述模型进行扩展和修正。在现实服务贸易实践中，贸易政策的执行者由于失误、信息不足或动机不纯可能会对相应策略结果产生影响。尽管这种情况出现的概率比较小，但也需要将其考虑在均衡结果的判断之中。为此，用h表示对实施"贸易保护"策略的行为者进行惩罚的概率，l表示对实施自由化策略行为者进行惩罚的概率，即其做出错误判断的可能性，为了符合一般性，设定$0<l<h<1$。在这种情况下可以看到，当$p>\dfrac{T-R}{h-l}$时，纳什均衡也可以有（自由化，自由化）的结果（石岿然，章晓，2008），对囚徒困境模型分析与结论的说明更为严谨。

3.基于智猪博弈分析的比较性说明

由于东亚地区各经济体的规模和发展水平存在差异，实施区域服务贸易自由化进程中步伐和节奏各不相同，因此绝大多数博弈难以实现完全的占优战略均衡选择。例如，中国与东盟国家间很难实现完全对等的服务贸易关税减免，或完全的服务市场准入减除；但是我们仍然可以应用占优的逻辑寻找实现纳什均衡的可能，即寻求重复剔除的占优均衡。

		东盟 自由化	东盟 贸易保护
中国	自由化	3, 1	2, 4
中国	贸易保护	7, -1	0, 0

图5-4　智猪模型中的贸易决策选择

如图5-4的支付矩阵，由于东盟国家内部发展水平参差不齐，难以迅速就服务贸易自由化做出统一的判断和决策；而中国作为东亚最大的经济体和全球最大的新兴发展中国家，进行政策选择的余地和空间相对灵活。因此，可以在智猪博弈中由中国扮演"大猪"角色，而东盟扮演"小猪"角色，双方在区域服务贸易合作中的选择策略仍然为"自由化"和"贸易保护"。在此博弈中的均衡解（自由化，贸易保护）成为最终结果。

这一结果在某种意义上反映了中国在东亚区域服务贸易自由化中的决策趋势：在东盟内部缺少统一协调和共识的情况下，倾向保护的策略选择是正常的；中国在服务贸易自由化福利效应的长远思考中，应该选择主动合作，可以在服务贸易协议的签订中对东盟有一定利益倾斜，以获得先动者的制度优势，并可在经济发展和谈判与沟通中不断调整，最终形成比较完全的区域服务贸易自由化。

二、东亚区域服务贸易自由化中合作与非合作博弈模式比较分析

服务贸易和货物贸易的重要特征反映在时空一致性（Proximity），服务的生产和消费必须同时发生强调了服务贸易联合生产的特征。也就是说，服务贸易的本质在于通过生产要素的全球流动，使不同国家通过服务生产要素的共同使用和投入，确保服务提供和使用的时空一致性，即服务生产的共享。

因此，在服务贸易自由化进程中，各国间服务贸易合作的基础在于各自服务业发展和服务生产要素资源在产业内的整合、互补和投入程度，服务生产水平的提升影响着服务贸易的合作水平；同时，伴随各国间服务贸易开放水平的提高，在特定的服务产业结构上形成深度捆绑和双边锁定关系（刘征驰，赖明勇，2009；陈通，吴勇，2012），服务贸易自由化将带来巨大的合作收益。本节借助对关于服务外包的跨国合作模型的扩展（Sakakibara, 2003; Bandyopadhyay, Pathak, 2007），构建模型对东亚区域服务贸易自由化的合作基础进行博弈分析。

1. 模型的建立

首先，假设东亚区域内参与服务贸易自由化的国家有n个，即博弈的参与国集合为N，$N=(1, 2, 3, \cdots, n)$，$i \in N$，i表示第i个参与国。为简化问题，假设$n=2$，分别为参与国i和参与国j，两国的服务生产要素可以有效流动，最终服务的提供具有协作性，一方的最终服务产品生产有赖于另一方服务中间产品的提供，双方服务贸易关系稳定，且双方在生产和贸易中处于对等地位。设生产单位服务产品成本为C_i，它是参与国i拥有的服务生产要素存量（例如劳动、知识或信息存量）β_i的函数，且存在规模经济效应，即随着有效服务生产要素投入规模的增长而递减，如式（5-1）。

$$C_i = C_i(\beta_i) \text{ 且 } \partial C_i/\partial \beta_i < 0 \tag{5-1}$$

$$\beta_i = I_i + \alpha_i(I_i, \omega_{ij})\gamma_j I_j \tag{5-2}$$

其中，I_i是参与国i的服务生产要素的投入，I_j是参与国j的服务生产要素的投入，γ_j是参与国j的服务部门出口开放程度，取值范围为$[0, 1]$；γ值越接近0，说明参与国j的贸易保护程度越高，越接近1，则越趋于完全开放。

α_i是参与国i对参与国j的服务生产要素或中间产品的进口比率，其取值范围也为$[0, 1]$，它取决于自身对服务生产要素的投入水平和双方服务生产要素的转化程度ω_{ij}，且假定从参与国j进口的服务生产要素或中间产品与参与国i自身投入的生产要素没有重叠。ω_{ij}的取值范围也在0和1之间。就三者之间的关系而言，参与国i自身对服务生产要素投入比重的增加，意味着其自身服务提供能力的增强，对服务中间产品的需求增长，将促使其对服务进口规模扩大，即$(\partial \alpha_i)/(\partial I_i) > 0$；如果双方服务生产要素投入的转化程度低，说明两国服务产业属于差别迥异的生产领域，服务生产共享需求增大，即$(\partial \alpha_i)/(\partial \omega_{ij}) < 0$；同时，考虑两国服务贸易开放度越高，服务生产要素进口规模也随之增加，则$(\partial \alpha_i)/(\partial \gamma_j) > 0$。此外，还要假定两国在服务贸易开放时可能付出的各类成本，用$p(\gamma)$表示，随着两国开放程度和自由化水平不断增加，付出的各类成本（如竞争的负效应）也随之增加，即$p(\gamma) > 0$。

就上述模型设定需要说明的是，在现实服务贸易活动中，特别是服务贸易外包过程中，两国企业间往往寻求互补性上的协作服务生产，例如，在软件服务外包中，发包方企业投入的主要是业务需求分析知识，接包方企业投入的主要是熟练的编程技术，双方存在几乎完全的服务生产共享（刘征驰等，2013），因此，上述假设具有合理性。

其次，根据上述假设条件的设定，这里通过一个两阶段的动态博弈分析分别考察两国关于贸易开放程度(γ_i, γ_j)的博弈过程，反映贸易自由化合作水平；以及两国在服务生产要素投入和中间产品生产的博弈，反映推动两国服务贸易合作发展的动因和源泉。因此，就第一阶段博弈而言，即存在两种博弈模式,一是基于服务贸易自由化合作的博弈模式,即由两国签订服务贸易协议确定共同的服务贸易开放水平,寻求双方服务贸易自由化收益的最大化;二是基于服务贸易自由化非合作的博弈模式,即由两国针对对方的服务生产情况,确定各自服务贸易对外开放水平。在第二阶段动态博弈中,则只存在各自独立的决策模式,决定在第一阶段均衡基础上的双方服务生产要素投入水平。

最后,由于两国在服务生产和贸易上具有对等地位,我们在分析中只研究对称均衡的情况。具体而言,假定在合作或非合作博弈模式下,两国的服务贸易开放水平的最优决策均衡于相同的γ或双方商定的γ。因此,确定一国i在博弈中的净收益函数为:

$$E_i = \beta_i - C_i - I_i - p(\gamma_i) \tag{5-3}$$

这里i国从服务贸易中获得的总收益用β_i表示,以此反映服务贸易为一国服务产业整体发展带来的福利效应提升。生产成本C_i、服务生产要素的投入I_i和参与服务贸易自由化付出的成本$p(\gamma_i)$构成了服务生产和贸易中的总成本。因此,在下述两阶段动态博弈分析中,涉及参与双方如何选择最优γ_i和I_i,以最大化其净收益函数,从而确定不同阶段的子博弈精炼纳什均衡。

2. 模型的计算

根据上述模型的建立,首先对基于服务贸易自由化非合作的博弈模式进行均衡分析。逆向归纳法是求解子博弈精炼纳什均衡最简便的方法(张维迎,1996),这里先对两国在动态博弈第二阶段的决策行为进行讨论。在给定两国的γ_i、γ_j、I_j和ω_{ij}的情况下,净收益函数可以有:

$$\max E_i = \beta_i - C_i - I_i - p(\gamma_i) = \alpha_i(I_i, \omega_{ij})\gamma_j I_j - C_i(\beta_i) - p(\gamma_i) \tag{5-4}$$

$$\max E_j = \beta_j - C_j - I_j - p(\gamma_j) = \alpha_j(I_j, \omega_{ij})\gamma_i I_i - C_j(\beta_j) - p(\gamma_j) \tag{5-5}$$

在此阶段博弈结构中,两国对于服务生产要素的投入与双方的服务贸易自由化程度和服务生产要素的转化程度有关,即有$I_i = I_i(\gamma_i, \gamma_j, \omega_{ij})$和$I_j = I_j(\gamma_i, \gamma_j, \omega_{ij})$。那么其求导的一阶条件为:

$$\frac{\partial E_i}{\partial I_i} = \frac{\partial \alpha_i}{\partial I_i}\gamma_j I_j - \frac{\partial C_i}{\partial \beta_i}\left(1 + \frac{\partial \alpha_i}{\partial I_i}\gamma_j I_j\right) = 0 \tag{5-6}$$

$$\frac{\partial E_j}{\partial I_j}=\frac{\partial \alpha_j}{\partial I_j}\gamma_i I_i-\frac{\partial C_j}{\partial \beta_j}\left(1+\frac{\partial \alpha_j}{\partial I_j}\gamma_i I_i\right)=0 \tag{5-7}$$

由此可分别得两国在动态博弈第二阶段的反应函数 $I_i^*(I_j)$ 和 $I_j^*(I_i)$，并根据双方反应函数曲线的交点得到纳什均衡解 (I_i^N, I_j^N)，这里用 N 来表示非合作博弈模式。接下来返回第一阶段，分析两国如何选择最优服务贸易开放水平 γ，以最大化其净收益函数。i 国的净收益函数为：

$$\max S_i=\alpha_i(\gamma_i, \gamma_j, \omega_{ij})I_j^N(\gamma_i, \gamma_j, \omega_{ij})\gamma_j-C_j(\beta_i)-p(\gamma_i) \tag{5-8}$$

其中，

$$\beta_i=I_i^N(\gamma_i, \gamma_j, \omega_{ij})+\alpha_i[I_i^N(\gamma_i, \gamma_j, \omega_{ij}), \omega_{ij}]I_j^N(\gamma_i, \gamma_j, \omega_{ij})\gamma_j$$

同理，j 国的净收益函数为：

$$\max S_j=\alpha_j(\gamma_i, \gamma_j, \omega_{ij})I_i^N(\gamma_i, \gamma_j, \omega_{ij})\gamma_i-C_j(\beta_j)-p(\gamma_j) \tag{5-9}$$

由此得到上述一阶条件为：

$$\frac{\partial S_i}{\partial \gamma_i}=\gamma_j\left(\frac{\partial \alpha_i}{\partial \gamma_i}I_j^N+\alpha_i\frac{\partial I_j^N}{\partial \gamma_i}\right)-\frac{\partial C_j}{\partial \beta_i}\left[\frac{\partial I_i^N}{\partial \gamma_i}+\gamma_j\left(\frac{\partial \alpha_i}{\partial \gamma_i}I_j^N+\alpha_i\frac{\partial I_j^N}{\partial \gamma_i}\right)\right]-p'(\gamma_i)=0 \tag{5-10}$$

$$\frac{\partial S_j}{\partial \gamma_j}=\gamma_i\left(\frac{\partial \alpha_j}{\partial \gamma_i}I_i^N+\alpha_j\frac{\partial I_i^N}{\partial \gamma_j}\right)-\frac{\partial C_j}{\partial \beta_j}\left[\frac{\partial I_j^N}{\partial \gamma_j}+\gamma_i\left(\frac{\partial \alpha_j}{\partial \gamma_i}I_i^N+\alpha_j\frac{\partial I_i^N}{\partial \gamma_j}\right)\right]-p'(\gamma_j)=0 \tag{5-11}$$

由此可分别得两国在动态博弈第一阶段的反应函数的纳什均衡解 (γ_i^N, γ_j^N)，将结果代入净收益函数，可得到两国服务贸易自由化非合作博弈模式的净收益为：

$$S_i=S_i(\gamma_i^N, \gamma_j^N, \omega_{ij}) \tag{5-12}$$
$$S_j=S_j(\gamma_i^N, \gamma_j^N, \omega_{ij}) \tag{5-13}$$

同时，由于本书只考虑两国生产和贸易的对称情况，因此有：

$$\gamma_i^N=\gamma_j^N=\gamma^N \tag{5-14}$$

同理，有：$I_i^N=I_j^N=I^N$ (5-15)

接下来再对基于服务贸易自由化合作的博弈模式进行均衡分析。在合作的博弈模式下，第一阶段动态博弈中，两国经过协商将确定一个共同的服务贸易开放水平γ，即服务贸易自由化程度。需要指出的是，非合作模式下的服务贸易开放水平是各国开放决策的最优反应，合作模式下的γ值则是两国为实现最大化的合作收益共同协商确定的，两者的意义是不同的。同时，在第二阶段仍然是独立决策各自最优的生产要素投入水平I。

同样采用逆向归纳法来求解合作模式下的博弈，博弈第二阶段的求解过程与上文一致，且$\gamma_i=\gamma_j=\gamma$，可得到一阶条件为：

$$\frac{\partial E_i}{\partial I_i}=\frac{\partial \alpha_i}{\partial I_i}\gamma I_j - \frac{\partial C_i}{\partial \beta_i}\left(1+\frac{\partial \alpha_i}{\partial I_i}\gamma I_j\right)=0 \qquad (5\text{-}16)$$

$$\frac{\partial E_j}{\partial I_j}=\frac{\partial \alpha_j}{\partial I_j}\gamma I_i - \frac{\partial C_j}{\partial \beta_j}\left(1+\frac{\partial \alpha_j}{\partial I_j}\gamma I_i\right)=0 \qquad (5\text{-}17)$$

由此可以得到，两国在动态博弈分析第二阶段的纳什均衡为$I_i^C(\gamma,\omega_{ij})$，$I_j^C(\gamma,\omega_{ij})$，用上标$C$表示合作模式。进而根据对称均衡的情况，得到：

$$I_i^C(\gamma,\omega_{ij})=I_j^C(\gamma,\omega_{ij})=I^C(\gamma,\omega_{ij}) \qquad (5\text{-}18)$$

同理可以得到：

$$\alpha_i^C=\alpha_j^C=\alpha^C(I^C,\omega_{ij})=\alpha^C(\gamma,\omega_{ij}) \qquad (5\text{-}19)$$

再推回博弈的第一阶段，两国经过协商将确定一个共同的服务贸易开放水平γ，最大化其净收益函数，且仅考虑对称情况，可以有：

$$\max(S_i+S_j)=2S_i=2[\alpha^C(\gamma,\omega_{ij})I^C(\gamma,\omega_{ij})\gamma - C_i(\beta_i)-p(\gamma)] \qquad (5\text{-}20)$$

其中，由上述计算整理有$\beta_i=I^C[1+\alpha^C(\gamma,\omega_{ij})\gamma]$，由此可得其一阶条件为：

$$\frac{\partial S_i}{\partial \gamma}=\alpha^C I^C+\gamma\left(\frac{\partial \alpha^C}{\partial \gamma}I^C+\alpha^C\frac{\partial I^C}{\partial \gamma}\right)-\frac{\partial C_i}{\partial \beta_i}\left\{\frac{\partial I^C}{\partial \gamma}+\left[I^C\alpha^C+\gamma\left(\frac{\partial \alpha^C}{\partial \gamma}\gamma+\alpha_i\frac{\partial I^C}{\partial \gamma}\right)\right]\right\}-$$
$$p'(\gamma)=0 \qquad (5\text{-}21)$$

由此可以得到合作博弈模式第一阶段动态博弈的纳什均衡策略γ^C。

3.模型的分析

从上述模型的计算中我们可以得到以下三个命题加以验证：

命题1：服务贸易自由化的合作中存在着竞争正效应，一国提高其服务部门的开放程度，将激励另一国提高其服务生产要素的投入水平；也就是说,两国服务贸易规模的扩大,产业内贸易水平的提升,将有力促进国内服务业的快速发展。即命题需证明:$\partial I_i/\partial \gamma_j>0$且$\partial I_j/\partial \gamma_i>0$。

证明:根据模型假设:$\partial I_i/\partial \gamma_j>0$且$\partial \alpha_i/\partial I_i>0$,则可将$\partial I_i/\partial \gamma_j$变化为:

$$\frac{\partial I_i}{\partial \gamma_j}=\frac{\partial I_i}{\partial \alpha_I}\times\frac{\partial \alpha_i}{\partial \gamma_j}=\frac{\partial \alpha_i}{\partial \gamma_j}\bigg/\frac{\partial \alpha_i}{\partial I_i}>0 \tag{5-22}$$

同理可得$\partial I_j/\partial \gamma_i>0$,命题得证。

命题2:两国在各自的贸易决策博弈中,选择服务贸易自由化的合作模式将比非合作模式获得更多收益,同时更有利于形成服务贸易自由化的规模效应。也就是说,两国共同协商签订服务贸易自由化协议有利于双方福利水平的提升,即$S_i(\gamma_i^C,\gamma_j^C,\omega_{ij})>S_i(\gamma_i^N,\gamma_j^N,\omega_{ij})$,其中$\gamma_i^N=\gamma_j^N=\gamma^N$,$\gamma_i^C=\gamma_j^C=\gamma^C$。

模型中采用了抽象函数,无法用代数方法证明。但其证明思路已由上面"囚徒困境"的纳什均衡加以说明,即在非合作模式下两国的服务贸易决策,是典型的"背对背"博弈,其结果也是典型的"囚徒困境"下的纳什均衡解;双方通过签订服务贸易自由化协议,确定共同的服务部门开放水平,其决策类似于"垄断"的收益(刘征驰等,2013)。这与博弈论早期的古诺(Cournot)寡头竞争模型证明的结论一致,垄断情况下获得的利润将大于双方独立决策的利润(张维迎,1996;闫安、达庆利,2006),因此命题亦可得证。

命题3:当两国在服务生产要素投入的互补性足够大时,在服务贸易自由化的合作博弈模式下,可以获得双方更高的服务贸易开放水平。也就是说,双方服务贸易自由化的深化与两国服务生产共享水平具有重要的内在联系。即命题需证明:对于足够大的ω_{ij},有$\gamma^C>\gamma^N$。

证明:根据上述分析和纳什均衡的定义,可知:

$$S_i(\gamma^N,\gamma^N,\omega_{ij})\geqslant S_i(\gamma^C,\gamma^N,\omega_{ij}) \tag{5-23}$$

且由于$S_i(\gamma^C,\gamma^C,\omega_{ij})>S_i(\gamma^N,\gamma^N,\omega_{ij})$,可以得到:

$$S_i(\gamma^C,\gamma^C,\omega_{ij})\geqslant S_i(\gamma^C,\gamma^N,\omega_{ij}) \tag{5-24}$$

在$\gamma_i=\gamma^C$时，如果有$\partial S_i/\partial \gamma_j>0$，即$S_i$是$\gamma_j$的单调增函数，则有$\gamma^C>\gamma^N$。

$$\frac{\partial S_i}{\partial \gamma_j}=\alpha_i I_j+\gamma_i\left(\frac{\partial \alpha_i}{\partial \gamma_j}I_j+\alpha_i\frac{\partial I_j}{\partial \gamma_j}\right)-\frac{\partial C_i}{\partial \beta_i}\left[\frac{\partial I_i}{\partial \gamma_j}+\alpha_i I_j+\gamma_i\left(\frac{\partial \alpha_i}{\partial \gamma_j}I_j+\alpha_i\frac{\partial I_j}{\partial \gamma_j}\right)\right] \quad (5-25)$$

根据上述模型分析，式(5-25)中除$\partial I_j/\partial \gamma_j$的符号不能确定外，其他各项符号均已知。其中，根据假设$\partial C_i/\partial \beta_i<0$，$\partial \alpha_i/\partial \omega_{ij}<0$且$\alpha_i$在0和1之间波动，由函数单调性可知，当$\omega_{ij}$足够大时，总能找到一个$\alpha_i$，使式中最后一项$[(\partial \alpha_i/\partial \gamma_j)I_j+\alpha_i(\partial I_j/\partial \gamma_j)]>0$，从而命题3得证。

4.模型的结论和认识

根据上述模型的建立和分析，我们得出了三个方面的核心观点：一是区域内国家间的服务贸易自由化程度提高，对服务生产存在双向的激励作用；二是两国通过签订服务贸易自由化协议，形成服务贸易合作关系，有利于双方实现服务贸易收益的最大化；三是较高的服务生产共享水平对推动服务贸易自由化具有正向的激励作用。基于博弈分析的结论，我们得以对东亚区域服务贸易自由化的合作过程有更加深刻的认识。

第一，东亚区域服务贸易自由化的前提是各国共同深化服务贸易合作，模型通过区分服务部门开放水平与服务生产要素投入，分阶段将各国的贸易决策动态博弈建立在外部和内部要素的互动影响上，更加贴近现代服务贸易的发展特点，从服务贸易和服务业发展的互动关系上，更深刻地揭示了区域服务贸易自由化发展的动力和内在机制。

第二，东亚区域服务贸易自由化的必要性在于对各国的服务生产产生双向激励作用。模型中对于命题1和命题2的验证，集中体现了服务贸易自由化是具有竞争效应、规模经济效应和技术溢出效应的集合，服务部门开放程度的提高，服务贸易壁垒的减少，服务生产要素跨境流动的加速在促进贸易规模扩大的同时，更重要的是对各国的服务生产要素本身的丰富和优化，包括知识的升级、信息的充分和技术的创新等，从而更大范围地提升社会福利水平(宋岩，侯铁珊，2006)。

第三，东亚区域服务贸易自由化发展的持续动力在于强化经济体间服务产业的生产共享。根据命题3，在经济体间开展服务贸易自由化合作的背景下，双方服务产业对服务要素的互补性使用对推动服务部门开放程度具有重要作用。也就是说，各经济体服务产业结构的发展要追求专业化，而不完全是追求产业的趋同；要形成各自领域中的竞争优势，而不是一味加剧具有"替代性"思维的竞争负效应。这对经济发展水平和要素禀赋迥异的东亚地区经济体而言，尤为重要。

第二节 议价模型视角下东亚区域服务贸易自由化谈判的博弈分析

在推动实现东亚区域服务贸易自由化过程中，如何通过有效的协商谈判，最终达成既能满足各经济体的利益诉求，又具有相当约束力的服务贸易合作协议至关重要。区域服务贸易合作协议谈判具有典型的动态议价博弈特点：一方面在博弈过程中，通过各方轮流出价，不断讨价还价，进行重复博弈，直至达成一致意见；另一方面，谈判中的时间因素具有重要作用，各方不同的博弈出价顺序和贴现因子对于收益变化的影响，也会影响协议谈判主体决策行为策略。因此，在服务贸易合作谈判中，由于时间成本也就是贴现因子的存在，协议讨价还价的各方都寻求尽早达成一致（蔡志明，1999）。

同时，区域服务贸易合作协议也是保持区域服务贸易自由化长期实行的制度保障。尽管协议均具有一定的约束性，但在规则上都设有成员方的退出机制，各成员方都具有不受强制约束的自由选择权，这反映了任何服务贸易合作协议具有的"非合作博弈"性质，如果各成员方将服务贸易合作关系看作一次性博弈，那么很自然会落入"囚徒困境"的纳什均衡，远离实现"帕累托最优"的有效合作（符大海，张莹，2007）。但是，现实中各国经济关系存在着不断演进的重复博弈，只要存在对未来经济收益的考量，存在未来收益对现实经济关系的约束，各经济体试图建立和保持合作的积极性就会产生,这种影响越大,走出"囚徒困境"的机会就越大,也就顺理成章地形成合作均衡的结果。

因此,本节将对服务贸易协议的签订和执行两个阶段的动态博弈进行研究,探讨如何有效达成和维护服务贸易合作协议,以保证区域服务贸易自由化的制度格局得以稳定持续。

一、模型的理论概述与有关假定

议价模型(也称讨价还价模型)理论最初建立在合作博弈基础上,纳什于1950年首先形式化地给出了纳什讨价还价解,给出效用测度的无关性(invariance)、帕累托有效性(efficiency)、无关选择的独立性(independence of irrelevant alternatives)和对称性(symmetry)等重要公理和条件,奠定了讨价还价理论的广泛应用(吉本斯,1999)。但是,讨价还价不仅是一次性的博弈,通常是不断重复"出价—还价"(offer-counteroffer)的过程,因此,在纳什奠定了非合作博弈理论基础的背景下,鲁宾斯坦首先在1982年研究了双人无限期完全信息动态博弈模型,证明其子博弈精炼纳什均衡是唯一的(Rubinstein, 1982)。其后,宾莫尔等人通过假设每个时期都存在某个概率α,$\alpha \in (0, 1)$使得讨价还价过程结束,对纳什的讨价还价博弈进行了补充(梁峰等,2012)。阿布尔和格尔针对现实中议价双方的信息不对称性,构建了以声誉模型为基础的讨价还价模型。其中,议价双方试图分配一个固定的剩余,并且存在一个既定的份额,一方会接受任何大于或等于这个份额的报价,会拒绝任何份额小一点的报价,关键在于博弈双方策略选择的不确定性(Areu, Gul, 2000;李军林,李天有,2005)。

基于之前学者对于议价理论的研究和拓展,本书将借鉴萨克德和萨顿应用有限阶段逆向归纳法寻找子博弈精炼均衡对议价模型的扩展(Shaked, Sutton, 1984),以及田祖海等人将"不确定性"引入FTA谈判博弈对于议价模型的影响(田祖海等,2006),构建服务贸易协议签订和执行的两阶段议价模型,对东亚区域服务贸易自由化协议签订的动态博弈过程进行研究，并由此评估东亚区域服务贸易自由化协议签订的机制特征和政策预期。模型的假定如下：

（1）假设两个东亚区域经济体A和B，谈判地位平等，就服务贸易自由化协议的签署问题进行讨价还价。两国均面临$X=[0,1]$的策略选择空间，其间每一个点均代表A和B两国各自的一个合作条件。在动态博弈的第一阶段，两国需在其中选择一点以实现服务贸易合作协议的签订。

（2）假设$x \in X$是衡量B国对A国服务贸易（服务部门）的开放程度，那么A国的收益为x，B国的收益为$1-x$；x_A和$(1-x_A)$分别是A国提出协议条件时，A国和B国获得的收益；x_B和$(1-x_B)$分别是B国提出协议条件时，A国和B国获得的收益。两国的交易偏好是相反的，如在东亚地区假设日本希望中国能够尽可能对外开放其服务业，而中国则考虑以国内服务业的发展水平逐步开放。就此，进一步假设模型中只有两种服务合作协议可行，定义为$A=\{(m,n)|m>n\}$，即可达成的特定服务贸易协议的集合。假设A国倾向于选择协议m，B国倾向于选择协议n，m是B国对A国开放程度较大的协议，n则是开放程度相对较小的协议。

（3）假设博弈的第一阶段，即议价谈判从$t=1$开始，在$t_i \geq 1$（$i=1,2$）时达成一致。其中，A和B两国的实力对t_i有重要影响，国家实力越强，能够在谈判中僵持的时间就越久，其采取的策略就更强硬。而在博弈的第二阶段，如果一国改变其策略，另一方存在策略反应的"时滞Δ"，其可以在$\Delta>0$的时间内做出反应，采取惩罚或报复措施，这里假设对服务贸易协议的背叛，将导致其后的协议执行完全破裂。

（4）假设存在贴现因子$\gamma>0$，两国均按照不变的贴现率γ来贴现各自的未来收益。其中γ越大，说明贴现将来的收益越大，说明未来不确定性的持续时间短，对未来的预期比较明朗；反之，影响双方获益的不确定性大，持续时间长，对未来的预期比较模糊。

由此在上述假定基础上，对东亚区域服务贸易自由化协议签订阶段和实施阶段的动态博弈分别进行分析。

二、东亚区域服务贸易自由化协议签订阶段的动态博弈分析

在自由化协议签订阶段的无限重复动态博弈中,假设首先由A国提出协议m的签订条件,此时B国的可能决策如下:①B国接受A国的协议签订条件,两国谈判成功,达成协议;②B国不同意A国的协议签订条件,也不对其进行还价,则谈判破裂;③B国不同意A国提出的协议签订条件,做出自己的提议,即对协议m的签订条件进行还价,则谈判继续进行。此时,A国的态度决定着谈判的走向,其具体的可能决策如下:①A国接受B国还价的提议条件,谈判成功,达成服务贸易自由化协议;②A国不同意B国还价的提议条件,也不对B国进行还价,导致谈判破裂;③A国不同意B国提出还价的提议条件,对其提议进行还价,谈判继续进行。如此反复,A和B两国不断进行上述议价过程,直到谈判成功或破裂。

在现实中,东亚经济体对服务贸易合作协议谈判的态度大多是积极的,各方不可能将议价过程无限期地进行下去,所以博弈只能是有限次数的博弈。同时,由于谈判破裂的可能性多在于非经济因素,伴随谈判时间的拖延,考虑东亚经济体间存在错综复杂的政治和经济关系,不能完全排除谈判破裂的可能。因此,假设在A和B两国都具有意愿的情况下,双方希望尽快完成谈判,那么就借助有限阶段逆向归纳法寻找子博弈精炼均衡对议价模型的扩展,对完全信息下服务贸易协议签订阶段博弈情况求解。

假设两国议价的次数为T,即谈判在第T轮时,A和B两国谈判成功,达成协议。根据逆向归纳法,在首先由A国报价的情况下,分别逆推讨论t=T为奇数和偶数时的谈判过程。由于存在贴现因子γ,假设双方的贴现程度不同,A和B两国的贴现因子分别为$γ_A$和$γ_B$。

(1)T为奇数时,最后提出协议条件的是A国。假设A国在谈判中能得到的最大收益为E_A^{max},那么其收益等价于A国在t=T-1时的收益$γ_A E_A^{max}$,B国知道在t=T-1时,任何其提出的条件$x_B ≥ γ_A E_A^{max}$都会被A国接受;因此,B国提出的协议条件即为$x_B = γ_A E_A^{max}$,B国获得的收益为$1 - γ_A E_A^{max}$;同理,B国在

$t=T-1$时期的收益$1-\gamma_A E_A^{\max}$应等价于其在$t=T-2$时的收益$\gamma_B(1-\gamma_A E_A^{\max})$，$A$国知道在$t=T-2$时，任何其提出的条件$x_A \leq 1-\gamma_B(1-\gamma_A E_A^{\max})$都会被$B$国接受；因此，$A$国提出的协议条件即为$x_A \leq 1-\gamma_B(1-\gamma_A E_A^{\max})$，$B$国获得的收益为$\gamma_B(1-\gamma_A E_A^{\max})$。因为假设模型只有两种协议可行，即从$t=T-2$到$t=T$时的博弈完全相同，那么在两个时期$A$国在谈判成功中得到的结果是相同的，因此有：

$$x_A = E_A^{\max} = 1-\gamma_B(1-\gamma_A E_A^{\max}) \tag{5-26}$$

$$E_A^{\max} = 1-\gamma_B/(1-\gamma_A \gamma_B) \tag{5-27}$$

同样，T为奇数时，假定A国在谈判中能得到的最小收益为$E_A^{\min}$，也可以得到：

$$x_A = E_A^{\min} = 1-\gamma(1-\gamma E_A^{\min}) \tag{5-28}$$

$$E_A^{\min} = 1-\gamma_B/(1-\gamma_A \gamma_B) \tag{5-29}$$

那么，T为奇数时，A国能得到的均衡结果：$x=1-\gamma_B/(1-\gamma_A \gamma_B)$

（2）T为偶数时，最后提出协议条件的是B国。假设B国在谈判中能得到的最大收益为$E_B^{\max}$，那么其收益等价于B国在$t=T-1$时的收益$\gamma_B E_B^{\max}$，A国知道在$t=T-1$时，任何其提出的条件$x_A \leq 1-\gamma_B E_B^{\max}$都会被$B$国接受；因此，$A$国提出的协议条件即为$x_A = 1-\gamma_B E_B^{\max}$，$B$国获得的收益为$\gamma_B E_B^{\max}$；同理，$A$国在$t=T-1$时期的收益$1-\gamma_B E_B^{\max}$应等价于其在$t=T-2$时的收益$\gamma(1-\gamma_B E_B^{\max})$，$B$国知道在$t=T-2$时，任何其提出的条件$x_B \geq \gamma_A(1-\gamma_B E_B^{\max})$都会被$A$国接受；因此，$B$国提出的协议条件即为$x_B = \gamma_A(1-\gamma_B E_B^{\max})$，$B$国获得的收益为$1-\gamma_A(1-\gamma_B E_B^{\max})$。因为假设模型只有两种协议可行，即从$t=T-2$到$t=T$时的博弈完全相同，那么在两个时期$B$国在谈判成功中得到的结果是相同的，因此也有：

$$x_B = E_B^{\max} = 1-\gamma_A(1-\gamma_B E_B^{\max}) \tag{5-30}$$

$$E_B^{\max} = 1-\gamma_A/(1-\gamma_A \gamma_B) \tag{5-31}$$

$$\text{同理}\, E_B^{\min} = 1-\gamma_A/(1-\gamma_A \gamma_B) \tag{5-32}$$

那么，T为偶数时，B国能得到的均衡结果：$x=1-\gamma_A/(1-\gamma_A \gamma_B)$

因此，可得A国的子博弈精炼均衡解为："在T为奇数时，其均衡结果为$1-\gamma_B/(1-\gamma_A\gamma_B)$；在$T$为偶数时，其均衡结果为$\gamma_A[1-\gamma_B/(1-\gamma_A\gamma_B)]$。"$B$国的子博弈精炼均衡解为："在$T$为奇数时，其均衡结果为$1-\gamma_A/(1-\gamma_A\gamma_B)$；在$T$为偶数时，其均衡结果为$\gamma_B[1-\gamma_A/(1-\gamma_A\gamma_B)]$。"也就是说，$A$和$B$两国为了积极寻求完成谈判，在只有两种可行协议选择的情况下，如果按照上述均衡结果提议，那么双方可以达成共识，实现达成服务贸易自由化协议的目标，且实现双方的最优收益。

上述纳什均衡结果是最理想的谈判状态，而现实中贴现因子γ会受到各种因素的影响：一是两国谈判不同的耐心程度和经济实力的差异。耐心能力越强，经济实力越雄厚的国家，越可能在谈判中取得更大收益（张维迎，1996）。二是贴现率可以理解成议价的交易成本，两国谈判时间越久，双方收益均面临持续下降（贴现率始终存在）；此外，因服务贸易自由化谈判拖延而带来的双方贸易成本上升，也具有固定成本的特性，会受到谈判时间的直接影响（Shaked, Sutton, 1984）。三是在贴现因子的作用下，在两国均迫切希望达成协议时，博弈也会存在"先动优势"。例如，假设$\gamma_A=\gamma_B=\gamma<1$，则$x_A=x_B=1/(1+\gamma)>1/2$，即双方都没有足够耐心时，先提出协议条件的国家总会获得更大收益；而在双方都有足够耐心时，后提出协议条件的国家则会占据更佳地位。

根据上述分析，结合东亚区域服务贸易自由化进程的特点，当前尚未签订服务贸易协议的经济体主要集中在非东盟成员方当中，以中日两国为例，双方经济实力相当，经济发展呈现多元性，全球贸易规模巨大，服务贸易互补性强，政府决策职能健全，因此，两国在推动服务贸易自由化谈判中并不急于实现协议签订，而着眼于更广泛的利益诉求，但在长期上双边服务贸易收益会受到一定影响。相较而言，东亚地区却业已形成以东盟为核心的双边服务贸易安排网络，东盟国家已普遍完成与地区内其他主要经济体的服务贸易自由化谈判，基本反映了东盟经济以外向型经济为主，经济结构地区性联系紧密，发展意识迫切，寻求通过尽早达成各类自由化协议实现包括交易成本在内的成本节约。但是，错综复杂的区域服务贸易安排，也为东盟国家增加了政策执行方面的管理成本，自由化安排的福利效应也一定程度上受到了削弱(于晓燕,2014)。因此,从上述动态博弈及其限制因素来看,综合各经济体的收益得失比较,东亚区域整体服务贸易自由化是未来趋势,但具体协议签订的谈判进程、谈判节奏和达成落实可能仍需较长时间。

三、东亚区域服务贸易自由化协议实施阶段的动态博弈分析

经过自由化协议签订阶段议价模型的动态博弈分析,假设参与博弈的各方已经达成某种服务贸易自由化协议,但由于未来存在不确定性,包括签署各方对协议实施情况的预期、各国国内服务业的发展情况以及其他影响双方贸易关系的因素,都可能对协议进入实施阶段的合作带来新的选择策略,对于确保各方获得服务贸易自由化的长期收益产生影响。具体分析如下。

假设A和B两国经过讨价还价在协议签订阶段达成了服务贸易自由化协议,$\omega \in A$,随后进入协议的实施阶段。根据本章第一节的论述,两国在该阶段可以描述为进入囚徒困境状态,任何一方在协议执行中的背叛,将立即导致双方陷入永远不合作的均衡解。

		B 国	
		执行	背叛
A 国	执行	x, $1-x$	$-p$, q
	背叛	q, $-p$	s_A, s_B

图5-5 囚徒困境状态下协议实施阶段的贸易决策选择

根据图5-5所示,x和$1-x$分别为A国和B国实施服务贸易自由化协议所获得的单位时间收益;$q>1$是背叛协议实施一方所获得的单位时间净收益,$p>0$则是受背叛方所付出的单位时间成本,且同时认为$x<q<p$,以满足囚徒困境状态的基本条件。同时,s_A和s_B分别为两国相互背叛时所付出的单位时间成本;其中,$p>s_A$, s_B,因为根据假设3可知背叛者能够从其背叛行

为中获得短期收益。还需说明的是，s_A、s_B作为两国相互背叛协议的成本也是有差异的，主要反映在两国对合作失败的承受能力，体现了两国相对经济实力的区别。其中，成本较低的一国更具实力。

此时，假设服务贸易自由化协议的实施时间开始于T，A国和B国达成协议后当期获得的合作净收益分别为x和$1-x$。两国协议的实施时间$t \in [T, T+\Delta]$。也就是说，在此期间两国均有可能背叛协议，而未被对方发觉。当$t=T+\Delta$时，一国或两国发现对方或相互背叛协议，协议宣布破裂，双方不再进行合作。假设两国分别按照贴现率γ_A和γ_B对继续实施协议获得的收益进行贴现，那么A国贴现的未来收益为x/γ_A，B国为$(1-x)/\gamma_B$。因此，当在任意时间$t' \geq T$时，A国选择背叛协议，此时其所获得的最大收益为：

$$\int_0^\Delta q e^{-\gamma_A x} dx - \int_\Delta^\infty s_A e^{-\gamma_A x} dx = \frac{1}{\gamma_A}[q(1-e^{-\gamma_A \Delta}) - s_A e^{-\gamma_A \Delta}] \qquad (5-33)$$

因此，A国继续实施协议的战略条件取决于其未来贴现收益能否不少于其背叛协议带来的短期收益，即为：

$$\frac{x}{\gamma_A} \geq \frac{1}{\gamma_A}[q(1-e^{-\gamma_A \Delta}) - s_A e^{-\gamma_A \Delta}] \qquad (5-34)$$

对其两边取对数，可以得到：

$$\gamma_A \Delta \leq \ln \frac{q+s_A}{q-x} \qquad (5-35)$$

同理可以得到，B国继续实施协议的战略选择为：

$$\gamma_B \Delta \leq \ln \frac{q+s_B}{q-(1-x)} \qquad (5-36)$$

由上可知，A和B两国签订的服务贸易自由化协议得以长期实施的条件是：

$$\gamma_A \Delta \leq \ln(q+s_A)/(q-x) \text{且} \gamma_B \Delta \leq \ln(q+s_B)/[q-(1-x)] \qquad (5-37)$$

当两国均按相同贴现率贴现未来各自收益时，上述条件可改写为：

$$\gamma \Delta \leq \min\{\ln(q+s_A)/(q-x), \ln(q+s_B)/[q-(1-x)]\} \qquad (5-38)$$

就此我们可以看到，协议是否得到长期实施的关键在于两国的贴现率γ_A和γ_B，时滞Δ，两国背叛产生的成本s_A和s_B，背叛协议获得的短期收益q和长期实施协议为两国分别带来的收益x和$1-x$的影响。据此可以判断,哪些因素可以使得贴现未来收益的贴现率更小,发觉对方背叛行为的时滞更短,背叛协议获得的短期收益更少,长期收益更多,双方背叛协议执行的成本更大,那么两国能够保持长期的服务贸易自由化才更有重要意义。

就上述博弈结果得到的战略选择而言,首先,贴现率的高低虽然反映了协议各方对未来的预期不同,但是如果认定服务贸易自由化有利于双边服务贸易发展,能够增进各国的社会福利水平,自由化协议最终将会得到签署和实施,这与协议签订阶段博弈结果的分析基本一致。特别是相较于前一阶段博弈,实施阶段对于"不确定性"因素的认识更加深刻,就经济意义来讲,未来不确定因素越多,不确定性时期越长,那么服务贸易自由化协议就更容易签署,从而"锁定"预期的消极因素。

其次,时滞的大小则与实施服务贸易自由化协议中的履约条款和监控程序密切相关。目前,双边或区域服务贸易自由化协议中均包含争端解决机制,各类全球性和区域性经济合作组织也扮演着协议执行监督者和贸易争端仲裁者的角色。国内外行业组织和企业协会等商业联合组织,也可以根据出现的协议违约情况进行投诉和举报,使得维护协议的交易成本下降,监控程度不断加强,最终有利于各国遵守相关协议规则,推动服务贸易自由化深入发展。

此外,背叛协议执行的成本和短期收益与长期收益的比较,则取决于协议各方的服务贸易基础和成熟程度,同时还取决于协议本身设立的惩罚措施大小。一方面,服务贸易规模大、产业实力雄厚的国家,往往具有规模经济效应和竞争优势,背叛协议付出的成本较低,更倾向于在博弈中采取强硬立场,也更容易在经济上"背信弃义";另一方面,双方合作的紧密程度也非常重要,服务贸易的互补性越强,服务产业内分工更专业化,自由化带来的长期收益就越明显,协议破裂的可能性就小。此外,协议本身对设立的惩罚和报复措施也具有一定的标准和门槛,使签约各方明确背叛协议可能付出的高昂成本s_A和s_B越大,双方长期履约的可能性就越大。

第三节 东亚区域服务贸易自由化与国内利益团体影响的博弈分析

在东亚区域服务贸易自由化的谈判进程中，各国制定和推行服务自由贸易政策还受到国内公众和相关利益团体意见的影响。一国参与区域服务贸易自由化是否会触及相关利益团体及其所代表公众的福利变化，各国政府推动服务贸易自由化对自身政治福利的影响，以及不同利益团体是否因其政治影响力差异而得以纳入或排除服务贸易自由化进程等问题，反映了服务贸易自由化政策制定过程中，政府、公众和国内利益团体之间存在纳什讨价还价的动态博弈。接下来将借助格罗斯曼和赫尔普曼关于政府与利益团体博弈模型（Grossman, Helpman, 1995；郎永峰，2010），以及对货物自由贸易协定的纳什讨价还价的动态博弈研究（Goldberg, Maggi, 1999；Phillip McCalman, 2004），探讨东亚区域内各国政府与本国服务业利益团体之间的政策博弈，分析各国如何判断和决策服务贸易自由化政策实施的合理路径选择。

一、模型的假定和说明

在未签订区域服务贸易协议之前，一国政府主要针对本国服务业的自身发展情况制定对外贸易政策。我们可以通过评估政府、公众与服务业利益团体福利变化之间的关系，寻找纳什讨价还价博弈下的均衡结果对推行服务贸易自由化政策的影响。首先做出下列假定：

（1）假定东亚区域内两个经济体 A 国和 B 国，在服务生产和贸易上具有对称性。以其中 A 国为例，假设其人口（消费者）总量为 N，每个人均具有相同且可确定的服务消费偏好，那么该国单位人口的服务消费效用函数为：$U = c_0 + \sum_{i=1}^{n} u_i(c_i)$，其中，$c_0$ 为 A 国人口服务消费的固定效应，c_i 是对服务 i（$i=1, 2, \cdots, n$）的消费量，$u_i(c_i)$ 是对服务消费 i 的效用函数。单位消费者对服务i的消费需求用$d_i(p_i)$表示,且$d(\cdot)$是效用函数$u_i'(\cdot)$的导数,由此可以得到单位消费者对服务i的消费者剩余为$s_i(p_i) \equiv u_i[d_i(p_i)] - p_i d_i(p_i)$。

(2)假定两个国家均生产$n+1$种服务产品,其中,一种产品为标准产品,其生产只需要投入劳动一种生产要素,且其生产成本即为支付给工人的工资。另外n种产品的生产需要投入劳动和一种特定服务部门要素,其中任意一种服务i的生产利润表示为$\prod_i(p_i)$,根据霍特林引理可得,服务i的供给函数$y_i(p_i) = \prod_i'(p_i) > 0$。

(3)假设两国政府均对服务贸易征收特殊关税,假设对服务产品i的单位税率为$t_i = (p_i - p_i^*)/p_i^*$,其中,$p_i$和$p_i^*$分别为服务产品$i$的国内市场的生产者价格和国际市场的生产者价格,后者是外生变量。t_i是从价税率,反映了如果服务产品i为进口服务时,t_i为政府进口关税税率;如果服务产品i为出口服务时,t_i为政府出口补贴率。同时,政府将关税收入通过税收转移支付,平均分配给全体国民作为福利分享。

二、签订区域服务贸易自由化协议前政府与利益团体间的博弈分析

根据上述假定,接下来将政府与利益团体在服务贸易自由化政策上的博弈分为两个阶段进行分析,即第一阶段是在签订区域服务贸易自由化协议之前,政府与利益团体间就服务贸易关税水平的博弈;第二阶段是考虑两国就服务贸易自由化签订协议时,哪些利益团体得以通过与政府间的讨价还价,成为各自国家参与服务贸易自由化例外的单边立场受益者。先来看第一阶段的情况。

结合假设,将A国全体消费者的服务消费者剩余、服务劳动总收入(L)、特定部门要素持有者的利润回报和政府服务贸易关税收入再分配的总额相加,可以得到该国消费者的福利函数为:

$$W = L + \sum_{i=1}^{n} \prod_i(p_i) + \sum_{i=1}^{n} t_i M_i + N \sum_{i=1}^{n} s_i(p_i)$$

其中，$M_i=d_i-y_i$表示为服务产品i的进口额。 (5-39)

由此，我们得以继续考察A国国内涉及服务部门的利益团体情况。假设存在有政治上能组织起来的服务行业利益团体的集合S，其政治形态表现为政治游说集团。设α_i表示A国服务产品i的生产部门员工作为消费者占全部消费者服务消费福利（服务消费者剩余、劳动总收入和政府服务贸易关税收入再分配的总额的和）的比例，从而得到服务行业利益团体i的福利函数为：

$$W_i=\Pi_i(p_i)+\alpha_i\left[L+\sum_{i=1}^n t_iM_i+N\sum_{i=1}^n s_i(p_i)\right] \quad (5-40)$$

由于这些不同服务利益团体均具有各自的福利函数，那么他们势必通过游说集团的政治捐献等形式对政府施加影响，以寻求获得对其有利的政策决策。因此，就政府的服务贸易自由化政策决策而言，政府也有其福利函数W^G加以评估：

$$W^G=\beta W+(1-\beta)\sum_{i\in s}^n C_i \quad (5-41)$$

其中，$\sum_{i\in s}^n C_i$是各利益集团对政府提供的政治捐献，而$\beta\in[0,1]$则反映政府的政策取向中对全体消费者福利和利益团体向政府提供的政治捐献的权重，由于政治捐献对于现任政府得以维持执政具有重要作用，同时政府也对国民社会福利的提升负有根本责任，因此其福利函数需在两者之间寻求平衡。在格罗斯曼和赫尔普曼的模型中曾采用"菜单式拍卖"（menu auction）形式分析利益团体的游说集团与政府之间的互动（Douglas, Michael, 1986），这里则通过纳什讨价还价模型探讨两者的博弈关系，即引入政府与服务业利益集团的联合剩余（joint surplus）的概念，通过实现联合剩余的最大化得到纳什讨价还价的均衡解。联合剩余函数可以表示为：

$$\Omega=\beta W+(1-\beta)\sum_{i\in s}^n W_i \quad (5-42)$$

该联合剩余由两项组成，包括政府的福利$W^G=\beta W+(1-\beta)\sum_{i\in s}^{n}C_i$和服务业利益团体的净福利$\sum_{i\in s}^{n}w_i=\sum_{i\in s}^{n}W_i-\sum_{i\in s}^{n}C_i$。将前文各式代入，联合剩余函数可改写为：

$$\Omega=[\beta+(1-\beta)\alpha_S]L+\sum_{i=1}^{n}[\beta+(1-\beta)I_i]\Pi_i(p_i)+\sum_{i=1}^{n}[\beta+(1-\beta)\alpha_S](t_iM_i+Ns_i(p_i) \tag{5-43}$$

其中，$\alpha_S\equiv\sum_{i\in S}\alpha_i$代表所有政治上能组织起来的服务行业利益团体的人数占全部的比例，I_i设为指示向量，如果行业$i\in S$，即i行业是拥有政治游说集团的服务行业利益团体，则其取值为1，否则取值为0；为计算方便，令A国的总人口规模和社会服务劳动总收入规模为1，进一步简化上式为：

$$\Omega=[\beta+(1-\beta)\alpha_S]L+\sum_{i=1}^{n}[\beta+(1-\beta)I_i]\Pi_i(p_i)+\sum_{i=1}^{n}[\beta+(1-\beta)\alpha_S](t_iM_i+s_i(p_i) \tag{5-44}$$

对其求p_i的一阶偏导，可得，

$$\frac{\partial\Omega}{\partial p_i}=[\beta+(1-\beta)I_i]y_i+[\beta+(1-\beta)\alpha_S][-d_i+t_iM'(p_i)+M_i]=0 \tag{5-45}$$

由此可以得到，

$$t_i=(I_i-\alpha_S)/\{[\beta(1-\beta)^{-1}+\alpha_S]\times(y_i/-M'_i)\} \tag{5-46}$$

以服务产品i的进口集中度和进口弹性改写，也可以有，

$$t_i/(1-t_i)=(I_i-\alpha_S)/\{[\beta(1-\beta)^{-1}+\alpha_S]\times(\omega_i/e_i)\} \tag{5-47}$$

从而得到政府与服务行业i的纳什讨价还价均衡解。其中，$t_i=(p_i-p_i^*)/p_i^*$是服务产品i的从价税率，e_i是服务产品i的进口需求弹性，$\omega_i=y_i/M_i$反映服务产品i的国内产出和进口规模比率，用以衡量该产品的进口集中度。

如果行业i是A国作为进口国的一个服务进口竞争行业，并且政治上能组织起来，那么该行业的利益团体一定通过游说和政治捐献寻求服务贸易的关税保持一定水平。由式中$(1-\alpha_S)/\{[\beta/(1-\beta)]+\alpha_S\}$为正，此时$t_i>0$，说明

在给定的服务产品i的进口需求弹性下，关税水平只与ω_i有关。当服务产品i的国内产量很大，进口规模很小时，利益团体得以从国内价格上涨中获得更大利益，政府也无意降低服务贸易保护的力度。如果服务产品i的进口需求弹性很高，那么政府就更倾向于推动服务贸易自由化进程，寻求更大的社会福利，而无意于仅仅保护服务业i的利益团体的福利。

与此同时，作为上述均衡结果的两种特殊情况：一是当A国的全部服务产业的特定要素持有者均属于政治上可以组织起来的服务行业利益团体，即$I_L=1$，并且全部消费者均由服务行业利益团体所代表，即$\alpha_S=1$时，那么此时得到的纳什讨价还价的均衡解是服务贸易自由化，说明各服务行业利益团体的利益诉求形成中立化，各行业的联合剩余与全社会的联合剩余一致。二是如果政府根本不在乎或不需要政治捐献，即$\beta=1$，政府也不会采取贸易保护主义措施，因为这样做只会减少政府的福利，纳什讨价还价的均衡解也是服务贸易自由化。

由此可以预见，在东亚区域服务贸易自由化进程中，国内利益团体对政策的影响是非常大的，达成自由化协议的关键还在于扩大东亚各经济体服务产业和服务贸易结构的紧密性和互补性，否则仅从国内福利和利益分配的视角观察，政府推动服务贸易自由化的政策只能得到被动的反应。

三、签订区域服务贸易自由化协议中政府与利益团体的博弈分析

由于服务贸易提供方式的特殊性，在签订服务贸易自由化协议过程中，政府对于谈判的立场和态度，在进行经济利益考量的同时，还必须重视政治得失，由此也决定了不同服务贸易部门在谈判政策中与政府态度的互动。特别是在东亚地区，不同国家服务产业的发展存在巨大差异，发展速度快、开放度高的产业寻求加快服务贸易自由化的进程；而经济发展滞后，服务业规模小，结构不合理的服务部门群体，则倾向于继续受到政府"保护"或作为例外产业，继续享受一定时间的过渡期。因此，在全球经济开放发展的背景下，签订区域服务贸易自由化协议中政府与利益团体间的博弈，主要集中在哪些产业将作为一国参与区域服务贸易自由化谈判中

的"例外产业",并寻求实现各方的政治利益均衡。为此,结合上文分析,根据服务贸易自由化协议谈判中利益团体的立场和政府的态度,首先做出如下假设:

(1)针对政府参与服务贸易自由化谈判的政策选择,由特定部门要素提供者及其服务业者组成的服务业利益团体会根据其自身利益,通过其游说集团向政府提供不同的政治捐献来反映其所持立场。其中,支持政府达成服务贸易自由化谈判,并寻求将本产业纳入到自由化开放中的服务利益团体的政治捐献额设为C_{iF};支持政府达成服务贸易自由化谈判,但出于自身发展实际,暂不或不愿将本产业纳入自由化开放中的服务利益团体的政治捐献额设为C_{iH};而反对政府达成服务贸易自由化谈判,希望维持现状的服务利益团体的政治捐献额则为C_{iN}。

(2)仍然将存在有政治上能组织起来的服务行业利益团体的集合设为S,其政治形态表现为政治游说集团,否则无法影响政府政策的决策。$i \in S$,即i行业是拥有政治游说集团的服务行业利益团体,各利益团体之间不存在合谋,通过各自的政治捐献独立地对政府发挥影响。

(3)根据上文分析,政府与服务业利益集团的联合剩余决定了服务贸易自由化签订与否对社会福利水平的影响。也就是说,当

$$\beta W + (1-\beta)\left(\sum_{i \in S}^{n} W_{iF} + \sum_{i \in S}^{m} W_{iN}\right) \geq \beta W + (1-\beta)\sum_{i \in S}^{n^*} W_i \quad (5-48)$$

即一国政府与他国签订服务贸易自由化协议才具有实际的福利意义,其中,国内服务业利益团体的总数$n^* = n + m$,W_{iF}和W_{iN}分别代表两国参与服务贸易自由化后的服务行业和未参与服务贸易自由化的服务行业福利水平。而当且仅当

$$\sum_{i \in S}^{n} W_{iF} + \sum_{i \in S}^{m} W_{iN} \geq \sum_{i \in S}^{n^*} W_i \quad (5-49)$$

才会允许服务贸易自由化协议存在例外的服务行业;也就是说,假定服务贸易自由化协议中允许各国服务产业的例外数目是有限的,否则将难以达成协议。这也符合世界贸易组织(WTO)要求服务贸易自由化中要提供

"尽量多的自由化"（郎永峰，2010）。

就此，我们可以继续探讨假定在 A 和 B 两国政府签订服务贸易自由化协议的谈判中，如何在存在服务产业例外的情况下，寻找纳什讨价还价模型的均衡结果；其核心在于双方经过磋商谈判，选择能最大化各政府的净福利水平，确定将各自哪些服务产业列为"例外"，达成政治和经济的双重均衡目标，最终实现区域服务贸易自由化。因此，A 和 B 两国政府签订服务贸易自由化协议后的福利水平分别为：

$$W^{GA}(I) = \sum_i [I_i(C_{iH}^A + \beta W_{iN}^A) + (1-I_i)(C_{iF}^A + \beta W_{iF}^A)] \qquad (5-50)$$

$$W^{GB}(I) = \sum_i [I_i(C_{iH}^B + \beta W_{iN}^B) + (1-I_i)(C_{iF}^B + \beta W_{iF}^B)] \qquad (5-51)$$

A 和 B 两国政府签订服务贸易自由化协议前的福利水平分别为：

$$\overline{W^{GA}} = C_{iN}^A + \beta W_{iN}^A, \quad \overline{W^{GB}} = C_{iN}^B + \beta W_{iN}^B \qquad (5-52)$$

那么，可以将 A 和 B 两国政府签订服务贸易自由化协议时的最大化净福利函数表示为：

$$\max \sum_{j=A,B} [W^{GA}(I) - \overline{W^{GA}}]^{\varphi A} \cdot [W^{GB}(I) - \overline{W^{GB}}]^{\varphi B} \qquad (5-53)$$

其中，β 是政府福利函数中对全体服务消费者的福利权重；I_i 为指示向量，$i \in S$，当服务产业 i 被作为"例外产业"，排除在服务贸易自由化协议外时，其取值为1，反之取值为0，那么对 A 和 B 两国就此讨价还价博弈的纳什均衡解为 $I=\{I_i=0, 1\}$。φ^A 和 φ^B 分别代表两国进行贸易谈判时各自具有的议价能力。

由上式说明，在两国签订服务贸易自由化协议前，政府福利水平越高，则该国在谈判中支持其服务业利益团体作为"例外产业"的意图也越明显。同样，根据上文论述，如果一国受到经济实力强、谈判耐心程度高、预测未来不确定性时期短和政治捐献被赋予的权重大等外生变量影响，那么其在谈判中的议价能力也会更强，从而也为其国内服务业利益团体的政治游说集团发挥作用创造了更大机会。由此，我们将式（5-50）、式（5-51）

和式(5-52)代入式(5-53),并将其改写为对数形式:

$$\varphi^A \ln[I_i(C_{iH}^A+\beta W_{iN}^A)+(1-I_i)(C_{iF}^A+\beta W_{iF}^A)-(C_{iN}^A+\beta W_{iN}^A)]+$$
$$\varphi^B \ln[I_i(C_{iH}^B+\beta W_{iN}^B)+(1-I_i)(C_{iF}^B+\beta W_{iF}^B)-(C_{iN}^B+\beta W_{iN}^B)] \quad (5\text{-}54)$$

求其一阶条件:当$I_i=0$时,

$$\frac{\varphi^A}{W^{GA}(I)-\overline{W^{GA}}}\left[-(C_{iH}^A+\beta W_{iF}^A)+(C_{iF}^A+\beta W_{iF}^A)\right]+$$

$$\frac{\varphi^B}{W^{GB}(I)-\overline{W^{GB}}}\left[-(C_{iH}^B+\beta W_{iN}^B)+(C_{iF}^B+\beta W_{iF}^B)\right] \geq -\lambda$$

当$I_i=1$时, \quad (5-55)

$$\frac{\varphi^A}{W^{GA}(I)-\overline{W^{GA}}}\left[-(C_{iH}^A+\beta W_{iF}^A)+(C_{iF}^A+\beta W_{iF}^A)\right]+$$

$$\frac{\varphi^B}{W^{GB}(I)-\overline{W^{GB}}}\left[-(C_{iH}^B+\beta W_{iN}^B)+(C_{iF}^B+\beta W_{iF}^B)\right] \leq -\lambda \quad (5\text{-}56)$$

其中,$\lambda \geq 0$是对"例外产业"的数量进行约束的拉格朗日乘数。就此,可以看到其一阶条件可简化后得到:

$$[(C_{iF}^A+\beta W_{iF}^A)-(C_{iH}^A+\beta W_{iN}^A)]+\mu^B[(C_{iF}^B+\beta W_{iF}^B)-(C_{iH}^B+\beta W_{iN}^B)] \quad (5\text{-}57)$$

μ^A和μ^B分别表示A和B两国各自从其服务部门i实现贸易自由化后所能获得的福利。根据上式,如果某个服务行业利益团体的具体数值达不到均衡条件的临界值,即一国具有市场准入机会,但政治收益加权和为正的服务行业,以及面对服务进口,政治成本加权之和比较大的进口竞争行业,将成为两国服务贸易自由化协议中的"例外产业"。

第四节 基于博弈分析框架的东亚区域服务贸易自由化合作路径的解释

基于上述相关博弈理论的分析,本章对东亚区域服务贸易自由化的合作路径形成以下认识。

(1)根据博弈理论的分类,区域服务贸易自由化具有典型的"非合作博弈"性质,如果东亚各经济体的经济关系都是一次性博弈,那么自然会陷入"囚徒困境"的纳什均衡。因此,东亚区域服务贸易自由化发展的前提在于各经济体具有合作的意愿,并通过寻求签订服务贸易合作协议来实现服务贸易自由化。

(2)东亚区域服务贸易自由化合作具有典型的动态博弈特征,而各经济体开展服务贸易自由化合作的基础在于各自服务业发展和服务生产要素资源在产业内整合、互补和投入程度的"共享性";也就是说,各经济体服务生产水平的提升影响着服务贸易的合作水平,进而影响着东亚区域服务贸易自由化发展的深化。

(3)从东亚区域服务贸易自由化的合作博弈内在关系上看,一是区域内国家间的服务贸易自由化程度提高,对服务生产存在双向的激励作用;二是两国通过签订服务贸易自由化协议形成服务贸易合作关系,有利于双方实现服务贸易收益的最大化;三是较高的服务生产要素投入的互补程度对推动服务贸易自由化具有正向的激励作用。

(4)区域服务贸易合作协议是保持区域服务贸易自由化长期实行的制度保障,协议的谈判也具有典型的动态议价博弈特点。尽管议价谈判中的时间因素具有重要作用,但是由于存在对未来利益的考虑和未来收益对眼前利益的贴现,只要未来利益的重要性足够大,协议的执行监控和惩罚机制健全,各方就会走出"囚徒困境",在非合作博弈中达成具有较好收益、能够长期维持的合作均衡。

(5)在东亚区域服务贸易自由化合作进程中,各国国内的相关服务业利益团体和从业者对各国政府制定服务自由贸易政策的影响不容忽视。只有实现政府与服务业利益团体联合剩余最大化的纳什讨价还价均衡解,才有条件进一步探讨政府参与区域服务贸易自由化的可能性。而一旦寻求参与,那么签订区域服务贸易自由化协议中政府与利益团体间的博弈则主要集中在哪些产业将作为一国参与区域服务贸易自由化谈判中的"例外产业",并寻求实现各方的政治利益均衡。

因此，就东亚区域服务贸易自由化发展的具体特点而言，首先，持续强化东亚地区经济体间的服务产业结构的互补性。在经济体间开展服务贸易自由化合作的背景下，双方服务产业结构的互补性对推动服务部门开放程度具有重要作用。也就是说，各经济体服务产业结构的发展要追求专业化，而不完全是追求产业的趋同；要形成各自领域的竞争优势，而不是一味加剧具有"替代性"思维的竞争负效应。这对经济发展水平和要素禀赋迥异的东亚地区经济体而言，尤为重要。

其次，各经济体在推动区域整体服务贸易自由化上，要充分利用不确定性时期对协议签订的影响，借鉴既有双边服务贸易合作协议签订中分阶段谈判的特点，促进"早期收获"的自由化协议的先行签署，逐步有效释放自由化红利，进而不断调整完善各经济体适应服务业开放的政策法规，遵循价值链的特征，将专业化分工和服务经济互补性作用充分发挥出来，创新服务贸易自由化合作新机制，提高服务贸易的水平和质量。

最后，由于东亚经济体间政治、经济和社会发展的巨大差异，东亚区域服务贸易自由化将可能很难实现"完全的自由化"，但应当努力寻求提供"尽量多的自由化"。因此，在各经济体签订服务贸易自由化协议的谈判中，应力图在存在服务产业例外的情况下，寻找具有"卡尔多改进"特征的均衡结果。其核心在于东亚各国能否经过磋商和谈判，选择实现各方净福利水平的最大化，并尽量确定更少的服务部门为"例外"，达成政治和经济的双重均衡目标，最终实现东亚区域整体服务贸易自由化水平的提升。

第五节　本章小结

本章认为，东亚区域服务贸易自由化的合作发展，一方面在于各经济体自身的服务业发展和服务生产要素资源在产业内整合、互补和投入程度的"共享性"，要具备开展服务贸易合作的基础；另一方面在于东亚各经济体要具有开展合作的意愿,并通过寻求签订服务贸易合作协议来实现服务贸易自由化。

通过动态博弈分析得到,开展服务贸易自由化合作的基础在于各自服务业发展和服务生产要素资源在产业内的整合、互补和投入程度。东亚经济体对服务贸易合作协议谈判的态度大多是积极的,各方不可能将议价过程无限期地进行下去,最终将达成稳定的机制安排,实现具有较好收益、能够长期维持的合作均衡。同时,参与区域服务贸易自由化是否会触及相关利益团体及其所代表公众的福利变化,各国政府推动服务贸易自由化对自身政治福利的影响,以及不同利益团体是否因其政治影响力差异而得以纳入或排除在服务贸易自由化进程中等竞合问题,反映了服务贸易自由化政策制定过程中,政府、公众和国内利益团体之间也存在纳什讨价还价的动态博弈。

在博弈理论框架的分析下,可以逐步厘清东亚区域服务贸易自由化合作路径的特征,也为进一步运用全球价值链理论和国际政治经济学的融合视角观察,结合当前地缘因素和经济因素互动的现实,研究东亚区域服务贸易自由化合作与治理机制的整合问题奠定基础。

第六章　东亚区域服务贸易自由化合作与治理机制整合研究
——基于全球价值链发展的分析框架

根据新贸易理论从规模经济的视角对服务贸易动因和模式的阐释，伴随世界范围内生产和服务不断碎片化和在空间上重组的现实，越来越多的最终产品和服务根据价值链的延伸被分散在最有效率和成本最低的国家或地区，由此形成的贸易不平衡已不是简单的双边贸易问题，服务贸易发展与信息技术进步、区域经济治理与地缘政治竞争不断相互交织影响，日益呈现出复杂化趋势。

在全球价值链整合和产业跨境转移背景下，东亚服务生产网络的形成与发展对东亚区域贸易体系和结构产生了深刻影响。然而，由于驱动东亚服务生产网络发展和国际分工的动力仍然在外部，传统的东亚区域"地区主义"合作思维与服务贸易自由化寻求广泛的贸易与经济增长正面临着制度性冲突。本章力图通过研究全球价值链的深度整合对东亚服务生产网络形成和发展的影响，解释传统"地区主义"合作治理思维的内涵和意义，分析和反映东亚服务生产网络发展推动区域服务贸易自由化对东亚"开放的地区主义"合作的现实诉求，进而运用国际政治经济学的融合视角观察，形成对东亚区域服务贸易自由化进程中合作的主导权和地区治理的不同认识，最终揭示未来东亚区域服务贸易自由化合作与治理的制度竞争和整合路径。

第一节 全球价值链整合与东亚服务生产网络的演进和变迁

伴随工业化国家消费需求模式的转变和跨国公司开展跨境外包的广泛兴起，新兴经济体国家通过完善基础设施建设，推动对外贸易发展，不断释放各自的生产和服务供应潜力，结合生产性服务业和知识密集型服务业全球转移的新趋势，促进了全球价值链的生成和延伸。同时，全球价值链的整合升级又不断促进全球服务贸易衍生出新的特点：一是服务业与制造业不断融合互动，生产性服务贸易快速增长；二是全球性经济贸易自由化程度不断提高，知识密集型服务业国际转移不断加快；三是区域性和各国国内产业结构和布局不断调整，区域服务生产网络逐渐形成，区域性服务贸易自由化诉求不断增加。

传统的东亚生产网络由"雁行模式"(Flying Geese Pattern)演变发展而来，但自20世纪末以来，伴随跨国公司在东亚地区投资和生产战略的调整，以及东亚各经济体经济发展水平的提高，发达国家与发展中国家以技术层次递减、垂直产业间形成分工格局的认识开始遭遇挑战。此时，东亚地区的生产和服务分工形式逐渐形成以"分散化"(fragmented production)为基础，遵循产品和服务在价值链上的不同环节展开地区性分工，特别是通过产业内和产品内服务贸易逐步形成了多层次、网络状的新型区域生产和服务体系。

一、全球价值链的生成与区域生产网络的演进

分工"是政治经济学的一切范畴的范畴"(马克思，恩格斯，1979)。"在亚当·斯密看来，它几乎是作为经济进步的唯一的因素"(吴锋，2009)。国际生产活动由原来主要是一国内部或区域间的分工转变成目前的全球范围内的分工，由企业内部的简单流程扩展为遍布全球的巨大网络。这种新型生产模式的出现源于产品生产的价值链发生了重大变化。全球价值链的生

成和发展成为国际生产网络出现的重要微观基础（刘中伟，2014）。

1990年，迈克尔·波特在提出"企业价值链"概念的基础上，又将其理论的研究层面拓展到企业外部，并突出了价值链的空间分离（朱妮娜，叶春明，2011）。格里芬随后将"价值链"的概念推广到世界范围内理解，并与国际产业组织联系在一起，提出了"全球商品链"（Global Commodity Chain, GCC）的分析框架，用以考察如何提升产品在国际产销体系中的竞争优势。该理论以"生产者驱动"（producer-driven）和"购买者驱动"（buyer-driven）两个模式来探究产品在国际产业链中的升级，并特别强调在构建全球商品链时需要注意投入—产出（input-output）结构、领域性、政治结构及制度框架（Gary Gereffi, 1994）。21世纪以来，学术界开始普遍使用全球价值链这一概念术语，福瑞斯塔首次明确提出，全球经济中应将"全球贸易一体化"与"生产垂直分离"有机结合。其中，发达国家保留核心的生产和服务业，向外转移其非核心生产和服务活动，通过全球采购实现经济利益最大化；发展中国家则从承接上述非核心生产和服务活动，介入全球价值链并不断实现升级（姚战琪，2014）。

根据联合国工业发展组织的定义，全球价值链（Global Value Chains, GVC）是指为实现商品或服务价值而连接生产、销售、回收处理等过程的全球性跨企业网络组织，涉及原料采购和运输，半成品和成品的生产和分销，直至最终消费和回收处理的整个过程，包括所有参与者和生产销售等活动的组织及其价值、利润的分配。当前散布于全球的处于价值链上的企业进行着从设计、产品开发、生产制造、营销、交货、消费、售后服务、最后循环利用等各种增值活动（刘中伟，2014；联合国工业发展组织，2002）。相比价值链在企业组织中的纵向维度特征，全球价值链是价值增值在国际经济关系中的体现，而全球生产网络则更成为全球价值链发展的高级形式。产品构成越复杂，生产和服务工序越多，价值链的纵向维度就越长，并逐渐从组织规模和生产性主体上形成层级关系。同时，相关产业开展专业化分工获得的规模经济越大，涉及价值链的横向维度则越发达，将从地理分布上不断形成规模宏大、结构复杂的生产和服务网络结构（T.Sturgeon, J.Lee, 2001）。

国际生产网络（International Production Network，IPN）的出现实际上是国际生产体系的重大变革，是全球价值链延伸和整合、国际生产模块化与服务外包（outsourcing）、国际垂直专业化分工等国际化生产现象的总体概括（浦华林，2011）。这一生产体系由此产生大量中间品和生产环节的贸易，其中大部分体现为生产性服务贸易，对不同区域的进出口贸易和经济发展产生重要影响。

在理论层面，亨德森使用全球生产网络概念时提出，"全球"代表多种地域空间，生产网络的构建可以是全球或是区域范围的（J.Hendson，P.Dicken，2002）。厄恩斯特和古里耶里，安藤光代和森田福成分别研究了日本、美国与东亚其他国家的贸易联系，并从企业角度分析了美日企业在东亚以及拉美的生产网络，认为东亚的生产网络基础更发达，区域投资环境因素对推动生产网络发展更为重要（Dieter Ernst，Paolo Guerrieri，1997；Mitsuyo Ando，Fukinari Kimura，2003）。奥巴什采用Kaplan-Meier估计方法和Cox比例风险模型研究了全球经济危机背景下东亚生产网络的稳定性，认为随着区域内各国经济相互依赖程度的加深，东亚经济体间建立了相对稳定的贸易联系；同时，建立在生产链基础上的中间品和服务贸易与其他交易相比更具持续性（Ayako Obashi，2009）。

在现实中，伴随区域经济一体化的发展，国际生产网络的生产组织形式在区域层面的发展更加迅速。目前，全球主要有北美、中东欧和东亚三大区域性生产网络。其中，北美区域生产网络层次简单，以美国的跨国公司总部与墨西哥子公司间的前向或后向关联为主，即在墨西哥完成最终产品的组装后返销美国。中东欧区域生产网络比北美区域生产网络的区位分布更为广泛，但产品内分工体系并不完善，很多部门的中间品和服务依靠从域外国家或地区进口。

相比之下，东亚生产网络的空间分布非常广泛，包括众多不同收入水平的国家或地区，发展较为完善且特点鲜明，主要表现在一般机械、电子机械、运输设备、精密仪器等传统机械制造领域的企业内和企业间生产关系非常成熟（刘德伟，2010）。更重要的是，区域生产网络的服务生产和转移快速增长，越来越引起东亚地区贸易结构的显著变化，甚至改变了各国与地区内外经济体的贸易联系形式。东亚生产网络通过逐渐重塑各国相互之间的国际分工结构,将服务贸易"嵌入"区域生产网络,成为其新的发展形式,促进区域内各经济体共享服务产业链分工的发展机遇。这对推动东亚区域服务贸易自由化,乃至区域地缘政治利益、国际经济关系和安全而言都具有极为重要的意义。

二、全球价值链整合中服务业与制造业发展的融合互动

在新贸易理论研究中,作为不完全竞争和规模经济条件下服务贸易理论的代表,琼斯和凯茨考斯基提出了"生产区段和服务链理论",探讨了生产方式改变与服务贸易之间的关系(R.Jones, H.Kierzkowski, 1990)。马库森和弗兰克斯则分别从需求的角度分析,认为由于服务贸易,尤其是生产者服务贸易,具有明显的规模报酬递增特征,而且许多中间产品又具有差异化或与国内要素互补的特性,因此生产者服务贸易优于单纯的最终产品贸易。此外,弗兰克斯还强调了服务在协调和衔接各专业化生产过程中的外部聚集作用,以及生产者服务贸易对货物生产的影响(J.Markusen, 1989; J.Francois, 1990)。21世纪以来,随着全球价值链理论研究的兴起,服务业国际直接投资的不断增加和国际服务外包的迅速扩张,传统的制造业全球价值链构建,正在向制造业和服务业价值链融合互动的方向整合,从而形成基于新贸易理论视角的全球价值链新布局。

1.全球价值链背景下的产业分工细化和制造业的跨国转移

伴随全球价值链的生成,制造业生产工序的分散化和生产环节的不断分工,催生了包括中国在内的新兴经济体以代工方式加入无国界的生产系统中,逐渐推动发达国家和跨国公司在产业升级过程中将制造业大规模转移到新兴经济体国家。然而,信息技术的快速进步和供应关系所引发的企业学习效应,促使传统生产和管理活动中的服务不断分离出来,并得以成熟化和标准化,形成价值增值的新空间;而处于价值链低端的发展中国家则通过模仿和升级寻求向价值链高端移动,承接和发展制造业转移过程中的各类生产性服务需求(如图6-1),从而逐步形成制造业和服务业融合互动发展的局面。

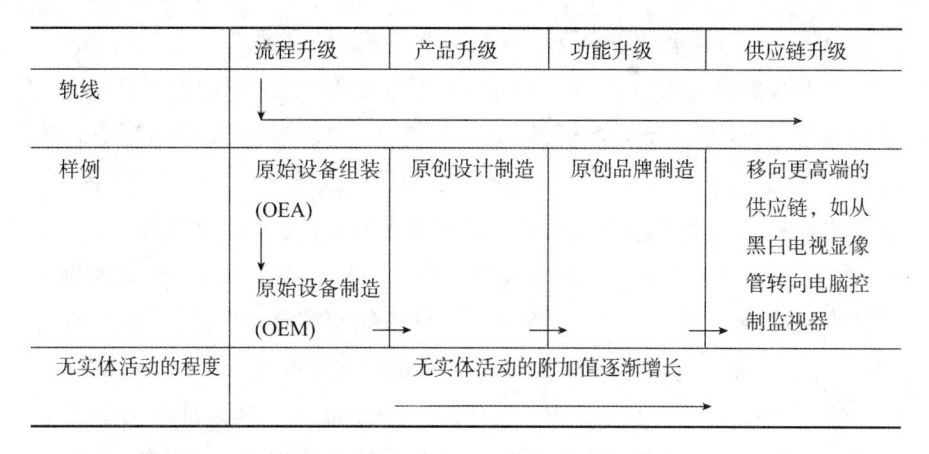

	流程升级	产品升级	功能升级	供应链升级
轨线	→			
样例	原始设备组装 (OEA) ↓ 原始设备制造 (OEM)	原创设计制造	原创品牌制造	移向更高端的供应链，如从黑白电视显像管转向电脑控制监视器
无实体活动的程度	无实体活动的附加值逐渐增长 →			

图6-1 新兴发展中国家在制造业价值链中升级的可能路径（王中美，2012）

2.服务业的全球转移和国际服务外包的扩张的现实

随着发达国家向服务型经济转型步伐不断加快，世界整体经济结构加速向服务业倾斜，服务业特别是生产性服务业呈现大规模全球转移。其中，服务业全球跨境直接投资由20世纪70年代占全球国际直接投资的25%，大幅上升到2005年以来的70%以上，同时，全球服务业年均对外直接投资流量超过60%，全球贸易出口增加值的46%由服务部门贡献（2013年世界投资报告，2013）。信息咨询、金融保险、科技研发、会计法律、教育培训和其他专业生产性服务业对外投资扩张势头强劲，促进国际分工进一步深化，推动全球服务价值链日趋形成，成为改变全球服务贸易结构的重要因素。

服务业全球转移和跨境投资的重要载体是国际服务外包或称离岸服务外包，根据格里芬等人的划分可以包括信息技术服务外包(ITO)、知识过程外包(KPO)和商务过程外包(BPO)(Gereffietc, 2010)，从IT工程应用技术和基础设施运营，到商务咨询分析和公关法律事务，再到企业资源管理和营销客户关系服务，原来在一国或一家企业生产的服务转变为全球分散性完成，推动全球价值链向"服务价值链"转变。麦肯锡环球研究所的研究认为，发达国家跨国公司跨境向外转移1美元业务，将节约成本58美分，主要来自人员成本降低、人才素质提高和研发时间周期缩短等因素，采取国际服务外包的平均成本节约超过65%（张珺，2010）。联合国贸发会议的统计数据显示，2010年全球服务外包产业规模约为1.2万亿美元，市场规模仍以年均30%~40%的速度增长，发展势头日趋迅猛（原小能，2012）。

3.服务业与制造业融合互动下的全球价值链整合模式

以发展的视角看待全球价值链整合不难发现,当前制造业与服务业相互融合渗透,产业边界日渐模糊,兼具制造业和服务业特征的新型业态已成为产业发展的新形式。一是制造业本身日趋服务化,在流程、产品、功能和供应链条升级上不断向服务业拓展和延伸。二是服务业发展日趋工业化,服务业凭借知识密集、技术集中、贴近需求和顾客等多种产业优势,不断与制造业具有的标准化、流程化和设备化相结合,将无形产品与有形产品相结合,最终形成一体化的最终产品和服务的解决方案。三是生产性服务业与制造业融合互动是全球价值链升级的核心。从全球价值链的角度,制造业每一个环节都需要生产性服务业的辅助和黏合,可以根据对价值链环节和价值增值的重要程度,分为辅助生产性服务业和核心生产性服务业,从而确定哪些服务可以外包进行,哪些保留在企业内部完成(姚战琪,2014)。

伴随全球制造业转移的路径和需求空间调整,原有价值链中的制造业承接国也随之承接了对制造业提供支持的各类服务提供,根据国际生产网络中不同层级的厂商职能,从生产制造延伸到设计开发、产品定型、技术服务等生产性服务环节(如图6-2),不断与各类制造业融合互动,形成了全球价值链的新布局和分散全球的服务生产网络。当然,发达国家仍大多处于全球服务价值链的主导地位,掌握高新技术和设计、市场资源和开发、资金筹措和金融服务等高附加值知识密集型生产性服务;发展中国家则普遍围绕高素质劳动力资源优势,开展服务产品测试、标准化生产维护和其他代工技术服务等劳动密集型生产性服务。

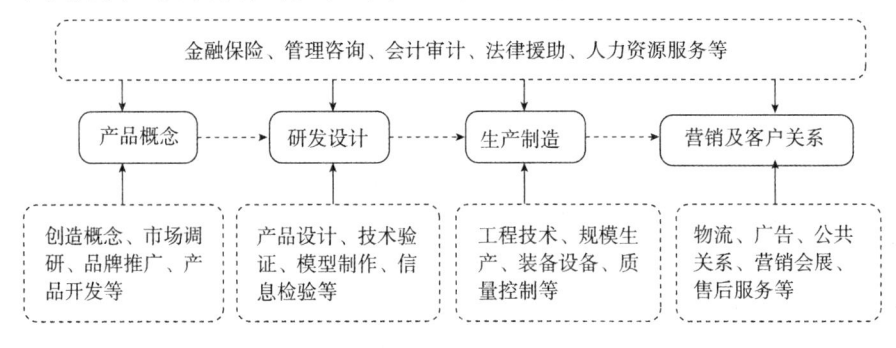

图6-2 全球价值链整合视角下生产性服务业与制造业的融合互动

以离岸服务外包为代表，美国、日本和欧盟等发达国家仍然是主要的服务业务发包方，其中美国占全球市场的64%，欧洲和日本分别占18%和10%，其他经济体不到10%（原小能，2012）。澳大利亚、新西兰、爱尔兰等服务业传统发达国家，承接了部分相对高端的服务外包业务，而印度和东亚地区经济体则是服务外包的主要承接中心，但仍以信息技术外包和部分商务流程外包为主要形式，根据各自不同的特色领域，构成与之承接制造业发展相融合的全球服务提供者（如图6-3）。

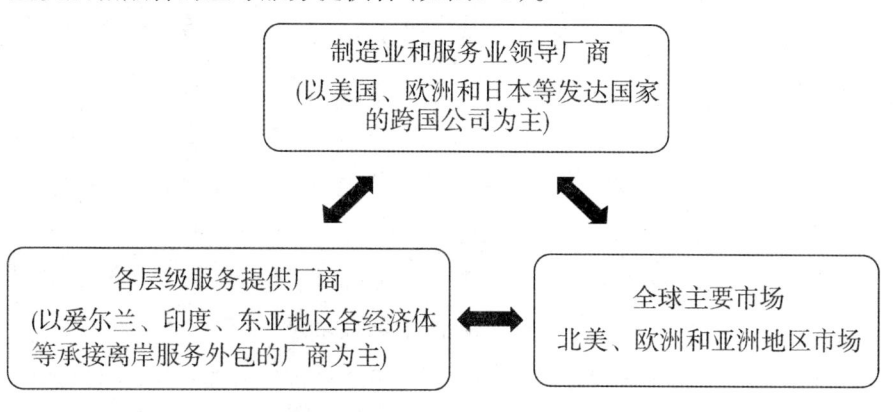

图6-3 全球服务生产网络构成的基本框架

4. 全球价值链整合的内在矛盾与区域服务贸易自由化的推动力

《2013年世界投资报告》显示，全球价值链及其复杂网络日益成为贸易的推动力，全球价值链增值的贸易模式主要是由跨国公司的投资决定的，跨国公司协调的全球价值链约占全球贸易的80%。因此，在基于服务业与制造业融合互动的全球价值链布局中，跨国公司往往通过其跨境子公司、合资或合同关系等复杂的供应商关系网络和治理模式，实现在价值链中权力结构控制和经济利益分配的双重"话语权"。跨国公司无论采取所谓金字塔管理，抑或扁平控制说，始终无法回避其对下游供应商带有控制与剥削的特征，成本和风险仍然是其战略考虑的第一要素（王中美，2012）。

然而，伴随服务业的全球转移，全球价值链整合所创造的贸易流不断呈现出扩散化和区域化特征，在价值链上下端控制关系中的自我矛盾性日趋激烈。一方面，跨国公司希望通过有效的合同关系确保对价值链低端生产环节价格和质量上的控制，保护和稳定自己的利润，通过更分散的生产和服务过程限制供应商的升级路径；但同时这种控制力的维系需要建立在对价值链中下端供应商专业化水平的培育基础上，并不可避免地集中在某些特定区域，而这些国家通过发挥学习效应，提升自身竞争力，直至带动整个区域的产业升级，区域内服务贸易的快速增长也自然获得动力。另一方面，尽管全球价值链整合后的层级没有发生实质性改变，但其提供的最终产品和服务的目的地，并不都是发达国家。以中国为代表的东亚地区，不仅是全球中间产品和服务生产的聚集地，同时也不断形成对上游市场的强大反制力，既反映在对国际大宗商品和各类生产性服务的市场需求上，也体现为在区域内外创建更下游的价值链，从而使原来处于价值链低端区域经济体的影响力与日俱增。

因此，在服务业和制造业融合互动的趋势下，全球价值链中处于不同位置的参与者将越来越走向相互制衡，既不是简单的"地理上的转移"，也不是绝对的控制与被控制，互补分享才是全球价值链整合发展的核心问题。未来，区域价值链的联系将比全球价值链更为重要（《2013年世界投资报告》，2013），更大和更深的服务专业化、离岸服务外包的规模化和集约化、以效率和创新驱动的服务经济发展将成为改变全球价值链层级状态的新动力，而区域服务贸易自由化则成为维持价值链可持续发展竞争力的"润滑剂"和"加速器"，必然与价值链和服务生产网络形成相互依赖、相互促进的内在制度性机制。

三、东亚区域服务贸易自由化的结构动力：开放性的服务生产网络

20世纪60年代以来，以制造业转移和升级为背景，东亚地区形成了以日本为"领头雁"、亚洲新兴工业化经济体（亚洲"四小龙"）为"雁身"、中国与东盟部分发展中国家为"雁尾"的，以产业间垂直分工为特征的"雁行发展模式"，从而使本地区保持了相当长时期的经济高速增长。然而，伴随

亚洲"四小龙"和中国等新兴发展中国家积极参与全球价值链，承接产业转移而带来的"经济起飞"，日本与其他东亚经济体的发展水平间的差距逐渐缩小，产业内和产品内分工日益复杂，原来层次分明的分工格局在相互赶超过程中不断模糊，"雁行模式"日趋式微（刘中伟，2014）。

同时，东亚经济却在不断调整中逐渐形成了独特的"竹节型资本主义"（Bamboo Capitalism），即通过跨境直接投资、跨境生产协作和中间产品贸易的兴起，使东亚经济体不断成长，在东亚地区形成了多样性和充满活力的产业群和价值链，商品和货物贸易网络（David Roland-Holst等，2003），即新型的东亚区域生产网络和高水平的区域货物自由贸易化机制。

就其分工体系和贸易增长机制而言，弗兰西斯和耶茨认为，处于不同发展阶段的东亚国家正在价值链的不同区段进行专业化分工或称"生产分享"（FrancisNg, Alexander Yeats, 1999）。特别是近十年来，东亚地区经济体又通过技术传播和技能培养、产业调整和规模经济，不断将服务业竞争力提升和服务贸易快速发展吸收到区域生产网络的升级中，将强大的生产能力、专业设计能力和自主品牌营销能力相结合，从简单的贴牌生产（Original Equipment Manufacturer, OEM）发展到设计生产（Original design manufacturer, ODM），正在向品牌生产（Original Brand Manufacturer, OBM）进行战略性定位和转型。其间，生产性服务业和服务贸易则成为重要媒介和工具，就此形成了开放性东亚服务生产网络的基本特征。

一是东亚区域制造业生产网络发展成熟，在服务业和制造业融合互动的背景下，发达国家跨国公司的服务生产链转移有的放矢，较少出现中间环节的多次转移，服务成本、服务质量和专业化水平得以有效保证。

二是东亚地区科技、人力、资本和基础设施优势明显，承接服务的种类和领域广阔，既有为制造业提供支持的各类生产性服务业，也有单纯的服务产业转移，例如生物制药、微电子和通信技术、软件和创意文化产业等新兴服务业态。

三是东亚区域各经济体各具禀赋特色，承接和开展的服务生产环节各有侧重。例如中国、越南等国在软件外包和数据处理方面提供的服务，新加坡的信息枢纽和金融后台服务，马来西亚提供的企业后台运作和客户服务,菲律宾的呼叫中心服务和动画影像、数据输入处理服务等。

四是东亚区域内外仍呈现服务业高低端差异,服务提供分散和集中并存。由于涉及知识积累和应用经验的差异,跨国公司仍然掌握更为复杂的知识和技术密集型产业的主导权,除日本外的大多数东亚经济体尚处在中低端服务产业的分散趋同竞争中,美国和欧洲等发达国家处于价值链的核心位置并未明显改变,呈现出区域内外开放、共享和互补的服务提供格局。

五是区域内各经济体在服务生产网络中的经济地位和权力格局日趋非对称。经历多年经济的高增长,包括中国在内的部分东亚新兴经济体在经济实力、人力资本、专业技能、研发投入和基础设施方面取得长足进步,已逐步在区域内形成更高层次的服务业规模、专业优势和庞大的市场。为此,东亚服务生产网络内部的服务价值链环节也将延伸不同层级状态,形成区域内不同附加值服务的相互提供与承接关系,并不断演进成为最终产品和服务消费的终端市场。

正是伴随东亚区域服务价值链环节的延伸与转移,特别是各类与制造业发展联系紧密的生产性服务提供和使用,东亚区域服务贸易的规模、种类和范围扩张的势头势不可挡。既往东亚生产网络形成的发达国家前端工序生产—东亚国家组装加工—最终产品流回发达市场的"三角贸易模式"(triangle trade pattern)已日渐模糊(刘中伟,2014)。尽管全球价值链的运作和利润分配仍然取决于发达国家跨国公司的影响力,但现实中更多的则是生产过程的不断碎片化和分散化,设计和服务外包的不断转移和层级化,服务价值链上的布局和制约关系更加错综复杂,发达国家和发展中国家在"生产共享"和"服务共享"上变得更加相互依赖。与此同时,发达国家市场作为最终销售地不再一家独大,东亚新兴终端市场的不断壮大,也推动要素流动和商品流动在域内外同步循环发展,将东亚与世界其他地区的经济发展紧密联系起来。由此,开放性的服务生产网络逐渐成为整个东亚区域服务贸易自由化的结构动力,东亚区域服务贸易自由化将不能简单理解为"地区主义"范畴下的贸易自由化,而是开放的、复杂的和网络状的多边与区域相融维度下的贸易自由化合作和治理机制问题。

第二节　东亚经济治理的"地区主义"困境与区域服务贸易自由化的"新地区主义"

长期以来，地区主义与多边主义始终是贸易自由化路径争论的核心，早期的地区经济一体化研究主要集中在区域经济福利效应和水平的提升上，其后围绕区域经济合作组织能否带来全球福利水平的帕累托改进展开讨论（符大海，张莹，2007）。1991年，巴格瓦蒂关于区域与多边贸易自由化"垫脚石"和"绊脚石"的命题，则开启了多年来理论界对多边贸易自由化与区域贸易自由化关系的广泛研究。冷战结束后，世界经济重心和全球价值链整合不断向亚洲，特别是向东亚地区转移，这一时期东亚出现了地区合作加速和经济一体化趋势迅猛的态势。然而，进入21世纪第二个十年之时，尽管东亚地区构建了一大批区域和次区域经济合作治理机制，但是区域经济一体化的步伐却明显放慢，甚至呈现出混乱和复杂的特征，被称为"制度复杂性"（institutional complex）和"制度过剩"（institutional surplus）（莫盛凯，2014）。究竟如何看待东亚区域经济合作和治理的现状，何以厘清东亚区域经济合作面临的困境，怎样理解开放性的东亚服务生产网络推动下的服务贸易自由化与地区经济合作治理机制的关系，对推动东亚区域服务贸易自由化发展具有重要的现实意义。

一、"地区主义"的概念认识和理论界定

全球经济治理和区域经济治理通过构建具有约束力的国际多边机制，解决跨境政策协调和复杂问题已成为当今时代的主题。在诸多治理要素当中，国际机制和国际组织是形成治理机制的重要载体和平台，但机制和制度形成本身却是各方有意识地进行互动和构建的结果。因此，东亚区域经济合作和治理机制的发展不应当在"制度复杂性"和"制度过剩"的疑惑中进行，而应通过还原"地区主义"理论界定的实质，准确反映、比较和衡量现有合作治理机制的有效性，寻求解释未来东亚区域服务贸易自由化的合理制度安排。

在国际贸易理论研究中，"地区主义"的概念是泛化的，将世界贸易组织（WTO）统计的各类地区贸易安排直接定义为"地区主义"来加以分析实际上是不确切的，例如加拿大和以色列两国签定的FTA也纳入地区贸易安排统计，就使得"地区主义"成为"一个难以捉摸的概念"（Edward D.Mansfield, Helen V.Milner, 1997），不利于对现实区域经济一体化的认识和理解。本节对"地区主义"的概念进行梳理，目的是对其理论核心进行狭义的界定，以期更好地反映东亚区域一体化的内在动力和推动路径。

根据庞中英的理解，"地区主义"是一个与"地区"概念直接相关的思维、政策及其进程（庞中英，2004），其概念的基础就在于"地区"和"主义"的厘清。结合彼得·卡赞斯坦的划分，从地缘意义上讲，"地区"首先具有地理上的接近和邻近，缺少地理限制的"地区主义"就将变得分散而难以研究其规律性（Andrew Hurrel, 1995）；从批判的建构主义认识上看，缺乏地区认同和共同意识的觉醒和交融也不能称之为地区；而从行为主义路径上理解，区域内交往联系频繁、各类要素流动程度密集的一组国家才能构成地区，这也是国际贸易理论界对"地区主义"最为关注的理解（Edward D.Mansfield, Helen V.Milner, 1997；彼得·卡赞斯坦，2007）。

由于"地区主义"概念使用的模糊，三种划分原则的影子都能在各类地区现实问题分析中找到，因此，本书认为根据诺曼·帕尔默的观点，地区的首要含义仍然应该落实于最基本、最普遍的理解，即地理空间的认识。"地区"概念应该需要很大程度的"地理性回归"（a return of geography），建构主义和行为主义的认识则是对"地区"概念的补充和发展，但绝非基础。由此，今天我们对东亚地区的普遍理解是中国、日本、韩国和东盟十国，这正是基于对"地区"概念的理解。朝鲜由于自我封闭而在行为主义的视角中孤立于东亚地区之外，蒙古亦在后两种维度上存在缺失，其他积极活动的亚太国家则明显在地理上远离东亚，美国更是如此（莫盛凯，2014）。

而就"主义"而言，尽管"地区主义"是以某种组织或合作治理机制的形式出现（韦红，2006），但将有价值取向的意识形态和思想主张从地区化进程中分离出来时，地区合作则可能只是有限、务实地解决具体问题，并不必然存在"地区主义"那种对于持久、深入合作的政治信仰和意识形态,其对地缘政治、经济乃至安全关系的重要性也就不言自明了。"地区主义"首先是一个国际政治经济学概念的范畴(肯尼思·华尔兹,2008),其次才是国际贸易理论分析的对象。"二战"后欧洲共同体的发展和实践,显然成为对区域经济合作功能发挥的最好诠释(雅克·佩克曼斯,2006);相比之下,单纯用经济逻辑思维看待日本在东亚区域合作治理中的"领导作用",只能用乏善可陈加以形容,看到更多的则是其对美国主导的亚太秩序的钟情和期待(倪月菊,2013)。

就此归纳"地区主义"的理论特征,可以包括以下三个方面:

一是"地区主义"需要区域内国家拥有共同的、坚强的"地区优先"的信仰和价值取向,不单纯以自身的成本—收益的经济思维和实用主义来认识和理解问题,地区经济合作与治理和区域贸易自由化也必须建立在"地区主义"理念之上才能稳定和持久。

二是"地区主义"中共享的价值和信仰应当是推动地区合作进程的内在条件,需要有意识的制度设计和目的安排,需要形成区域经济治理机制、政策领导和权威,并不断通过实践和经验促进地区内国家形成更多相似性和分享合作红利,有效发挥经济一体化和贸易自由化的功能性。

三是"地区主义"与"多边主义"的最大区别就在于地理空间上的限制,纯粹的"地区主义"一体化合作必须是地区内国家间的多边互动。理论上,纯粹的"地区主义"应该推动超越国家概念的政体出现,因此,是否有区域外的国家涉及或参与地区合作进程就成为跨越"地区主义"界限的标志之一。

东亚地区各种区域合作和治理机制蓬勃发展的背后,实际也显示了对"地区主义"内涵认识的模糊,简单地借用"地区主义"概念或是刻意回避都不利于未来区域合作和治理机制的有效性,更难以厘清未来东亚区域服务贸易自由化构建可能的路径选择。

二、缺少"地区主义"的东亚区域经济合作治理现实与困境

追溯东亚区域合作的发展历史,首次从制度层面形成的地区合作治

理机制应属20世纪60年代建立的东盟,但其创立之初并不是以经济和社会合作为根本目的,其本质是应对地区内外部威胁而维护自身集体安全的传统政治安全联盟(张云,2010)。时至今日,东盟仍始终将自己看作独立的区域,虽然推动建立和运行"东盟10+3"的合作治理机制,但不过是其维护外部各方势力平衡的抓手,东盟并未以东亚整体长远发展为己任,积极推动东亚"地区主义"合作的实现。日本则根本缺少亚洲认同(庞中英,2004),"二战"之后日本形成的日美同盟关系是日本地缘政治和经济合作认知的核心,阻止中国寻求地区主导权正成为其参与东亚区域合作的出发点。韩国始终将维护美国主导的亚太秩序作为优先考虑,但面对朝鲜半岛的复杂局势和对日本长期的历史不信任感,在东亚地区也更多倾向于务实合作。20世纪90年代以来,伴随经济的快速增长和价值链整合的合作诉求,中国逐步推动参与东亚地区合作,但这一时期的合作远非对东亚"地区主义"的认识,更多体现"置地区政治和安全合作事外"(陈峰君,祁建华,2007),满足于区域经济合作和生产网络构建的初级阶段,缺少更高标准的"地区主义"的合作治理思维。

目前,东亚区域合作和经济治理机制主要围绕与东盟的合作进行构建,包括东盟与中日韩三国的"10+3"合作机制,以及东盟与上述三国分别构建的"10+1"自由贸易区。其中,以中日韩三国为主的东北亚地区,成为世界仅存不多的在地理空间意义上没有建立区域性合作组织的地区。尽管"10+3"机制是目前唯一能够代表东亚地区层面的区域治理机制和经济合作平台,但其现实发展却离东亚"地区主义"融合的目标渐行渐远。

首先,东盟次区域"地区主义"(sub-regionalism)意识日益加深,"东亚意识"日渐消散,缺少东亚"地区主义"合作意愿,更难以主导未来东亚地区合作治理机制的构建。在"10+1"自由贸易区分别建立运行后,面对中日韩三国难以调和的现实和历史问题,东盟对推动东亚"地区主义"合作的兴趣明显减弱,而重新寻求塑造自身政治诉求和认同感的回归。2008年《东盟宪章》的生效标志着其联盟合作的思想正在向次区域"地区主义"转变,尤其是其中对于地理空间的表述和东盟经济共同体的建设目标

(《东盟宪章》,2013),已经彻底排除了东盟作为引领未来东亚"地区主义"发展载体的条件。

其次,"保险"理论的思维和缺乏有效互信,促使东亚"地区主义"陷入成本—收益的实用主义与主导权竞争的治理机制构建困境。根据瓦利和皮鲁尼的研究,一国参与区域经济一体化的目标是多重的,大国和小国签订区域贸易协定时,双方均会为进入对方市场或放弃贸易保护权利而支付一定的"保险金"(即讨价还价的条款),小国往往更关注传统贸易自由化的福利收益,大国则在经济效益基础上,还寻求地区合作主导权或贸易规则制定等方面的目标(Whalley,1996;Perroni,Whalley,2000)。一方面,中日韩三国与东盟分别建立"10+1"自由贸易区过程中,各方都过度关注贸易投资合作本身、成本—收益的经济比较和合作主导权的竞争,对于"地区主义"的共同价值观和思想观念的培育淡漠,"10+3"机制难以发挥有效的协调和轴心作用。例如,韩国和新加坡在2009年应对金融危机中,弃本已建成的东亚货币互换机制不用,而舍近求远向美联储借贷,本身就是对"地区优先"意识的摒弃,反映了东亚"地区主义"互信的严重缺失困境。

另一方面,东盟作为域内小国的集合体遵循"保险"理论的思维,当在地区范围内获取经济利益空间日益有限时,寻求大国平衡并引入区域外大国参与经济合作治理,就成为其不二选择。因此,无论是东盟成员方参与美国主导的TPP谈判,还是致力于维护东盟整体地位的"区域全面经济伙伴关系"谈判(Regional Comprehensive Economic Partnerships,RCEP)都有东亚地区以外的国家参与其中,实际上已经瓦解了对东亚"地区主义"的基本界定。

最后,"东亚"概念"亚太化",美国在东亚地区合作中始终扮演"利益相关者"的角色,并在政治、安全和经济合作中发挥重要作用。在"二战"以后,尽管北大西洋联系起美国和欧洲的共同身份,但欧洲的地理属性并未改变;而东亚则从"远东"变成"亚太",美国利用非地区性概念模糊,将东亚变成了模棱两可的"次区域",更重要的是将美国与东亚系于同一个地理概念之中(林立民,2007)。21世纪以来,特别是奥巴马政府执政后，先后提出"战略东移"和"重返亚洲"战略，通过主导和推动TPP谈判，欢迎和鼓励地区外国家介入东亚区域经济合作治理，加快以跨地区主义取代东亚"地区主义"；同时，美国进一步紧密与东亚各国的政治和安全双边关系，继续将其军事影响力作为介入东亚地缘平衡的重要因素，强化东盟各国所谓"中国威胁"的恐惧，构造美国介入东亚合作的合理解释。2009年，新加坡内阁资政李光耀访美时的一番表述精辟地概括了这种战略心态，即如果美国继续在亚太事务中扮演旁观者，那么中国将在亚洲全速崛起，美国则被边缘化（刘中伟，沈家文，2012）。由此反映出的东亚"地区主义"已不简单是缺失的问题，甚至出现了对东亚地区属性的分解。

因此，面对当前东亚地区合作发展的背景，必须有更有效和清晰的格局视角来审视和理解东亚区域经济合作的趋势和治理机制构建，将缺少"地区主义"的合作治理困境努力融合为东亚地区各方未来发展的动力，推动区域服务贸易自由化的目标不至于成为"空中楼阁"，以对外互补和内在需求推动开放性经济合作治理思维，促进包括中国在内的东亚各国经济可持续发展。

三、东亚服务生产网络发展与区域经济合作的治理互动

尽管东亚"地区主义"的合作治理机制面临发展的困境，"东亚"概念的"亚太化"打破了"地区主义"地理界限的认知，但是诚如上文分析，地区共享的价值和信仰需要有意识的制度设计和目的安排，需要形成区域治理机制、政策领导和权威，并不断通过实践和经验促进地区内国家形成更多相似性和分享合作红利，有效发挥经济一体化和贸易自由化的功能性。因此，从东亚地区合作的功能而言，开放性的服务生产网络作为促进参与国合作获益的治理设计和安排正在悄然形成，东亚服务生产网络通过与区域内外各国经济利益交织的日益密集，逐渐成为整个东亚区域服务贸易自由化的结构动力，与东亚区域经济合作形成有效的治理互动。

一方面，伴随东亚服务生产网络的开放性发展，传统价值链理论所认为的终极采购商通过合同关系控制全球供应商的中心地位已出现动摇，组

织全球价值链的核心市场已不完全是最终产品流向国,而有可能是众多中间产品的汇聚地。尽管价值链的层级并未发生实质性的变化,但现实中服务提供和订单转移不可能随时调整。因此,贸易流向的区域化与扩散化,使得像东亚服务生产网络这样处于价值链中下端的地区所具有的地缘政治经济优势不容忽视(刘中伟,2014)。

另一方面,就本质而言,东亚服务生产网络是企业,特别是跨国公司利用在全球实施规模经济,通过在东亚地区内外国家实行高度专业化分工,形成一体化国际生产,以期最大限度追求全球资源整合效率和价值增值的经济结果。因此,跨国公司要实现由地理上分散和不完整的生产服务体系转向跨区域性甚至全球性一体化生产、服务和分销体系的目标,就必须有效实现跨国协调成本的降低、投资政策壁垒的消除和区域经济集团化治理的加强(刘中伟,沈家文,2013)。

同时,东亚地区各经济体则需要通过开放性的区域经济合作,将各类生产、服务、投资和贸易行为纳入全球服务生产网络之中,以充分发挥各自的要素禀赋优势,提升整体产业结构并实现均衡发展,增加自身在全球政治和经济力量中的话语权。可以说,东亚服务生产网络发展与区域经济一体化之间相互依赖、互相促进的联系日趋显现,东亚服务生产网络正在以开放性为特征的"新地区主义",发挥其区域经济合作治理机制中的功能性作用,从企业、市场、社会和贸易层面的地区集体意志出发,寻求从理念到实践的东亚开放性地区合作。为此,可以从以下几个方面理解东亚服务生产网络与区域经济合作的治理互动的内涵。

第一,开放性的东亚服务生产网络的根本基础是分工问题,分工产生的效率使得企业与市场的地理边界越来越模糊。在东亚区域经济合作的推动下,服务供应企业可以依托地区内经济体形成的地理上的"网格节点",即结合处于不同区位的服务经济部门特点和不同区域的资源禀赋和环境特征,在开放性的区域分工中构建竞争与合作关系和网络组织形态。

第二,东亚服务生产网络在微观层面以跨国公司为主,在区域经济合作进程中形成对包括研发、制造、销售在内的企业间或部门间的开放性的跨国生产服务协作。跨国公司具有"潜在的地理柔性",可通过全球战略布局将不同服务和生产环节分布在最有效率和成本最低的区位,灵活利用不同区位上的成本、资源、物流和市场的差别获取利益。同时,在区域贸易一体化和投资便利化机制作用下,东亚地区内各类企业参与的最终产品跨境生产服务体系将更为有效地运行。

第三,东亚各经济体在宏观层面依托各自的要素禀赋,以自由贸易和跨境投资为纽带,开展开放性的区域经济合作,强化"区域公共物品"的政策协调和治理机制。随着更多的经济体参与最终产品生产和服务的提供,东亚区域经济合作将通过整合既有RTA/FTA相关条款,统一减少关税和贸易壁垒,放宽贸易和投资限制,促进服务贸易领域发展等,构建跨境生产和服务的有利制度和政策环境,从而促进东亚服务生产网络日趋成熟和完善。

第四,东亚服务生产网络与区域内各类产业集群和企业的发展存在互动关系。经济全球化并没有降低生产和服务的地理集聚,区域的空间结构也没有走向完全的系统平衡。从服务生产网络和区域经济合作的视角看,全球化力量促进了跨国公司经济活动的全球扩展和区域服务生产网络的形成,而地方化力量则导致企业更加依赖于生产和服务网络,并形成不同的产业集群(刘春生,2011),实现交易成本降低、生产效率提高和激励方法改进等多种集聚效应。区域经济一体化不仅具有扩大地方各类产业集群,加快东亚经济整体"嵌入"全球生产网络的作用,还将推动东亚区域内外经济体间的互动,促使企业不断创造和保持价值,丰富东亚服务生产网络发展的内涵。

因此,尽管传统的"地区主义"在地缘因素和政治思考中,对于纯粹的东亚区域合作有相对消极的认识,但就功能主义而言,全球价值链和区域服务生产网络的发展,已经成为绝大多数经济体获得长期发展收益的载体,与其说是否参与其中,不如说如何参与适应其中。同时,成功的全球价值链升级之路不仅需要扩大和开放与其他经济体在其中的协作,还需要向技术水平不断提升和复杂性不断加强的服务出口转移和调整,并寻求更具开放性发展的区域服务贸易自由化合作。

四、东亚区域服务贸易自由化的治理机制诉求：新地区主义的东亚合作

由于全球价值链的发展与贸易和投资关系密切，不断深化的东亚服务生产网络发展，区域内外经济体间的贸易和投资扩展，要求东亚区域经济合作发展能够奠定良好的制度基础和治理保障。根据《2013年世界投资报告》研究，要充分发挥贸易和投资政策及机构的协同作用，关注全球价值链中同时影响投资和贸易的政策工具（《2013年世界投资报告》，2013）。尽管1998年"东盟10+3"合作机制构建成功，东亚自由贸易区建设逐渐起步，并在21世纪初掀起了签订双边FTA的高潮，但是，这些双边FTA在促进各经济体间双边贸易和投资的同时，也导致了"意大利面条碗效应"，一定程度上影响了东亚生产网络形成"平滑的"贸易和投资格局，阻碍了东亚区域内服务贸易规模扩大的可持续性，也使得区域经济一体化发展始终踯躅不前。特别是中日韩自贸区尚难建成，多种竞争性区域合作治理机制并行，无法形成有效的区域经济治理格局和统一的东亚自由贸易区，致使国际经济协调成本居高不下，从而对东亚区域内商品、服务和资本的流动及优化配置，服务要素的转移、吸收和消化，以及东亚服务生产网络发展路径的优化构成制度和机制障碍，阻碍了在东亚地区形成更完整、更开放的国际分工体系和自由贸易关系。

有鉴于此，"新地区主义的东亚合作"对于推动实现东亚服务生产网络的发展和区域服务贸易自由化至关重要。所谓"新地区主义"主要体现在四个方面：

一是以便利对全球价值链参与和巩固地区经济发展势头为"优先目标"，通过达成基于价值链延伸和服务业升级的地区可持续发展的共识，以平等互惠、融合互补的开放思维构建东亚地区合作治理的新平台。

二是有效评估地缘政治经济形势和经济体自身的要素禀赋优势，综合协调区域自由贸易和投资协定，寻求区域经济一体化的协同效应。也就是说，根据全球价值链和服务生产网络的延伸，合理扩展东亚地区合作范

围,以开放的区域贸易自由化和投资便利化为政策工具,寻求价值链延伸中治理关系的构建和价值增值的分配。

三是以开放的区域贸易自由化和投资便利化为载体,建立促进地区经济合作的机制和机构,协调制定基于东亚服务生产网络优势和全球价值链发展的规则和标准,以帮助参与东亚地区合作的各经济体经济更好地整合在一起,以区域发展契约的方式开展合作(《2013年世界投资报告》,2013)。

四是促进公共部门和私人部门建立合作伙伴关系,以东亚服务生产网络为基础,加强和完善区域基础设施建设,扩大科技研发、技术转化、人力培养和技能培训,特别是通过对生产性服务业的发展投入,构建开放的跨国界生产和服务一体化产业集群,以微观动力推动东亚区域贸易自由化和投资便利化的不断前进。

当前,美国以"经济再平衡"为导向,寻求自身经济增长方式的转变,实施"战略东移"以及对TPP的积极推进,都对既有的东亚区域经济合作机制的路径选择形成了新的挑战。同时东亚区域服务贸易自由化是未来东亚服务生产网络自身发展,创建新的经济增长方式的重要保证,迫切需要东亚区域经济合作发展能够奠定良好的制度基础和治理保障。既然纯粹的"地区主义"无论对美国,还是东亚地区各经济体来说都是缺少意愿的,不妨基于价值链延伸和服务业升级的地区可持续发展的共识,以平等互惠、融合互补的开放思维推动"新地区主义"东亚合作,为实现东亚区域服务贸易自由化构建有效的一体化合作治理机制。

第三节 东亚区域服务贸易自由化的竞争性合作治理机制比较与整合

在开放性东亚服务生产网络不断发展的背景下,东亚地区逐渐形成经济关系与安全关系相互分离的"新地区主义"东亚合作二元格局。2008年金融危机爆发以来,中国与东亚各经济体的经济关系发展日益紧密,逐渐取代日本获得东亚地区经济中心的地位，以服务生产网络和区域贸易发展为纽带扮演了东亚经济"火车头"的角色。然而，历史形成的美国与该地区盟友的安全联盟关系并未受到区域经济合作发展的实质性影响，美国在东亚地区安全上的中心地位仍然十分稳固（周方银，2013）。同时，中美两国之间业已形成深度的经济相互依赖关系，基于全球价值链的整合发展，在双方的市场和产业结构上形成了重大相互利益。由此，美国、中国和东亚地区其他国家的政治、经济和安全利益以一种复杂的方式交织在一起，如何维持有效的地区合作和治理机制对于实现"开放性"的东亚区域服务贸易自由化的意义凸显。

一、开放性的东亚服务生产网络与国际分工调整中的美国优势

2009年9月，美国匹兹堡召开的二十国集团领导人峰会上，美国总统奥巴马提出了"全球经济再平衡论"，提出了世界经济均衡发展的具体导向，即中国、日本等出口导向型经济体应减少储蓄和投资，并扩大个人消费。随后，美国政府又明确提出以出口增长来刺激美国的经济复苏，将过去的债务推动型（或消费推动型）经济增长方式转变为出口推动型和制造业推动型经济增长方式，争取在五年内实现"出口翻番"的目标。与此同时，2009年11月，奥巴马正式宣布美国将加入TPP，强调TPP将促进美国的就业和经济繁荣，并将为设定21世纪贸易协定标准做出重要贡献。美国贸易代表罗恩·柯克也正式通告美国国会，美国将参与TPP谈判，并强调要建立一个高标准、体现创新思想、涵盖多领域和范围的亚太地区一体化合作机制（刘中伟，沈家文，2012；美国贸易代表办公室网站，2009）。

TPP是在美国推行"亚太再平衡"和在"经济再平衡"战略的背景下产生的，以全面零关税、服务贸易自由化、知识产权、劳工权利和环境保护等议题为特点，目标是建立高质量和高标准的自由贸易区，反映了美国力图利用其在东亚服务生产网络与国际分工调整中的优势，寻求构建美国版本的东亚"新地区主义"经济合作治理机制，这对包括中国在内的东亚既有的区域一体化进程和外部生存空间的平衡带来潜在的战略挤压。因此，美

国在主导TPP发展中的作用,以及TPP与东亚既有区域治理整合之间的机制竞争走向值得关注和思考。

1.美国利用生产和服务分工深化其在价值链高端的"竞争性优势",依托TPP作为贸易自由化平台,强化东亚对其终端市场和服务业转移的依赖

美国次贷危机爆发以来,其国内失业率一度居高不下,经济增长停滞,消费需求和贸易进口规模持续减低。因此,美国政府先后制定了出口倍增计划和"绿色经济运动"复兴计划,提出回归到实体经济和制造业的再工业化主张,并积极推行以新能源开发和节能技术应用为主体的"绿色新政"。但是,由于美国国内实体经济长期呈现"空心化",新技术产业化和制造业再工业化的目标在短期内难以实现,因此,美国将目光转向东亚,力求将后金融危机时代的美国经济结构调整和经济增长目标"嵌入"亚太市场,更重要的是深度"嵌入"到东亚服务生产网络中,以寻求加强对服务和生产市场的战略控制(刘中伟,沈家文,2013)。

美国力图将TPP作为主导东亚地区经济事务的重要手段,实施"竞争性自由化战略",即以美国巨大的市场机会为基础,通过多轨道(multiple front)和竞争性市场准入的方式,由美国主导东亚区域贸易安排,从而吸引和满足那些希望与美国保持良好关系的东亚国家的需求,进而签订贸易和投资框架协议,强化各国进行有利于美国投资和贸易的改革(刘中伟,沈家文,2013)。此举目的在于加强东亚地区对美国终端市场的依赖性,维持包括中国在内的东亚国家在服务生产网络中的中低端地位,帮助美国赢得时间开展技术创新,实现产业升级,再次抢占全球价值链的制高点。

此外,图6-4的数据显示(Matthew Jensen, Claude Barfield, 2012),美国在产品内分工中拥有生产性服务能力,特别是研发与生产的核心能力及其衍生的价值优势地位十分突出,美国以适度的知识密集型服务业转移为手段,即可在东亚地区经济体中创造更大的服务外包市场,推动服务贸易规模加速扩大,自然也会赢得对东亚服务产业结构调整和服务生产网络优化的发言权,既帮助国内经济加快步入复苏,又能在客观上推动美国主导的东亚"新地区主义"区域经济合作进程,实现其在东亚地缘政治和经济力量平衡的诉求。

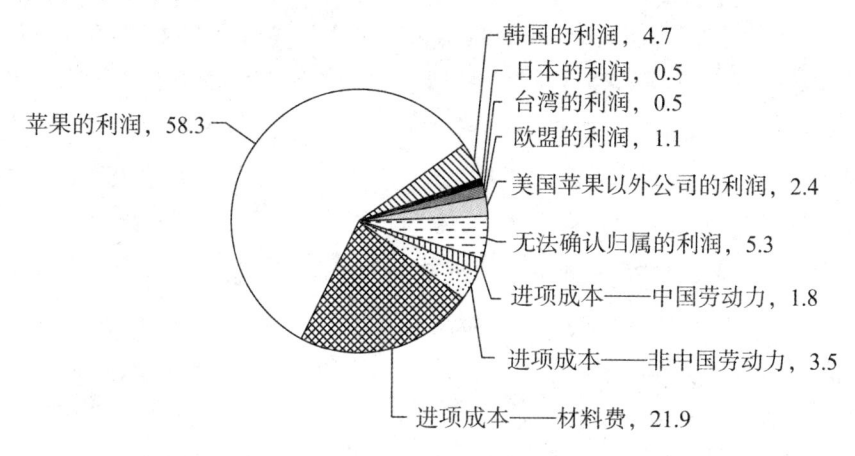

```
苹果的利润，58.3
韩国的利润，4.7
日本的利润，0.5
台湾的利润，0.5
欧盟的利润，1.1
美国苹果以外公司的利润，2.4
无法确认归属的利润，5.3
进项成本——中国劳动力，1.8
进项成本——非中国劳动力，3.5
进项成本——材料费，21.9
```

图6-4　美国苹果公司iPhone4手机的全球价值链中价值增值的分配情况（%）

2.美国力主TPP条款实行高标准，通过制定新国际贸易规则，推动东亚服务生产网络调整，形成有利于美国主导的"倒逼"格局

在TPP谈判中，美国积极要求增加外资企业国民待遇条款和投资者—国家争端解决机制条款，凸显了美国意图通过自由贸易协定条款的高标准，实现对现有东亚服务生产网络格局的固化。由于美国在对外投资方面拥有巨大的商业利益，往往要求对方在扩大市场准入的同时，也承诺对国内政治和经济政策进行重大改革，从而寻求谈判各方实质上的"门户开放"，为美国推行其他政策创造条件，以进一步增加美国的经济收益（何永江，2009）。例如，在东亚服务生产网络中，各经济体可以根据自身情况合理引导外资使用，以保护和促进国内新兴服务产业和业态多样化，美国却在TPP框架内主张"高标准"的国民待遇和投资规则，这无疑会对东亚后发经济体的服务业发展和产业结构升级形成阻力，进而增强美国对东亚各国的资金和技术控制（刘中伟，沈家文，2013）。

另外，就具体规则而言，一是要求在外资市场准入方面采用"否定列表"方式，并要求外资在进入东道国后须享受国民待遇，这将使TPP参与各方不得不修改大量的国内法和相关行政规章；二是美国主张将服务贸易模式3（商业存在）的自由化谈判纳入投资领域自由化谈判项下，大力提升服务贸易自由化程度；三是在投资争端解决机制上，美国拒绝使用WTO

的"国家间争端解决"方式,而是主张当外资企业遭遇争端时,诉诸投资者—国家争端解决机制。由于该机制赋予企业起诉国家的权利,该条款涉及谈判各国主权的部分让渡。上述规则的谈判和制定的确代表了高标准和高质量的贸易自由化特征,对于包括中国参与的既有东亚地区经济合作相关政策,形成了较强的贸易规则"倒逼"影响(刘中伟,沈家文,2013;沈明辉,2012;张圣翠,2005)。

3.寻求发挥TPP的战略价值,改变美国在部分东盟国家眼中的冷漠形象,吸引东盟各国加入TPP谈判,推动美国政治和经济战略"轴心"作用的实现

通过主导TPP谈判,美国还力图改变因亚洲金融危机给东盟各国留下的冷漠形象,利用大多数东盟国家希望兼顾既有"10+3"进程与参与TPP谈判的"骑墙"心理,不断扩大TPP谈判的政治影响力,通过吸引日本、加拿大、墨西哥、澳大利亚、新西兰等新成员加入,逐渐增强其话语权和影响力,试图逐步形成由其主导的区域自贸体系框架,实现与现有东亚一体化治理机制分庭抗礼的局面。

从"新地区主义"的多米诺骨牌效应来看,TPP如同美国亚太"再平衡"战略下被推倒的第一张多米诺骨牌,东亚各国国内利益集团会据此检讨本国贸易政策,基于服务生产网络和贸易与投资转移效应,评估和考虑同美国建立FTA,或者直接加入到TPP谈判,就像多米诺骨牌一样,纷纷倒塌并向以美国为主导的亚太自由贸易体系聚拢。同时,从"轴心—辐条"效应角度考察,当美国主动或主导与东亚地区国家缔结FTA时,美国就成为"轴心",而与其缔结协定的各国则成为"辐条","辐条"数量越多,"轴心"国家就越占据主动,拥有的优势就越大(李向阳,2003),而TPP无疑是其中最重要的一根"辐条"。多米诺骨牌效应和"轴心—辐条"效应都很好地反映了美国的亚太战略诉求,即通过寻求东亚地区国家对TPP谈判的响应,最终确立美国在"新地区主义"东亚自由贸易体系中的"轴心"位置,进而形成对中国的贸易自由化竞争压力,逐步消解现有包括中国参与的东亚地区经济一体化模式(刘中伟,2014)。

二、东亚服务生产网络的"集散地"与中国经济崛起的作用

自中国实施改革开放政策以来,经济发展和综合国力增长迅速,过去30多年的年均经济增长率超过9.8%,2010年名义国内生产总值(GDP)突破6万亿美元,取代日本成为全球第二大经济体(中国政府网,2013),2014年更突破10万亿美元大关;对外贸易年均增长率达17%,服务贸易进出口总规模位居世界第三位和亚洲第一位,服务贸易发展取得了长足进步。尽管2008年爆发席卷全球的金融危机,但中国经济仍保持了稳健的增长势头,2009—2011年经济增长率仍保持在9.2%~10.3%之间,在相当大程度上引领了全球经济的复苏。

中国经济的快速崛起从根本上改变了东亚地区的贸易和投资格局,不仅成为该地区的经济增长源泉,也加速了东亚区域经济一体化进程,并推动实现区域服务贸易自由化。东亚其他经济体也利用中国巨大国内市场和各类资源禀赋优势,作为拉动各自经济增长的动力,中国已然成为全球价值链和东亚服务生产网络的"集散地"(distributing center)。

1.中国经济快速增长形成东亚服务生产网络发展的"引力效应"

为反映中国参与东亚产品内分工的程度以及融入东亚服务生产网络的速度,根据联合国按宽泛经济类别(Broad Economic Categories,BEC)划分的国际贸易分类体系对中国中间品贸易的相关指标进行计算显示,近十年来,中国与东亚地区的中间品贸易量年均增长16.7%,占中国与东亚地区贸易总量的60%以上,这说明中国越来越多地以产品内分工的形式参与东亚分工体系,并且其参与东亚区域内的分工程度日渐深化,地理上的邻接性使其迅速融入东亚服务生产网络(唐海燕,张会清,2008)。

随着中国在东亚生产服务网络中地位的上升,以中国为基础的东亚地区正成为具有独特优势的战略区域:具有较高科技和制造能力的日本、韩国和中国台湾地区,具有良好敏锐性的服务和通信网络的中国香港和新加坡,具有巨大金融资本实力的东亚主要国家,以及拥有庞大消费市场、服务要素资源、良好基础设施和规模经济水平的中国大陆呈现出巨大的集体

优势,体现了中国对东亚经济增长较强的"引力效应"(见图6-1、图6-2和图6-5)。

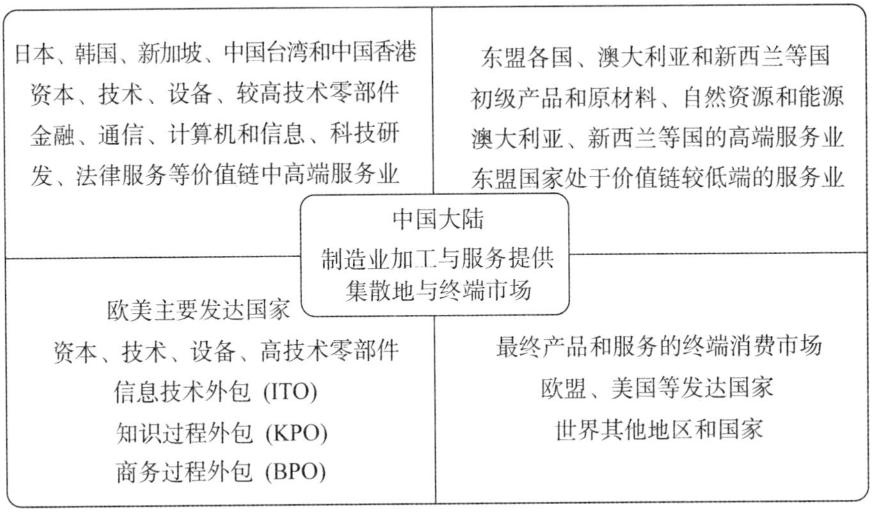

日本、韩国、新加坡、中国台湾和中国香港 资本、技术、设备、较高技术零部件 金融、通信、计算机和信息、科技研发、法律服务等价值链中高端服务业	东盟各国、澳大利亚和新西兰等国 初级产品和原材料、自然资源和能源 澳大利亚、新西兰等国的高端服务业 东盟国家处于价值链较低端的服务业
欧美主要发达国家 资本、技术、设备、高技术零部件 信息技术外包(ITO) 知识过程外包(KPO) 商务过程外包(BPO)	最终产品和服务的终端消费市场 欧盟、美国等发达国家 世界其他地区和国家

中间:中国大陆 制造业加工与服务提供 集散地与终端市场

图6-5 中国引领下的东亚地区服务生产网络的发展整合模式

通过积极参与产品内分工主导的新型国际分工模式,中国在较短时间内发展成了规模与深度兼具的制造基地和服务提供商。在制造业的大多数部门和生产环节都具有较强的生产能力,特别是在电子、汽车、机械等以产品内分工为主的部门,形成了较为完整的产业链和产业集群,吸引了越来越多的国际生产转移,特别是日本和韩国的生产转移(唐海燕、张会清,2008)。同时,集聚经济(agglomeration economy)的循环累积效应,又促进中国的生产和服务衔接能力逐步增强,信息技术、物流运输、金融服务等新兴生产性服务业部门发展迅速,服务产业业态日趋多样。根据阿恩特的观点,中国制造业的迅速崛起为东亚生产网络提供了更广阔的延展空间,很多生产活动可以外包给中国企业,而不必在东亚以外寻找合作对象,从而大大降低了生产和贸易成本(Arndt,2004)。因此,中国在东亚分工体系中的异军突起引发了东亚服务生产网络成员分工位置的变更,但其相互联系也因中国的连接而愈加紧密,中国在地缘政治和经济发展过程中引领东亚经济整合的影响力将日趋显现,区域服务贸易自由化的作用将得以进一步凸显。

2.中国参与的竞争效应推动东亚服务生产网络整体的专业化层次提升

随着服务生产网络分工的深化,凭借丰富多样的要素禀赋优势,中国在网络内部的市场份额从1995年的31.7%上升到2006年的51.3%,并且制造业竞争优势逐步扩展到标准化的零部件和资本品生产阶段,市场份额分别上升12个和25.3个百分点(唐海燕,张会清,2008)。在东亚地区内部,原本在分工环节的中下游进行专业化生产的亚洲"四小龙",逐渐转向进行复杂零部件的生产和中高端生产性服务的提供,从而推动专业化阶段向产品内分工的价值链上层延伸。日本则逐渐退出大部分生产环节,仅保留核心零部件等的生产,而将资源投入到位于价值链更高端位置的研发设计等生产性服务业领域,与欧美主要发达国家的产业转移节奏基本一致。

此外,虽然廉价劳动力优势是中国融入东亚服务生产网络的起点,但是伴随经济的快速增长和产业结构不断升级,中国已构建和完善了以自己为中心的相当规模的下游供应链。以中国—东盟自由贸易区建立为例,伴随自贸区各阶段协议的签订和实施,中国已逐步转向围绕东亚区域内部市场整合和服务生产网络建设,加快其在全球价值链上向功能升级和部门间升级的转变(刘中伟,沈家文,2013)。截至2013年6月底,中国对东盟国家直接投资累计近300亿美元,约占中国对外直接投资的5.1%,东盟成为中国对外直接投资的第四大经济体,投资主要集中在电力生产、商务服务、批发零售、制造、采矿、金融服务等领域。东盟各国对中国的投资规模亦不断扩大,累计超过800亿美元,占中国吸引外资总额的6.6%(中国网,2013)。中国与东盟相互投资关系逐渐从单向流动向相互流动转变,中国在东亚服务生产网络中的地位也逐渐从传统的价值链低端向高端移动。

与此同时,随着中国—东盟自贸区服务贸易自由化相关谈判和中日韩自贸区谈判的加快,中国与其他经济体在服务产业转移与服务链环节的联系不断加深。伴随国内市场服务消费能力的迅速增长,对最终产品和服务需求层次的不断升级,中国也采取政策措施,激励国内企业在价值链中高端形成本土生产和服务能力。由于服务业自身的特性,知识共享成为推动网络运作和发展的黏合剂,服务厂商不断加快与国外领先企业的信息交换、技术和知识的有效转移，同时加强自主创新能力，从而推动包括中国在内的东亚新兴经济体在全球价值链中分工地位逐步改善，东亚区域服务贸易自由化动力不断加强（刘中伟，沈家文，2013）。

3.中国引领离岸服务发展在开放性的东亚服务生产网络中的优势作用

根据格里芬等人的观点，全球价值链所联系的商品和服务贸易可以被看作治理体系，其治理核心始终是价值链的上端（G.Gereffi，J.Humphrey，T.Sturgeon，2003）。理论上，美国作为终极采购商可以灵活转移和变动契约关系，东亚服务生产网络所塑造的开放性的"三角贸易模式"仍然较为固定，但是，传统的集成与组装能力和服务专业化水平提升，似乎开始对全球价值链有更大影响力。也就是说，以中国为核心的东亚新兴经济体不仅在向发达国家出口产品，同时也在创建自己的下游供应链过程中，具备了全球价值链上一定的反制力与话语权，在地理格局上形成了集中与互补，而不是简单的控制与被控制的关系（刘中伟，2014）。

此外，中国正利用加入全球价值链所形成的学习效应，不断补全研发与生产、设计与市场营销等生产性服务业发展的短板，通过"生产者驱动"和"采购者驱动"双轨并行的方式，不断向价值链的更高端移动。鲁特热的研究发现，在跨国公司带动下，中国的电子产业从简单的加工装配发展到复杂部件生产，乃至提供高技术含量的产品设计服务，开放性的东亚生产网络的溢出效应推动了中国电子产业快速升级（Lüthje，2004）。由此可见，虽然还依赖于区域内外领先厂商控制着的大部分高附加值生产和服务供给的资源，但随着国际分工合作迈向更高层次以及学习和创新激励机制的促进，中国开展知识密集型服务和生产的水平还会显著提高。

《全球竞争力指数报告：2010—2011》显示，以中国为首的东亚经济体正在从"要素驱动型经济"走向"效率驱动型经济"，或者已经处于第二个阶段；如果希望在价值链中实现再升级，必须寻求向"创新驱动型经济"转型（World Economic Forum，2012）。为此，中国目前正大力发展离岸服务，即利用国内相对较低的人力成本，专业技能和外语能力，地理空间上与主要市场的相近性，以及对教育和科技的大力投入，信息基础设施的完善建设等,扩大知识密集型服务业的规模,并减少对传统制造业或资源消耗类产业的依赖,探索和寻求经济的可持续发展(王中美,2012)。

同时,格里芬等人的分析认为,服务外包的新趋势表明,在满足企业和消费者对附加值高和价格低的服务需求上,发展中国家比发达国家更具竞争优势(Gary Gereffi, Karina Fernandez-Stark, 2010)。有鉴于此,中国可能成为东亚服务生产网络中服务业和服务贸易发展的主要承载者和衔接者,进而引领整个东亚地区步入价值链转型升级的新阶段,推动区域服务贸易自由化走向深入发展。

三、竞争性合作治理机制的比较与整合:"TPP轨道"与"东亚轨道"

结合上述分析和研究可以看到,在美国积极推动实施亚太"再平衡"战略背景下,以"TPP轨道"为代表的新的东亚经济合作路径打破了原有的区域合作均衡,东亚地区的经济社会发展格局正在发生演变。这种演变在政治和经济上与中国和其他东亚经济体以"ASEAN+"模式为代表的"东亚轨道"区域经济合作治理形成了战略竞争,从而反映了东亚经济一体化进程和区域服务生产网络发展与服务贸易自由化实现的复杂性和不确定性(Peter A. Petri等,2011)。(见图6-6)

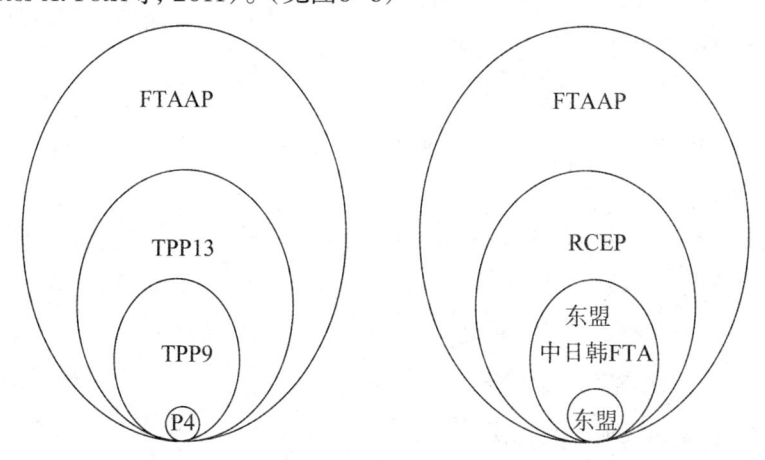

图6-6 "TPP轨道"与"东亚轨道"的路径竞争

1. 实现FTAAP的贸易自由化目标与美国主导的"TPP轨道"

早在亚太"再平衡"战略推出之前,美国就一直力图淡化东亚地区概念,并试图将东亚合作纳入亚太合作的框架中,以防止在东亚出现一个类似欧盟的强大经济集团。20世纪90年代以来,美国大力推动亚太经合组织(APEC)的发展,以加强亚洲同太平洋沿岸国家的经济联系,但由于APEC的开放的地区主义宗旨,导致亚太地区的贸易投资自由化进程始终缺少制度约束和内在动力。面对东亚地区一体化进程的迅速发展,美国政府试图重新"激活"20世纪末"茂物宣言"提出的亚太经济一体化目标。2006年,APEC工商咨询理事会起草了一项关于建立亚太自由贸易区(Free Trade Area of the Asia-Pacific, FTAAP)的建议,此后,美国积极推动将该建议纳入APEC贸易部长的工作范围,并最终写入2007年APEC领导人的声明中。2011年的檀香山会议进一步确定了APEC朝着一个无缝区域经济迈进的目标,即加强成员方经济体的一体化,并通过"解决下一代贸易和投资议题"而扩大贸易(陈淑梅,全毅,2013)。

然而,APEC在推动实现茂物目标方面行动迟缓,讨论合作议题不断泛化,缺乏激活贸易自由化进程的实质动力。美国推动建立FTAAP的行动也始终停留在"深入讨论和研究"阶段。为此,美国采取双边推动多边、次区域推动区域的方式,以TPP为切入点,吸引APEC成员方加入迂回达成FTAAP的"TPP轨道",防止东亚形成排他性的经济一体化组织,并最终建立由美国主导的亚太自由贸易体系(刘中伟,沈家文,2012)。

"跨太平洋伙伴关系协议"(Trans-Pacific Partnership Agreement, TPP)是由智利、新西兰、新加坡和文莱四国于2005年7月签订的"跨太平洋战略经济伙伴关系协议"(Trans-Pacific Strategic Economic Partnership Agreement, TPSEP)演变而来。随着2009年美国宣布加入后,其扩张趋势越来越明显,TPP对亚太经济的影响越来越大。根据国际货币基金组织(IMF)2010年的数据,12个TPP成员方所拥有的经济总量超过24.91万亿美元,约占全球的40%,是欧盟经济规模的1.5倍,建成后将成为世界上最大的自由贸易区(刘中伟,沈家文,2012;中国贸易救济网,2011)。

TPP之所以号称为"21世纪高标准"的自由贸易协议，主要有以下几方面的特征：

首先，TPP的各项条款具有约束性，APEC长久以来的非约束性"协调单边主义（concerted unilateralism）"合作方式，使处于不同发展水平的国家无法实现共同推进贸易自由化的目标。TPP为走在前面的APEC成员方加快自由贸易机制化和福利增长提供了必要的政治性治理设计。

其次，TPP具有"弹性次序，多轨多速"的贸易自由化特征，前者是指减让项目无固定顺序，后者是指减让时间表和速度不做硬性规定，延续了APEC曾经推行的部门自愿提前自由化（EVSL）手段而不是一揽子协议实施。

再次，TPP坚持开放性和包容性原则，TPP贸易部长"檀香山领导人报告"中明确表示TPP具有开放性，欢迎APEC各成员方积极加入，同时也坚定支持APEC具有更广泛的自由化进程（美国贸易代表办公室网站，2011）。此外，对于TPP缔约各方原有的FTA，可根据其实际情况自主选择适用原则，以最大限度保护各自的贸易利益（新西兰外交与贸易部网站，2011）。

最后，与以往的FTA协议往往集中于降低商品关税、促进货物与服务贸易的共同发展以及相关关税手续高效性等相比，TPP拟包含的内容和条款的确具有一定高标准和全面自由贸易协定的特征，主要反映在：TPP一方面寻求成员方在服务、海关等方面上的合作，从整体上完善和发展生产和服务供应链，提高生产与服务供应链之间的相互融合，对中小企业在贸易协议理解和运用上给予更多帮助，大力提高国际服务贸易开展的便利化程度，推动成员方获得可持续发展的动力。另一方面，在TPP纲要文件的基本框架中，增加了劳工、环境保护和其他"新加坡议题"等内容，明显具有设立全球新FTA标准的倾向和趋势（刘中伟、沈家文，2012）。（见表6-1）

表6-1　TPP协议纲要文件的主要内容

主要特点与功能	涵盖范围与领域	法律文本的重要内容		其他内容
全面的市场准入：消除关税和其他服务与投资壁垒	该谈判协议作为单一承诺，将涵盖所有重要的贸易和与贸易相关的领域。谈判各方均同意达成一个高标准、充分确保共享利益和义务关系的协议，并妥善解决各类敏感性问题，如发展中国家成员方待遇、贸易竞争力培养、技术援助和分期履约等问题	竞争政策：确保公平竞争的商业环境，并保护消费者权益	知识产权保护政策	关税表与其他市场开放进程：协议关税时间表覆盖全部税目；服务和投资条款覆盖全部服务业部门；政府采购条款拟覆盖更多范围
			投资非歧视与权利保护	
全面的区域合作协定		合作与贸易竞争力培养	劳工权利保护与人力资本开发政策	
重叠贸易议题解决原则：保持监管的连贯性；促进竞争力提升和商业发展便利；支持和鼓励中小企业跨国发展；建立实施和执行TPP的有效机制；鼓励产品与服务创新		跨境服务：为服务贸易提供安全、公平、公正和透明的市场	争端解决机制	
		海关手续便利化	原产地规则	
		电子商务政策	货物市场准入原则	
			卫生与动植物检疫标准	
		环境政策：加强环境保护的框架制定；贸易与环境相互支持条款	技术性贸易壁垒	
			电信业竞争与运营监管条款	未来谈判时间安排：相关谈判各方代表协商，继续进行谈判
机动原则：根据新成员和新情况更新和灵活处理		金融服务开放与非歧视	临时入境条款	
		政府采购开放与非歧视	纺织品与服装产品市场准入原则	
		贸易救济措施		

资料来源：根据美国贸易代表办公室网站（http://www.ustr.gov）资料整理。

诚如上述分析，美国将TPP谈判视作通往FTAAP的一条通道，还力求通过TPP制定高标准的FTA范本，以塑造未来全球经济治理的新格局。当前，东亚区域内贸易的扩大多源于产业内贸易，反映了以生产和服务过程不同阶段在空间上分工合作为特征的东亚服务生产网络越来越重要（Vikram Nehru，2012）。然而，伴随全球金融危机和美国经济增长乏力，中国在不断深化的东亚服务生产网络中的地位，使美国难以主导分享东亚经济高速增长的红利（林桂军，邓世专，2012）。为此，美国将知识产权保护、环境保护、劳工、服务业开放等诸多议题纷纷纳入TPP谈判中，目的就是在美国制造业实现全球生产体系布局的基础上，利用TPP整合全球服务业转移，推动服务贸易自由化，运用其在贸易规则制定上的话语权，为服务业全球化的推进创造条件，开发"亚洲广阔和不断增长的消费群的能力"（Hillary Rodham Clinton，2011），力图使其从东亚地区、跨太平洋治理的角度，为未来的区域经济治理提供一种新范式，同时也在客观上为东亚区域服务贸易自由化提供了一种制度保障的选项。

2. "ASEAN+"东亚经济一体化合作模式与中国积极参与的"东亚轨道"

在全球化和区域化的浪潮中，鉴于服务生产网络发展的现实、地缘政治经济形势以及区域内外大国的战略立场，东亚各国也感到只有通过集体行动的方式，一定程度上掌握和凝聚在东亚地区经济合作的主导权，才能维护自身的话语权和经济利益（李文韬，2012）。因此，在东盟早期的积极倡导下，构建了以其自身为"轴心"，多个"10+1"自贸区为"辐条"的"ASEAN+"模式，东亚初步形成了地区经济一体化"东亚轨道"的大致轮廓。

2012年11月，在柬埔寨金边举行的东亚领导人系列会议期间，东盟十国与中国、日本、韩国、印度、澳大利亚、新西兰的领导人，共同发布了《启动〈区域全面经济伙伴关系协议〉谈判的联合声明》（Asia's Regional Comprehensive Economic Partnership，RCEP），正式启动了包括16个国家的自贸区建设进程。同日，中日韩三国贸易部长共同宣布启动中日韩自贸区谈判。RCEP是基于"东盟+"模式加以构建的，实际上是中国支持的基于"10+3"模式的东亚自由贸易协议（EAFTA）以及日本支持的基于"10+6"模式（东盟十国加上中国、日本、韩国、澳大利亚、印度、新西兰）的东亚全面经济伙伴关系（CEPEA）的一种妥协（Sanchita Basu Das，2012）。

RCEP合作机制的构建上主要呈现出以下几方面特点：一是RCEP立足既有"10+1"自贸协定，全面覆盖货物和服务贸易、投资和竞争政策、经济技术合作、知识产权和争端解决等主要领域，兼顾高水平和渐进性的谈判特征，力图在货物和服务贸易自由化、有关"新加坡议题"相关条款上取得突破。二是RCEP较之TPP而言已经形成一定水平的自由贸易成果，根据RCEP的谈判指导原则：旨在建立一个"现代的、高质量和有附加值的"区域自由贸易协定，以实现"促进成员方间的贸易和投资扩大，提高贸易和投资关系的透明度，推动成员方更为便利地融入全球和地区供应链"（东盟组织秘书处网站，2012）。RCEP建成后将辐射16个国家，覆盖人口超过30亿，以2012年计算的经济总量达到19.78万亿美元，也将成为全球最大的区域自由贸易安排。三是从整体标准上看，RCEP的质量和标准尚不及TPP谈判（见表6-2），但是由于具有更灵活的开放性和自愿性，同时考虑成员方发展水平的差异，一旦达成货物和服务贸易自由化和相关领域具体政策，能够较快实施和运行。

表6-2 RCEP谈判的指导原则及目标概要

货物贸易方面	服务贸易方面	其他内容方面	
全面的市场准入：逐步根除所有货物贸易中的关税与非关税壁垒	全面、高质量和根本地消除成员方之间服务贸易的限制或歧视政策	投资：建立区域内开放、便利、自由和全方位的投资环境	知识产权：通过经济一体化，减少知识产权相关的贸易投资壁垒
全面的自由贸易区域	RCEP项下有关服务贸易的规定和义务条约与服务贸易总协定（GATS）保持一致；引导实现GATS和"ASEAN+"自贸协定的自由化承诺；具体自由化方式和细节在谈判中予以确定	经济技术合作：减少和缩短发展距离，最大限度扩大成员方相互利益；基于现有"ASEAN+"自贸协定合作安排，制定有关规定；包括电子商务贸易和其他成员方相互认同的领域	竞争政策：充分考虑成员方竞争领域和政治制度的差异，围绕在竞争促动、经济高效、消费福利和紧缩非竞争性实践等方面合作

续表

货物贸易方面	服务贸易方面	其他内容方面
全方位开展关税谈判； 基于目前既有的各项"ASEAN+"自由贸易协定，深化高标准关税减让； 自由化进程以全体成员最大利益决定进行； 对最低发展水平成员方给予早期关税减除"收获"		争端解决： 囊括一个为协商和解决争端提供高效、迅速和透明的处理机制
其他事宜：RCEP谈判将考虑其成员方自贸区所涉及的，可能在谈判过程中被确定或互相认同的其他事宜，同时也会考虑相关业务现实的新生事宜		

资料来源：根据东盟组织秘书处网站（http://www.asean.org）资料整理。

RCEP谈判的启动，一定程度上标志着"ASEAN+"模式进入新阶段，尽管在形式上，东盟仍拥有东亚经济一体化的"轴心"地位，但中国对东亚经济发展的巨大影响力无法回避，并且其经济结构调整和发展也会影响东亚其他经济体的平衡和稳定。因此，"东亚轨道"的未来发展将可能实现以中国为中心的区域经济新秩序，即逐步构建以中国经济成长为基础，以东亚服务生产网络整合和区域服务贸易自由化为手段，实现东亚地区发达经济体和发展中经济体共同发展的"东亚轨道"（刘中伟，2014）。

国际区域经济一体化的经验表明，地区核心国家的主导与推动是经济一体化形成的关键。中国巨大的国内市场、对东亚出口产品和服务的巨大吸纳能力、人民币日趋成为区域内硬通货、中国与地区内外经济体不断增长的经济联系决定了"东亚轨道"上区域"公共产品"的提供只能由中国主导实现。东亚地区的经济发展格局虽十分清晰，但地缘政治形势却较为复杂。中国的一些政策理念尚未取得地区内经济体的广泛认同，在地缘政治上仍难以确定的形态消除邻近国家的不安全感和所谓的"威胁"。日本对历史责任感的缺乏，以及无法接受自身相对衰落和中国崛起的现实，成为中日韩三国自由贸易协定签订的最大障碍。而由于美国借"亚太再平衡"战略对东亚地区的深度介入,在可预见的将来,中国将无法改变该区域的地缘政治形势(刘中伟,2014)。

未来一段时期,有中国参与的"东亚轨道"仍将建立在市场驱动下的东亚服务生产网络基础上,但伴随着东亚经济一体化进程的深入,政治因素将越来越多地影响到东亚经济共同体的实现。如果"东亚轨道"能够在一体化整合与治理机制构建方面取得深入进展,那么,如何与美国主导的"TPP轨道"及其既有国际秩序整合起来,实现东亚区域经济"实质性"的一体化,对东亚区域服务贸易自由化的实现意义重大。

3. FTAAP"北京路线图"与东亚服务贸易自由化竞争性合作治理机制的整合

2014年11月,APEC第22次领导人非正式会议就"推动实现亚太自由贸易区北京路线图"和"共同促进全球价值链等领域合作的战略行动计划"达成共识,同意启动并全面系统地推进FTAAP进程。尽管东亚地区各类RTAs/FTAs也能较好地实现贸易创造效应,但无论从实现比较利益还是有利于专业化分工、实现规模经济效应等角度看,与占世界经济总额57%的21个经济体构成的自由贸易安排相比,FTAAP无疑是最具价值、贸易创造和促进经济发展效应作用最大的自由贸易协定,也是东亚区域服务贸易自由化实现所需合作治理机制的终极保障。

当然,面对东亚地区经济的长远发展,APEC北京会议只是确定启动FTAAP进程并制定路线图,反映了建设亚太自贸区是包括中国和美国在内的亚太各国的一致目标,只是对于亚太自贸区建设的步骤、节奏和形式还存在不同观点,其真正建设则赖于成员经济体的共同努力和合作。就当前"TPP轨道"和"东亚轨道"的自由贸易区谈判而言,它们与亚太自贸区构建并不矛盾,均有可能成为实现FTAAP的最终路径,但关键在于能否有效整合两条"轨道",将既有的双边和次区域的自由贸易协定融合成为构建FTAAP的"阶梯"而不是"路障"。

至此,毋庸讳言,"中美新型大国关系"能否稳固构建决定着东亚地区合作治理机制发展的未来。当前,中美之间存在的权势转移主要集中在经济领域,即使在经济领域,中国也只是逐渐与美国缩小了差距而已,两者并非真正旗鼓相当（周方银，2013）。但是就东亚地区而言，在东亚经济与安全二元格局的背景下，面对中国经济影响力的不断上升，美国的军事安全优势难以发挥实质作用，双方任何一方寻求对区域经济和安全的综合优势，都会对彼此既已形成的核心利益造成损害，其结果只能是实力较量下的僵持局面。因此，从东亚地区复杂的利益交织来看，构建"中美新型大国关系"为相互竞争的思维逻辑提供了一种理性认识的基础，也就是说，是处于上升发展正盛的大国与守成优势明显的大国之间自我克制的战略结果，中美两国之间如何在复杂的战略竞争选择上实现具有战略意义的合作就变得尤为重要。

为此，中国和美国共同推进FTAAP建设也许可能成为双方利益的焦点，例如，目前APEC已成立亚太自贸区的"主席之友"工作组，是由中美共同主持。从这个角度出发，中美两国如果将既有"TPP轨道"和"东亚轨道"的自由贸易谈判，以建设性和创造性的态度明确共同价值的交易点（何维·莫林，2011），并提出合理的融合和合作解决方案，将能够构建符合东亚地区长远发展的稳定、平衡的合作治理机制，并最终成为东亚区域服务贸易自由化实现的制度保障。

第四节　本章小结

在全球价值链整合和服务业跨境转移背景下，东亚服务生产网络的形成与发展在经济上对东亚区域服务贸易体系和结构产生了深刻变化。一是尽管全球价值链的运作和利润分配仍然取决于发达国家跨国公司的影响力，但现实中更多的则是生产过程的不断碎片化和分散化，设计和服务外包的不断转移和层级化，服务价值链上的布局和制约关系更加错综复杂，发达国家和发展中国家在"生产共享"和"服务共享"上变得更加相互依赖，开放性的服务生产网络逐渐成为整个东亚区域服务贸易自由化的结构动力。

二是尽管传统的"地区主义"在地缘因素和政治思考中，对于纯粹的东亚区域合作有相对消极的认识，但是就功能主义而言，全球价值链和区域服务生产网络的发展，已经成为绝大多数经济体获得长期发展收益的载体，与其说是否参与其中，不如说如何参与适应其中，并寻求更具开放性发展的区域服务贸易自由化合作和治理模式。

三是在开放性东亚服务生产网络不断发展的背景下，东亚地区逐渐形成经济关系与安全关系相互分离的"新地区主义"东亚合作二元格局。美国、中国和东亚地区其他国家的政治、经济和安全利益以一种复杂的方式交织在一起，如何维持有效的地区合作和治理机制对于实现"开放性"的东亚区域服务贸易自由化的意义凸显。中美两国如果将既有"TPP轨道"和"东亚轨道"的自由贸易谈判，以建设性和创造性的态度明确共同价值的交易点，并提出合理的融合和合作解决方案，将能够构建符合东亚地区长远发展的稳定、平衡的合作治理机制，并最终成为东亚区域服务贸易自由化实现的制度保障。

第七章　中国参与东亚区域服务贸易自由化进程的政策建议

综合上文分析，在东亚区域服务贸易自由化发展进程中，中国与东亚地区各经济体服务贸易规模不断扩大，服务贸易增速持续加快，区域服务贸易自由化推动了各经济体的经济持续增长；服务贸易部门逐步向高级化发展，服务贸易结构互补性增强，服务贸易和服务生产的共享性不断提升，呈现出传统服务贸易向现代服务贸易产业转移调整的趋势；区域内外服务贸易自由化合作安排逐渐增多，发达国家与东亚地区新兴经济体服务贸易联系日益紧密，服务要素自由流动更加顺畅，服务贸易自由化已成为东亚区域经济一体化进程的重要组成部分，并日益呈现开放性的特点。

与此同时，在包括中国在内的东亚新兴经济体的服务贸易结构中，运输、建筑、旅游和商业服务等传统劳动密集型服务贸易占主体地位的局面尚未改变，服务贸易进出口仍处于逆差状态，各国国内不同服务部门和利益团体对是否参与区域贸易自由化存在政策博弈；服务产业结构和分工差异也导致东亚经济体服务部门的专业化和集约化水平有待提高，亟待推动东亚区域服务贸易自由化的深度合作，寻求以效率和创新驱动服务经济发展；东亚地区还没有建立起覆盖整个地域的自由贸易区，既有的服务贸易自由化安排呈现"意大利面碗效应"，而中美主导的东亚区域服务贸易自由化竞争性合作治理机制具有整合的不确定性，并且在具体服务贸易部门开放领域和节奏上仍需谈判。

当前，中国已将自由贸易区建设作为对外开放的重要战略之一，随着东亚地区经济合作和一体化机制建设，区域服务贸易自由化将发挥越来越重要的作用。结合前文的分析研究，现阶段我国参与区域服务贸易自由化的进程应坚持根据自身发展需要,把握好服务业开放的时机、步骤、节奏和方式,不仅强调放宽市场准入,更注重管理制度创新,形成循序渐进、扩大开放、多方互惠和制度保障的基本思路。为此,本章从以下四个方面对中国参与东亚区域服务贸易自由化进程提出政策和建议。

一、基于比较优势和专业化分工深化,改善自身服务贸易出口结构

根据前文的研究和认识,东亚区域服务贸易自由化发展的持续动力在于强化经济体间服务产业的生产共享,不同经济体服务部门对服务要素的互补性使用对推动服务业开放程度具有重要作用。就中国而言,服务产业结构调整和服务贸易出口结构改善要追求专业化,但不是以纯粹的"替代性思维"追求产业趋同;要依照自身具有的比较优势进行专业化生产,实现产品、资源和要素的最优配置。

首先,中国要充分发挥在传统制造业和货物贸易领域既已形成的强大竞争力,促进自身服务贸易和货物贸易比较优势的动态优化和组合,最大限度实现区域比较优势。一方面,基于生产性服务业与制造业之间的良性互动,通过加大高级要素投入力度,深化专业化分工和规模经济效应,从产业层面扩大生产性服务业提供的价值链中间环节需求,推动企业生产服务能力向价值链高端移动;另一方面,大力推进生产性服务业的集聚式发展,通过政府引导,重点支持和鼓励附加值和技术含量高、产业拉动和就业吸纳强的生产性服务部门发展,推动国内不同省份和地区生产性服务业的梯度均衡发展,实现国内服务价值链增值体系的构建,为参与和开展东亚区域服务贸易自由化合作,奠定和培育好国内服务部门的竞争优势。

其次,要立足中国国情和东亚区域服务贸易发展实际,把握国际服务贸易和服务业发展的潮流,瞄准国外主流知识密集型产业发展方向,增强消化吸收,完善和提高自主创新能力,不断提升自身服务部门的技术效率

和技术进步。结合前文对东亚区域服务贸易结构的分析，就具体服务贸易部门发展而言，中国可着力推进与制造业发展联系紧密的知识密集型生产性服务业。提高物流仓储、金融保险、会计咨询、计算机信息及软件服务、研发与科技服务、租赁和商务服务等生产性服务部门发展，加强网络化、信息化和数据化在多种生产性服务部门的关联和共享。通过进一步融入东亚区域服务生产网络，根据价值链的不同层级，从生产制造、设计开发、产品定制和营销服务形成服务环节的再分工和专业化，实现服务部门自身结构的优化升级。

最后，中国应积极完善涉及服务贸易和服务业发展的财税金融政策，继续推动旅游、运输、建筑、计算机信息服务和其他商业服务等传统服务贸易优势行业继续发展。继续加强服务市场一体化建设，不断降低服务市场准入障碍，规范和维护公平竞争，打破垄断和过度管制，引导外商投资、民营资本从生产领域向服务领域转移，增强国内不同服务部门对参与区域服务贸易化的政策利益关联度，为推动中国参与东亚区域服务贸易自由化进程，构建良好宽松的国内服务市场环境。

二、大力推动服务外包产业发展，加快促进服务生产要素自由流动

根据本书的研究和分析，东亚地区越来越多的国家缔结双边和多边服务贸易自由化协定或安排，旨在寻求减少在服务贸易领域对服务提供和要素流动的空间限制，通过国际生产和服务的分散化合作，以期通过服务贸易自由化获得更多的经济收益。

当前，服务外包已成为全球服务业转移的主要形式，对未来世界的经济结构和格局变化产生重要影响。面对发达国家跨境转移服务业的总体趋势，中国可以通过承接相关服务业转移深度"嵌入"全球服务生产网络，借助跨国公司的全球扩张和发展得以有效提升自身服务产业水平；同时，中国也可以通过离岸外包服务日趋专业化分工，在外包产业内部不断分化

和形成新的纵向外包，进而推动在岸外包承接能力提升，逐步形成以中国为中心的东亚地区服务外包的集中与整合，加快服务要素的跨区域自由流动，形成具有创新能力和自生能力的服务外包和服务业发展体系，并以此鼓励和促进东亚区域服务贸易自由化的有效实施。具体可有以下几个方面的重点：

一是伴随服务业价值链环节的全球转移，有效利用服务生产要素流动，充分发挥比较优势，发展巩固服务外包重点领域，推动新兴服务外包行业建设。目前，中国在信息技术、会计咨询、金融保险和基础性研发等知识含量较高的生产性服务业与西方发达国家已处于同步发展周期，通过推动商务过程外包（BPO）和信息技术外包（ITO）发展，积极拓展知识过程外包（KPO）的能力提升，将大大加快服务生产要素在地区范围内流动，丰富和优化自身知识升级、技术创新和信息扩散等服务生产提供水平，加速促进我国服务贸易规模持续扩大，凸显参与东亚区域服务贸易自由化进程的必要性和重要性。

二是积极加强东亚地区服务基础设施网络建设，夯实东亚区域服务贸易自由化进程的物质基础，促进区域内不同层次服务外包协调发展。中国应结合当前"一带一路"发展构想和亚洲基础设施投资银行功能，建设和完善高效连通覆盖我国和周边东亚主要经济体的数据传输网络，减少服务要素流动的空间障碍，完善服务外包的区域公共平台建设。同时，根据不同国家和国内不同地区发展水平差异，构建上下游服务整合外包体系，充分发挥各自比较优势，减少过度竞争，在推动东亚区域服务贸易自由化进程的同时，实现东亚区域服务生产网络的均衡和可持续发展。

三是伴随东亚服务生产网络的开放性发展，中国应以全球化视角推动服务外包建设，推动构建开放的跨国界生产和服务一体化产业集群，实现交易成本降低、生产效率提高和激励方法改进等多种集聚效应。应充分重视跨国公司具有的"潜在地理柔性"，依托跨国公司全球发展的战略布局，促进公共部门与私人部门建立合作伙伴关系，在鼓励企业不断创造和保持价值的同时,以微观动力推动东亚区域服务贸易自由化和投资便利化的演进。

三、把握东亚服务贸易自由化合作进程重点,注重合作机制整合发展

基于在全球价值链视角下的研究,本书认为,综合考虑地缘政治经济形势和经济体自身的要素禀赋优势,结合全球价值链和东亚区域服务生产网络的延伸,合理扩展东亚地区合作范围,协调东亚区域内的自由贸易和投资协定,寻求区域经济一体化的协同效应,对中国推动和参与东亚区域服务贸易自由化进程至关重要。

首先,从当前东亚区域服务贸易自由化的竞争性合作治理机制发展上看,一方面虽然TPP谈判各方一再声明希望达成协议,但最终谈判能否达成尚存疑问。中国应正视TPP的发展现实,充分掌握其发展动态,理性地做出战略判断和选择。当前,如果TPP仍以双边方式就各方具体涉及货物和服务贸易问题谈判,那么TPP与东亚各经济体既有双边FTA则难以有效协调。同时,由于TPP成员方国情的差异较大,谈判条款需要在宽泛和具体之间寻找平衡。随着更多国家加入,各方之间的矛盾和冲突可能更加凸显。为此,就中国而言,能否继续巩固中美经贸关系作为当前全球最重要的双边经济关系,继续稳定和扩大中美经贸规模,充分利用双方经济上的紧密性和互补性,十分重要。中国在积极构建中美新型大国关系的过程中,应加紧研究和探索双方在更加广泛的经济领域加强合作,以建设性和创造性的态度明确共同价值的交易点,并提出合理的合作解决方案,最终整合为东亚区域服务贸易自由化实现的制度保障(刘中伟,沈家文,2012)。

其次,中国应积极参与RCEP谈判,利用自身在区域服务生产网络中的引领地位,推动RCEP东亚地缘政治和经济优势的发挥,研究开放条件下的自由贸易标准和规则的设定,彰显RCEP对TPP的制度和福利优势。一

方面，中国应考虑以自身优势产业平台升级和价值链延伸为先导，将为东亚经济体提供经济持续增长的具体建议落实于协议条款，从而适度减少邻近国家对中国崛起的不确定性，也有助于未来区域治理成本的降低。另一方面，中国应突出强调，相比TPP高标准条款的引领优势，RCEP具有更大的灵活性和自主性。例如，RCEP强调通过协商方式做出决定，并允许东盟成员方享有差别化待遇，尽量充分考虑各经济体的国情，更好地满足东亚服务生产网络供应链和创新需求，为未来开放性东亚区域经济合作治理模式构建和服务贸易自由化发展预留了更大、更具多样性的合作空间。

最后，中日韩三国作为东亚地区的三大经济体，在要素禀赋结构上存在极强的互补性，对东亚服务生产网络和区域服务贸易自由化发展至关重要。同时，作为东亚区域合作基础的"10+1"机制能否最终有效实现"10+3"格局，中日韩FTA能否达成，也是关系到RECP最终能否实现的核心问题。就中韩两国而言，2014年年末双方顺利完成双边自由贸易协定实质性谈判，取得重大进展。中日FTA谈判能否达成的关键则不在于双方经贸领域的分歧和竞争，而在于日本对于中国随着自身影响力的上升，挑战其东亚经济领导地位的对抗心理能否重回"平衡"。日本力图在推动中日韩FTA和加入美国主导的TPP之间持"骑墙"立场，通过推行不同自贸区模式，发挥自己在规则和标准制定等方面的优势，并通过联盟方式制衡中国（王玉主，富景筠，2012）。在这种情况下，中日FTA的实现条件将可能取决于中国经济发展给日本带来的潜在经济红利能否足以平衡其在政治上的考量。然而，囿于中日领土争端、日本右翼势力抬头和缺乏历史责任感等种种政治行为，推进双方实质性谈判进程尚有难度，因此，适时加快中韩FTA的"早期收获清单"，也可能"倒逼"日本尽快考虑推动中日韩FTA谈判的实质性发展。

未来，中国也应寻求在"10+3"框架之外与其他发达国家展开FTA谈判，增加在开放性东亚地区经济合作中的主动权；并参照中国—东盟自贸区建设过程中的"早期收获"模式,在谈判市场准入议题时坚持"逐步开放、适度保护"的原则,从而有利于提高FTA谈判的务实性和积极性,推动实现东亚地区开放的服务贸易自由化走向深入,形成稳定、持久的区域经济治理格局。

四、建立健全服务贸易政策体系,促进我国服务贸易可持续发展

中国参与东亚区域服务贸易自由化的进程中,要以开放的区域贸易自由化和投资便利化为载体,建立促进地区经济合作的治理机制和机构,协调制定基于东亚服务生产网络优势和全球价值链发展的规则和标准,以帮助参与东亚地区合作的各国经济更好地整合在一起,以区域发展契约的方式开展合作。同时,也要积极借鉴国外服务贸易大国的发展经验,加强对服务业和服务贸易各种政策和规则的深入研究,针对不同服务行业特点和GATS、WTO的相关条款进行研究,构建符合中国国情的服务贸易政策体系,形成有利于中国服务贸易可持续发展的促进机制。

中国应加强对国际服务贸易法律和规则的研究和应用,保护本土服务企业享有参与国际竞争的平等权利,搭建服务贸易促进平台和促进体系,提升我国对外服务贸易的竞争力。一是在东亚区域服务贸易自由化谈判中,应具有一定前瞻性和预见性,对于是否做出"GAT+"的各类承诺,应结合东亚服务生产网络发展趋势和预计的贸易创造和转移效应综合评估。二是应积极借鉴发达国家服务贸易发展经验,强化通过国际贸易谈判开拓国际市场,同时着力于国内规制政策改革不断推行服务市场对外开放,保持和提升国内产业竞争力,扩大区域服务贸易自由化程度。三是积极培育建立以服务企业为主体的行业协会、进出口商会等中介组织,搭建服务企业交流与合作平台,整合服务行业资源,促进服务贸易企业在参与东亚区域服务贸易自由化进程中整体竞争力提升。

五、小结

本章结合前文各章节的分析研究认为,现阶段我国参与区域服务贸易自由化的进程应坚持根据自身发展需要,把握好服务业开放的时机、步骤、节奏和方式,不仅强调放宽市场准入,更注重管理制度创新,形成循序渐进、扩大开放、多方互惠和制度保障的基本思路。本章从四个方面对中国参与东亚区域服务贸易自由化进程提出了政策和建议:一是基于比较优势和专业化分工深化,改善自身服务贸易出口结构;二是大力推动服务外包产业发展,加快促进服务生产要素自由流动;三是把握东亚服务贸易自由化合作进程重点,注重合作治理机制整合发展;四是建立健全服务贸易政策体系,促进我国服务贸易可持续发展。

第八章 结论与研究展望

第一节 主要研究结论

服务经济与服务贸易的兴起和发展已经在很大程度上改变了世界经济和贸易格局,特别是区域经济合作进程不断加快,推动服务贸易自由化在全球各地区范围内迅速发展,包括中国在内的东亚国家也在国际服务贸易领域占有了越来越重要的地位。本书在总结借鉴服务贸易和服务贸易自由化理论研究基础上,回顾东亚区域服务贸易发展现状,研究东亚区域框架下服务贸易自由化的合作机制和区域经济治理问题,并就中国参与区域服务贸易合作,推动东亚区域服务贸易自由化进程提供了政策建议和理论依据。据此,就东亚区域服务贸易自由化的合作发展机制和治理模式总结而言,主要有如下研究结论。

1. 东亚区域服务贸易自由化合作发展的共享机制

服务贸易发展的重要特征是服务生产和消费必须同时发生,强调服务贸易联合生产的特点。也就是说,服务贸易的本质在于通过生产要素的全球流动,使不同国家通过服务生产要素的共同使用和投入,确保服务提供和使用的时空一致性,即服务生产的共享。

本书基于对东亚各经济体之间服务贸易结构紧密性、互补性和竞争性的实证分析,一方面呈现了东亚各经济体的双边服务贸易发展迅速,整体服务贸易结合度较高,具有深化服务贸易合作的基础和动力;另一方面也反映了东亚主要经济体服务贸易发展整体优势仍然较弱,但相互间存在着显著且稳定的服务贸易互补关系,服务贸易产业结构互补性也大于竞争性。

同时,通过借助对服务外包跨国合作模型进行扩展的博弈分析,说明东亚区域服务贸易自由化发展的持续动力在于强化经济体间服务产业的生产共享。在开展服务贸易自由化合作的背景下,各经济体服务产业对服务要素的互补性使用对推动服务部门开放具有重要作用。服务部门开放程度的提高,服务贸易壁垒的减少,服务生产要素跨境流动的加速在促进贸易规模扩大的同时,更重要的是对各国的服务生产要素本身的丰富和优化,包括知识的升级、信息的充分和技术的创新等,从而更大范围地提升社会福利水平。

在东亚区域经济的现实发展中,通过跨境直接投资、跨境生产协作和中间产品贸易的兴起,已经在东亚地区形成了多样性和充满活力的产业群和价值链,即独特的"竹节型资本主义"(Bamboo Capitalism)。伴随东亚区域服务价值链环节的延伸与转移,特别是各类与制造业发展联系紧密的生产性服务提供和使用,东亚区域服务贸易的规模、种类和范围扩张的势头势不可挡。服务生产过程不断碎片化和分散化,设计和服务外包不断转移和层级化,服务价值链上的布局和制约关系更加错综复杂,东亚各经济体在"生产共享"和"服务共享"上变得更加相互依赖。

因此,在当前东亚服务贸易自由化合作发展进程中,各国的服务贸易合作的基础在于各自服务业发展和服务生产要素资源在产业内的整合、互补和投入程度,服务生产共享水平的提升影响着服务贸易合作水平;同时,伴随着各国间服务贸易开放水平的提高,在特定的服务产业结构上形成深度捆绑和锁定关系,更深层次的东亚区域服务贸易自由化也将带来更大的合作收益。

2.东亚区域服务贸易自由化合作发展的开放机制

在全球价值链整合和服务业跨境转移背景下,东亚服务生产网络的形成与发展,在经济上对东亚区域服务贸易体系和结构产生了深刻影响。全球价值链和区域服务生产网络的发展,已经成为绝大多数经济体获得长期发展收益的载体,与其说是否参与其中,不如说如何参与适应其中,并寻求更具开放性的区域服务贸易自由化合作。从东亚地区合作的功能而言,开放性的服务生产网络作为促进参与国合作获益的治理设计和安排正在悄然形成,东亚服务生产网络通过与区域内外各国经济利益交织的日益密集,逐渐成为整个东亚区域服务贸易自由化的结构动力。

本书基于对国际政治经济学中传统"地区主义"概念认知的比较分析,结合对全球价值链整合生成与区域服务生产网络演进的认识,认为通过开放性的区域经济合作,将各类生产、服务、投资和贸易行为纳入全球服务生产网络之中,可以充分发挥各自的要素禀赋优势,提升整体产业结构并实现均衡发展。可以说,东亚服务生产网络正在以开放性为特征的"新地区主义",发挥其区域经济合作和治理机制中的功能性作用,从企业、市场、社会和贸易层面的地区集体意志出发,寻求从理念到实践的东亚开放性地区合作。

因此,就东亚区域服务贸易自由化的开放机制内涵而言,专业化分工和对全球价值链的参与是发展前提,依托各国的要素禀赋与生产服务的地理集聚进行域内外互动是合作基础,以跨国公司为主,开展开放性的跨国生产服务协作是联系纽带,强化开放性的地区自由贸易安排和区域治理机制是长远保障。伴随着服务贸易流向的分散化和区域化,东亚新兴市场的不断壮大,推动要素流动和商品流动在域内外同步循环发展,将东亚与世界其他地区的经济发展紧密联系起来。由此,东亚区域服务贸易自由化将不能简单理解为"地区主义"范畴下的贸易自由化,而是开放的、复杂的和网络状的多边与区域相融维度下的贸易自由化合作和治理机制问题。

3. 东亚区域服务贸易自由化合作发展的竞合机制

在东亚区域服务贸易自由化的合作发展过程中,既需要有效评估地缘政治经济形势和经济体自身的要素禀赋优势,综合协调区域自由贸易和投资协定,寻求区域经济一体化的协同效应,帮助参与东亚地区合作的经济体形成稳定的合作和治理机制。同时,也要促进公共部门和私人部门建立合作伙伴关系,构建开放的跨国界生产和服务一体化产业集群,以微观动力推动东亚区域服务贸易自由化不断前进;还要关注东亚区域内各国政府与本国服务业利益团体之间的政策博弈,寻找到平衡国内各方利益的服务贸易自由化政策选项。

本书基于博弈理论的分析框架,通过分析制定和推行参与区域服务贸易自由化政策对一国政府、公众和相关利益团体的福利变化影响,说明只有实现政府与服务业利益团体联合剩余最大化的纳什均衡解,才有条件进一步探讨政府参与区域服务贸易自由化的可能性。而一旦寻求参与,政府与利益团体间的博弈则主要集中在自由化进程中的"例外产业",以寻求实现各方利益的均衡。结合东亚各经济体发展的现实,东亚区域服务贸易自由化将可能很难实现"完全的自由化",只能寻求"尽量多的自由化"。为此,东亚整体区域服务贸易自由化在于促进"早期收获"的自由化协议的先行签署,寻找具有"卡尔多改进"特征的竞合结果,尽量确定更少的服务部门为"例外",以逐步有效释放自由化红利。

同时,在开放性东亚服务生产网络发展的背景下,东亚地区逐渐形成经济关系与安全关系相互分离的"新地区主义"东亚合作二元格局。美国、中国和东亚地区其他国家的政治、经济和安全利益以一种复杂的方式交织在一起,如何维持有效的地区合作和治理机制对于实现"开放性"的东亚区域服务贸易自由化的意义凸显。中美两国如果将既有"TPP轨道"和"东亚轨道"的竞争性自由贸易谈判,以建设性和创造性的态度明确共同价值的交易点,并提出合理的融合和合作解决方案,将可能构建符合东亚地区长远发展的稳定、平衡的合作治理机制,并最终成为东亚区域服务贸易自由化实现的制度保障。

4.东亚区域服务贸易自由化合作发展的经济增长机制

基于传统比较优势理论适用于服务贸易理论分析的观点,贸易自由化在提高经济效益和经济增长效应方面的作用,在服务贸易领域同样适用,并且对东亚区域服务贸易自由化的积极作用也很明显。服务贸易自由化总是致力于"出口"本国具有比较优势的服务产品,"进口"成本较高、缺乏竞争力的服务产品,各国又通过参与全球分工体系实现服务生产的共享,加深了国际生产分散化,从而使参与者获得两方面的收益:服务贸易本身带来的收益增加,以及专业化生产和对服务产业优化升级的利益。

本书在对东亚经济体之间服务贸易结构实证分析的基础上,借助扩展的服务贸易引力模型,对东亚主要经济体参与区域服务贸易自由化的贸易效应变动进行评价,反映了贸易各方的经济规模、经济发展水平、空间距离等因素都对增加服务贸易机会,促进服务贸易规模增长可以产生重要影响。同时,相关区域服务贸易自由化机制安排对扩大服务贸易出口具有积极作用,可以成为促进地区国家经济增长的重要手段,有利于提升各国的经济福利水平。

同时，就东亚服务生产网络及其贸易增长机制而言，当前处于不同发展阶段的东亚国家正在价值链的不同区段进行"生产分享"。特别是近年来，东亚经济体又通过技术传播和技能培养，产业调整和规模经济，不断将服务业竞争力提升和服务贸易快速发展吸收到区域生产网络的升级中，从贴牌生产（OEM）向设计生产（ODM），再到品牌生产（OBM）转型。为此，以中国为首的东亚经济体正在从"要素驱动型经济"走向"效率驱动型经济"和"创新驱动型经济"，借助东亚区域服务贸易自由化的合作趋势和治理机制建设，打破对服务提供和要素流动的空间限制，扩大服务贸易市场规模和资源配置效率，并通过大力发展离岸服务，促进多种知识密集型服务业态发展，减少对传统制造业或资源消耗类产业的依赖，最终推动实现东亚各国经济的可持续发展。

据此，当前东亚区域服务贸易自由化进程主要通过其共享机制、开放机制、竞合机制和经济增长机制等四种机制特征，推动包括中国在内的东亚地区经济体深入开展服务贸易合作，完善区域开放性经济一体化和共同治理机制建设，促进东亚各国经济的可持续发展。

第二节　主要创新点

本书的主要创新点如下：

（1）本书采用服务贸易结合度指数（TCD）、显示性比较优势指数（RCA）、服务贸易互补指数（TCI）、服务贸易产业内贸易指数（IIT）、服务贸易竞争指数（TC）与相对竞争指数（RTC）对东亚经济体服务贸易结构的紧密性、互补性和竞争性进行了综合比较和评估。同时，基于上述分析和其他研究经验，通过引入新变量扩展传统的贸易引力模型，使用面板数据对东亚主要经济体间的服务贸易出口流量变动进行了实证研究，并由此解释，推进东亚区域服务贸易自由化进程对东亚经济体的经济发展具有促进作用。

（2）基于博弈理论的分析框架，本书对服务外包跨国合作模型、传统议价模型、政府与利益团体的博弈模型进行扩展，将服务贸易和服务贸易自由化的相关概念引入模型分析，以动态合作博弈和非合作博弈两种模式，得出相应的均衡结果。博弈分析表明，东亚区域服务贸易自由化的必要性在于其对各国的服务生产具有激励作用，其发展的持续动力在于各国服务部门的生产共享。同时，服务贸易自由化协议的签订是保持东亚区域服务贸易自由化开展的制度保障，未来收益和时间因素是各方实现合作均衡的关键。此外，东亚各国国内服务业利益团体对参与区域服务贸易自由化的影响不容忽视。

（3）本书通过研究全球价值链发展对东亚服务生产网络演进的影响，提出开放性的服务生产网络是东亚区域服务贸易自由化的结构动力。据此，本书结合地缘因素和经济因素的互动现实，拓展了对东亚区域经济合作主导权和地区治理的不同认识，并揭示了实现东亚区域服务贸易自由化合作的制度整合途径，为梳理和总结东亚区域服务贸易自由化合作发展的共享机制、开放机制、竞合机制和经济增长机制的特征和作用提供了理论和现实依据。

第三节　研究展望

本书虽然对东亚区域服务贸易自由化合作和治理机制相关问题进行了一些研究和分析，并得到些许研究成果，但由于研究能力和研究条件有限，还存在一定的改进和研究拓展空间。

（1）尽管本书对实现东亚区域服务贸易自由化的福利效应和积极作用进行了实证分析，也对推动"开放的地区主义"的制度设计进行了思考，但是仍然难以有效评估区域服务贸易自由化对多边服务贸易自由化的影响作用。就一般意义而言，无论是微观的服务企业和行业发展还是宏观的国家和地区经济增长，多边服务贸易自由化的实现才是真正的全面服务贸易自由化。因此，东亚区域服务贸易自由化的发展对多边服务贸易自由化的福利效应或影响作用需要进一步研究和考察。

（2）本书对东亚地区主要经济体之间的面板数据进行引力模型的扩展计算，未来应进一步充实东亚主要经济体与域外服务贸易发达国家的数据，并加以分析和研究，对模型的检验和方程结果进行补充和完善；同时，也可以探讨增加新的扩展变量和改进估计方法，逐步引入对更多具体服务部门的分类研究，寻求更有效和全面地衡量东亚区域服务贸易自由化对相关经济体的福利水平影响。

（3）就区域服务贸易自由化发展而言，尽管在相关贸易安排中达成了相关服务贸易自由化条款，东亚地区的整体发展仍然相对滞后，短期内难以实现完全的自由化。相比之下，欧美发达国家和地区服务贸易规模大，贸易自由化程度高，贸易规则和条款设置合理，因此，今后可以从发达国家和新兴发展中国家服务贸易自由化发展比较出发，通过对服务贸易自由化不同发展阶段特点的研究，深入把握服务贸易自由化发展的趋势和规律，探索促进中国服务业增长与经济可持续发展互动影响更为有效的政策措施。

参考文献

[1] ADAITA MATOO. MFN and the GATS, Most-Favored Nation Treatment: Past and Present [M]. Michigan: Michigan University Press, 2000.

[2] ADAITA MATOO, ROBERT M. STERN, GIANNI ZANINI. A Handbook of International Trade in Services [M]. New York: Oxford University Press, 2008.

[3] ADAITA MATOO. The Service Dimension of China Accession to the WTO [J]. Journal of International Economic Law, 2004(6): 299-339.

[4] ADAITA MATOO, FINK C. Regional Agreement and Trade in Services, Policy Issue [C]. World Bank Policy Research Paper 2852, 2004.

[5] ADAITA MATOO, FINK C. Financial Services and WTO, Liberalization Commitments of Developing and Transitional Economies [C]. World Bank Working Paper, 2003.

[6] ASDLUNG R., ROY M. Turning Hills into Mountains? Current Commitments under the GATS and Prospects for Change [C]. WTO Staff Working Paper No. ERSD-2005-01, 2005.

[7] ALEXANDER. International Trade in Financial Services [C]. IMF Working Paper PDP/03/06, 2002.

[8] ARVIND PANAGARIYA, RONALD FINDLAY. A Political-Economy Analysis of Free Trade Areas and Customs Unions [C]. World Bank Policy Research Working Paper No.1261, 1994.

[9] ANTONI ESTEVADEORDAL, CAROLINE FREUND, EMANUEL ORNELAS. Does Regionalism Affect Trade Liberalization toward Nonmembers? [J]. The Quarterly Journal of Economics, 2008, 123(4): 1531-1575.

[10] ANDERSON J. E. A Theoretical Foundation of the Gravity Model [J]. American Economic Review, 1979, 69(1).

[11] ANDERSON J. E., VAN WINCOOP ERIC. Gravity with Gravitas: a Solution to the Border Puzzle[J]. American Economic Review, 2003, 93(1).

[12] ANDREW HURREL. Explaining the Resurgence of Regionalism in World Politics[J]. Review of International Studies, 1995, 21(4): 334.

[13] ASEAN SECRETARIAT. ASEAN Framework for Regional Comprehensive Economic Partnership[OL].2012. http://www.aseansec.org/26744.htm.

[14] AYAKO OBASHI. Stability and Resiliency of Production Networks in East Asia: Implications for the Impact of the Global Recession[C]. Beijing: The 2nd GEP Conference in China "The Global Financial Crisis", 2009.

[15] B. LVTHJE. Global Production Networks and Industrial Upgrading in China: The Case in Electronics Contract Manufacturing[C]. East-West Center Working Paper, 2004.

[16] B. PETER ROSENDORFF. Stability and Rigidity: Politics and Design of the WTO's Dispute Settlement Procedure[J]. The American Political Science Review, 2005, 99(3): 389-400.

[17] BARRY DESKER. In Defense of FTAs: From Purity to Pragmatism in East Asia[J]. The Pacific Review, 2004, 17(1): 3-26.

[18] BERNHEIM B. DOUGLAS, WHINSTON MICHAEL D. Menu Auctions, Resources Allocation, and Economic Influence[J]. Quarterly Journal of Economics, 1986, 101(1): 1-31.

[19] BELA BALASSA. Trade Creation and Trade Diversion in the European Common Market[J]. The Economic Journal, 1967, 77(305): 1-21.

[20] BERGSTRAND J.H. The Gravity Equation in International Trade: Some Microeconomic Foundations and Empirical Evidence[J]. The Review of Economics and Statistics, 1985, 67(3).

[21] BERGSTRAND J.H. The Generalized Gravity Equation, Monopolistic Competition, and the Factor-Proportions Theory in International Trade[J].

The Review of Economics and Statistics, 1989, 71(1).

[22] BNADYYOPADHYAY S., PATHAK P. Knowledge Sharing and Cooperation in out Souring Project: A Game Theoretical Analysis[J]. Decision Support Systems, 2007, 43(2): 349-358.

[23] BRIAN T. HANSON. What Happened to Fortress Europe? External Trade Policy Liberalization in the European Union[J]. International Organization, 1998, 52(1): 55-85.

[24] BURGESS D.F. Services as Intermediate Goods: The Issues of Trade Liberalization[M]//JONES R., KIERZKOWSKI H. The Political Economy of International Trade.Basil Blackwell Inc, 1990.

[25] C. FRED BERGSTEN. Open Regionalism[J]. The World Economy, 1997, 20(5): 545-565.

[26] CAROLINE FREUND. Multilateralism and the Endogenous Formation of Free Trade Agreements[J]. Journal of International Economics, 2000, 52(2): 359-376.

[27] CRAIG VAN GRASSTEK. The Benefit of US—China Trade in Services[M]. New York: United States Council Foundation, 2006.

[28] CHAD DAMRO. The Political Economy of Regional Trade Agreements[S]// LORAND BARTELS, FEDERICO ORTINO. Regional Trade Agreements and the WTO Legal System. 39.

[29] CHAN-HUN SOHN. Does the Gravity Model Explain South Korea's Trade Flow?[J]. The Japanese Economic Review, 2005, 56(4): 417-430.

[30] COPLAND B. R. Benefits and Costs of Trade and Investment in Services[R]// J.M. CURTIS, R.M.CIURAK. Trade Policy Research 2002. Government of Canada, 2002: 107-218.

[31] COSTINOT ARNAUD. On the Origins of Comparative Advantage[J]. Journal of International Economics, 2009, 77(2): 255-264.

[32] CYRUS, T. L. Income in the Gravity Model of Bilateral Trade: Does Endogeneity Matter?[J]. The Journal of International Trade, 2002,

XVI(2).

[33] D. ABREU F. GCL Bargaining and Reputation[J]. Econometrica, 2000(68): 85-117.

[34] DANIEL Y. KONO. Making Anarchy Work: International Legal Institutions and Trade Cooperation[J]. The Journal of Politics, 2007, 69(3): 746-759.

[35] DANIEL YUICHI KONO. Are Free Trade Areas Good for Multilateralism? Evidence from the European Free Trade Association[J]. International Studies Quarterly, 2002, 46(4): 507-527.

[36] DAVID ROLAND-HOLST, IWAN AZIS, LI-GANG LIU. Regionalism and Globalism: East and Southeast Asian Trade Relations in Wake of China's WTO Accession[R]. ADB Institute Research Paper Series 16, 2003.

[37] DEARDORFF, A. V. Comparative Advantage and International Trade and Investment in Services[M]//R. STERN. Trade and Investment in Services Canada/US Perspectives. Ontario Economic Council, 1985.

[38] DEARDOFF A. Determinants of Bilateral Trade: Does Gravity Work in a Classical World? [C]. NBER Working Papers No. W5377, 1995.

[39] DEARDDOFF, ALAN V. International Provision of Trade Service, Trade and Fragmentation[J]. Review of International Economics, 2001(9): 233-248.

[40] DIETER ERNST, PAOLO GUERRIERI. International Production Networks and Changing Trade Patterns in East Asia: The Case of the Electronics Industry[C]. DRUID Working Papers, 1997.

[41] DIXIT AVINASH K., GROSSMAN GENE M. Trade and Protection with Multistage Production[C]. NBER Working Paper No.W0794, 1982.

[42] EDWARD D. MANSFIELD, ERIC REINHARDT. Multilateral Determinants of Regionalism: The Effects of GATT/WTO on the Formation of Preferential Trading Arrangements[J]. International Organization, 2003, 57(4): 829-862.

[43] EDWARD D. MANSFIELD, HELEN V. MILNER. The New Wave of Regionalism[J].International Organization, 1997, 53(3): 590.

[44] EGGER P. An Economic View on the Estimation of Gravity Models and the Calculation of Trade Potentials[J]. The World Economy, 2002(25): 297–312.

[45] ERNEST H. PREEG. The Compatibility of Regional Economic Blocs and the GATT[J]. Annals of the American Academy of Political and Social Science, 1993, 526(1): 164–171.

[46] EVENETT S. J, W. KELLER. On Theories Explaining the Success of the Gravity Equation[J]. Journal of Political Economy, 2002(110): 281–316.

[47] FALVEY RODNEY E, GEMMELL NORMAN. Explaining Service-Price Differences in International Comparisons[J]. American Economic Review, 1991, 81(5): 1295–1309.

[48] FEKETEKUTY G. International Trade in Services[D]. Cambridge University, 1998.

[49] FRANCOIS. The Next WTO Round: North-South Stakes in New Market Access Negotiations[M]. Adelaide: Center for International Economic Studies, 2001.

[50] FRANCOIS J. F. Trade in Producer Services and Returns Due to Specialization and the Monopolistic Competition[J]. Canadian Journal of Economics, 1990(23): 109–124.

[51] FRANCOIS J. F. Explaining the Pattern of Trade in Producer Services[J]. International Economic Journal, 1993(7): 23–31.

[52] FRANCIS NG, ALEXANDER YEATS. Production Sharing in East Asia: Who Does What for Whom, and Why?[C].World Bank Policy Research Working Paper No.2197, 1999.

[53] FINK C., MARTIN MOLINUEVO. East Asian Free Trade Agreements in Services: Roaring Tigers or Timid Pandas?[M].First draft, unpublished.

[54] FINK C., ADAITA MATOO, RATHINDRAN R. Liberalizing Basic Telecommunication: The Asian Experience[C]. World Bank Working Paper, 2001.

[55] FINK, C., ADAITA MATOO, RATHINDRAN R.An Assessment of Telecommunication Reform in Development Countries[J]. Information Economic and Policy, 2003, 15(4): 443-466.

[56] G. GEREFFI, J. HUMPHREY, T.STURGEON. The Governance of Global Value Chains[J]. Forthcoming in Review of International Political Economy, 2003, 11(4): 5-11.

[57] G. JOHN IJENBERRY, DAVID A. LAKE, MICHAEL MASTANDUNO. Introduction: Approaches to Explaining American Foreign Policy[J]. International Organization, 1988, 42(1): 7-8.

[58] GARY GEREFFI, KARINA FERNANDEZ-STARK. The Offshore Services Value Chain: Developing Countries and the Crisis[C]. The World Bank Policy Research Working Paper No. 5262, 2010.

[59] GARY GEREFFI. The Organization of Buyer-Driven Global Commodity Chains: How US Retailers Shape Overseas Production Networks Commodity Chains and Global Capitalism[M]. Miguel Korzeniewicz. Commodity Chains and Global Capitalism. Westport: Praeger, 1994: 74.

[60] GENE M. GROSSMAN, ELHANAN HELPMAN. The Politics of Free-Trade Agreements[J]. The American Economic Review, 1995, 85(4): 667-690.

[61] GEORGE W. DOWNS, DAVID M. ROCKE, PETER N. BARSOOM. Managing the Evolution of Multilateralism[J]. International Organization, 1998, 52(2): 397-419.

[62] GIORGIA ALBERTIN. Regionalism or Multilateralism? A Political Economy Choice[C]. IMF Working Paper, WP/08/65, 2008-04-03.

[63] GIBBONS R.A Primer in Game Theory[M]. New York: Harvester Wheatshealf Publisher, 1992.

[64] GRAY P. SAMPSON, STEPHEN WOOLCOCK. Regionalism, Multilateralism and Economics Integration: The Recent Experience [M]. Tokyo and New York: United Nations University Press, 2003: 59-64.

[65] GROSSMAN G., HELPMAN E. The Politics of Free Trade Agreement [J]. American Economic Review, 1995(85): 667-690.

[66] GROSSMAN G., HELPMAN E.Protection for Sale [J]. American Economic Review, 1994(84): 833-850.

[67] GRUNIELD B., MOXNES A.The Intangible Globalization: Explaining the Patterns of International Trade in Services [C]. Norwegian Institute of International Affairs Discussion Paper No.657, 2003.

[68] GOLDBERG P.K., MAGGI G. Protection for Sale: An Empirical Investigation [J]. American Economic Review, 1999(89): 1135-1155.

[69] GUILLIN A. Trade in Services and Regional Trade Agreements: Do Negotiations on Services Have to Be Specific? [C]. Paris School of Economics of Johannes Kepler University Linz Working paper, 2011.

[70] HILLARY RODHAM CLINTON. America's Pacific Century [J/OL]. Foreign Policy Magazine, 2011. http://www.state.gov/secretary/20092013clinton/rm/2011/10/175215.htm.

[71] HINDLEY B., SMITH A.Comparative Advantage and Trade in Services [J]. The World Economy, 1984(7): 389.

[72] HOEN A. An Input-output Analysis of European Integration [D]. University of Groningen, 1999.

[73] HOEKMAN B., MESSERLIN P. Liberalizing Trade in Services: Reciprocal Negotiations and Regulatory Reform [M] SUAVE P. STERN R. GAT2000: New Directions in Services Trade Liberalization.Washington D.C.: Brookings Institution, 2000.

[74] HOEKMAN B., SAUVE P. Liberalizing Trade in Services [C]. World Bank Discussion Paper 243, 2004.

[75] JACOB VINER. The Customs Union Issue [M]. New York: Carnegie

Endowment for International Peace, 1950.

[76] JAMES H. MATHIS. Regional Trade Agreements in the GATT-WTO: Article XXIV and the Internal Trade Requirement [M]. The Hague: T.M.C. Asser Press, 2002.

[77] JAGDISH BHAGWATI. Regionalism and Multilateralism: An Overview [M] // JAIME DE MELO, ARVIND PANAGARIYA. New Dimensions in Regional Integration. New York: Cambridge University Press, 1993.

[78] JAGDISH N. BHAGWATI, ARVIND PANAGARIYA. Preferential Trading Areas and Multilateralism: Strangers, Friends or Foes? [M] // ARVIND PANAGARIYA. The Economics of Preferential Trade Agreements. Washington, D.C.: AEI Press, 1996: 1-78.

[79] J. HENDERSON, P. DICKEN, et al.Global Production Networks and the Analysis of Economic Development [J]. Review of International Political Economy, 2002, 9(3): 436-464.

[80] JONES R., KIERZKOWSKI H. The Role of Services in Production and International Trade: A Theoretical Framework [J]. The Political Economy of International Trade: Basil Blackwell Inc, 1990.

[81] JONES R. W., RUANE F. Option for International Trade in Services: A Specific Factor Framework [J]. Economics, 1989.

[82] JOHN WHALLEY. Why do Countries Seek Regional Trade Agreements? [C]. NBER Working Paper Series No.5552, 1996.

[83] JOHN GILBERT, ROBERT SCOLLAY, BIJIT BORA. 亚太地区新区域贸易的发展: 全球变革与东亚政策倡议 [M]. 北京: 中国财政经济出版社, 2005: 109-173.

[84] JOHN MCLAREN. A Theory of Insidious Regionalism [J]. The Quarterly Journal of Economics, 2002, 117(2): 571-608.

[85] JOSE MANUEL CAMPA, TIMOTHY L. SORENSON. Are Trade Blocs Conducive to Free Trade? [J]. The Scandinavian Journal of Economics,

1996, 98 (2): 263-273.

[86] JEFFREY FRANKEL, ERNESTO STEIN, SHANG-JIN WEI. Trading Blocs and the Americas: The Natural the Unnatural and the Supernatural [J]. Journal of Development Economics, 1995, 47 (1): 61-95.

[87] JEFFREY D. SACHS, ANDREW WARNER. Economic Reform and the Process of Global Integration [C]. Brookings Papers on Economic Activity, 1995: 1-95.

[88] JUDITH GOLDSTEIN. International Law and Domestic Institutions: Reconciling North American 'Unfair' Trade Laws [J]. International Organization, 1996, 50 (4): 541-564.

[89] JUDITH GOLDSTEIN, LISA L. MARTIN. Legalization, Trade Liberalization, and Domestic Politics: A Cautionary Note [J]. International Organization, 2000, 54 (3): 603-632.

[90] KERRY A. CHASE. Trading Blocs: States, Firms and Regions in the World Economy [M]. Ann Arbor: The University of Michigan Press, 2005: 258.

[91] KRUGMAN P. R. Intra-Industry Specialization and Gains from Trade [J]. Journal of Political Economy, 1981 (89): 959-973.

[92] KRUGMAN P. R. Increasing Returns and Economics Geography [J]. Journal of Political Economy, 1991 (99): 483-499.

[93] KRUGMAN P. Scale Economies, Product Differentiation, and the Pattern of Trade [J]. American Economic Review, 1980 (70): 950-959.

[94] KRUGMAN P., A. J. VENABLES. Globalization and the Inequality of Nations [J]. Quarterly Journal of Economics, 1995, 110 (14): 857-880.

[95] KIMURA, F. LEE, H. HOON. The Gravity Equation in International Trade in Services [C]. European Trade Study Group Conference, University of Nottingham, 2004.

[96] LALL S. The Third World and Comparatives Advantage in Trade Services [J]. Theory and Reality in Development. London: Macmillan, 1986.

[97] LARRY CRUMP. Global Trade Policy Development in a Two-Track System [J]. Journal of International Economic Law, 2006, 9(2): 487-510.

[98] LAWRENCE H. SUMMERS. Regionalism and the World Trading System [M] // JAGDISH BHAGWATI, PRAVIN KRISHNA, ARVIND PANAGARIYA. Trading Blocs: Alternative Approaches to Analyzing Preferential Trade Agreements. Cambridge, Massachusetts: The MIT Press, 1999: 561-566.

[99] LEE H., LLOYD P. J.Intra-Industry Trade in Services [C] // Frontiers of Research in Intra-Industry Trade. London: Macmillan, 2002.

[100] LINNEMANN H. An Economic Study in International Trade Flows [M]. Amsterdam: Elsevier, 1966.

[101] MARKUSEN J.R., RUTHERFORD T. F., TARR DAVID. Trade and Direct Investment in Producer Services and the Domestic Market for Expertise [J]. Canadian Journal of Economics, 2005 (38): 758-777.

[102] MARKUSEN J. R. Trade in Producers Services and in Other Specialized Intermediate Inputs [J]. American Economic Review, 1989 (79): 85-95.

[103] MARREWIJK C., STIBORA J, A. DEVALL. Services Tradability Trade Liberalization and Foreign Direct Investment [J]. Economica, 1996 (63): 11-31.

[104] MARREWIJK C., STIBORA J., A. DEVAAL, et al. Producer Services, Comparative Advantage and International Trade Pattern [J]. Journal of International Economics, 1997 (42): 195-220.

[105] MARIO MARCONINI. Revisiting Regional Trade Agreements and Their Impact on Services Trade [C]. International Center for Trade and Sustainable Development, Geneva, 2009.

[106] MAURICE SCHIFF, L. ALAN WINTERS. Regional Integration as Diplomacy [J]. The World Bank Economic Review, 1998, 12(2).

[107] MATTHEW JENSEN, CLAUDE BARFIELD. Global Value Chains

and the Continuing Case for Free Trade: Trade Theory and Illustrations from the United States and East Asia[M/OL]. American Enterprise Institute, 2012. http://www.aei.org /files/ 2012 /01 /22 /-global-value-chains-and-the-continuing-case-for-free-trade-151600345728.pdf.

[108] MARTIN RICHARDSON. Endogenous Protection and Trade Diversion[J]. Journal of International Economics, 1993, 34 (3-4): 309-324.

[109] MATYAS L. Proper Econometric Specification of the Gravity Model [J]. The World Economy, 1997, 20 (3): 363-368.

[110] MELVIN J.R.Trade in Producer Services: A Heckscher-Ohlin Approach[J]. Journal of Political Economy, 1989 (97): 1180-1196.

[111] MIRZA DANIEL, NICOLETTI GIUSEPPE. The Influence of Policies on Trade and Foreign Direct Investment[J]. OECD Economic Studies, 2003 (1): 7-83.

[112] MITSUYO ANDO, FUKINARI KIMURA. The Formation of International Production and Distribution Networks in East Asia[C]. NBER Working Papers No. 10167, 2003.

[113] MURRAY C. KEMP, HENRY Y. WAN. An Elementary Proposition Concerning the Formation of Customs Unions[J]. Journal of International Economics, 1976, 6 (1): 95-97.

[114] New Zealand Ministry of Foreign Affair and Trade. Relationship with Other Agreements of P4 Agreement[S/OL]. September 30, 2011. http://www.mfat.govt.nz/Trade-and Economic-Relations/2-Trade-Relationships-and-Agreements/Trans-Pacific/3-Understanding-P4.php.

[115] Office of the United States Trade Representative. Statement by Ambassador Ron Kirk on TPP[S/OL]. 2009-11-13. http://www.ustr.gov/about-us/press-office/speehes/transcripts/2009/ november/address-united-states-trade- representative.

[116] Office of the United States Trade Representative. Outlines of the

Trans-Pacific Partnership Agreement[S/OL]. 2011-11-13. http://www.ustr.gov/ about-us/ press-office/fact-sheets/2011/november/outlines-trans-pacific-partnership-agreement.

[117] PAUL KRUGMAN. Regionalism Versus Multilateralism: Analytical Notes[M/OL]// JAIME DE MELO, ARVIND PANAGARIYA. New Dimensions in Regional Integration. New York: Cambridge University Press, 1993: 58-79.

[118] PAUL KRUGMAN. Is Bilateralism Bad? [M]// E. HELPMAN, A. RAZIN. International Trade and Trade Policy. Cambridge, Mass: MIT Press, 1991.

[119] PAUL KRUGMAN. The Move toward Free Trade Zones[D]. Paper Delivered to Policy Implications of Trade and Currency Zones, Sponsored by the Federal Reserve Bank of Kansas City, Jackson Hole, WY., 1991: 7-42.

[120] PAUL ROMER. New Goods, Old Theory, and the Welfare Costs of Trade Restrictions[J]. Journal of Development Economics, 1994, 43(2): 5-38.

[121] PETER A. PETRI, MiCHAEL G. PLUMMER, FAN ZHAI. The Transpacific Partnership and Asia-Pacific Integration: A Quantitative Assessment [C]. East-West Center Working Paper, No.199, 2011.

[122] PETER J. KATZENSTEIN. Regionalism in Comparative Perspective [J]. Cooperation and Conflict, 1996, 31(2): 123-159.

[123] PERRORI C., WHALLY J.The New Regionalism Trade Liberalization or Insurance? [J]. Canadian Journal of Economics, 2000, 33(1): 1-24.

[124] PRAVIN KRISHNA. Regionalism and Multilateralism: A Political Economy Approach[J]. The Quarterly Journal of Economics, 1998, 113(1): 227-251.

[125] PHILIP A. MUNDO. National Politics in a Global Economy: The Domestic Sources of US Trade Policy[M]. Washington, D.C.: Georgetown University Press, 1999: 18.

[126] PHILIP I. LEVY. A Political-Economic Analysis of Free-Trade Agreements [J]. The American Economic Review, 1997, 87 (4): 506-519.

[127] PHILLIP MCCALMAN. Protection for Sale and Trade Liberalization: An Empirical Investigation [J]. Review of International Economics, 2004, 12 (1): 81-94.

[128] RAQUEL FERNADEZ, JONATHAN PORTES. Returns to Regionalism: An Analysis of Nontraditional Gains from Regional Trade Agreement [J]. The World Bank Economic Review, 1998, 12 (2): 197-220.

[129] RICHARD POMFRET. Is Regionalism an Increasing Feature of the World Economy? [J]. The World Economy, 2007, 30 (6): 923-947.

[130] RICHARD BALDWIN, PHIL THORNTON. Multilateralsing Regionalism: Ideas for a WTO Action Plan on Regionalism [M]. London: Centre for Economic Policy Research, 2008.

[131] RICHARD E. BALDWOM. A Domino Theory of Regionalism [C]. NBER Working Paper No.4465, 1993.

[132] RICHARD E. BALDWIN. Multilateralising Regionalism: Spaghetti Bowls as Building Blocs on the Path to Global Free Trade [J]. The World Economy, 2006, 29 (11): 1451-1518.

[133] RICHARD HARMEN, MICHAEL LEIDY. Regional Trading Agreements. International Trade Policies [S]. Washington D.C: IMF, 1994.

[134] RICHARD H. SNAPE. Trade Discrimination: Yesterdays Problem? [J]. The Economic Record, 1996, 72 (219): 381-396.

[135] ROBINSON S., WANG Z., MARTIN W. Capturing the Implications of Services Trade Liberalization [J]. Economic Systems Research, 2002 (14): 3-33.

[136] ROY M., J. MARCHETTI, H. LIM. Services Liberalization in the New Generation of Preferential Trade Agreement (PATS): How Much Further than the GATS [C]. WTO Staff Working Paper No. ERSD-2006-07, 2006.

[137] ROBERT Z. LAWRENCE. Regionalism, Multilateralism and Deeper

Integration: Changing Paradigms for Developing Countries[M]// MIGUEL RODRGUEZ MENDOZA, PATRICK LOW, BARBARA KOTSCHWAR. Trade Rules in the Making: Challenges in Regional and Multilateral Negotiations: 23-46.

[138]ROBERT Z. LAWRENCE. Emerging Regional Arrangements: Building Blocks or Stumbling Blocks?[M]// RICHARD O' BRIEN. Finance and The International Economy: 5. the AMEX Bank Review Prize Essays. Oxford and New York: Oxford University Press, 1991: 26.

[139]RUBINSTEIN A.Perfect Equilibrium in a Bargaining Model[J]. Econometrica, 1982(50): 97-109.

[140]S.W. ARNDT. Trade Integration and Production Networks in Asia: The Role of China[C].Claremont McKenna College Working Paper, 2004.

[141]SAMPSON G.P., R.H.SNAPE. Identifying the Issue in Trade in Services[J]. The World Economy, 1985, 8(2): 171-182.

[142]SAKAIBARA M. Knowledge Sharing in Cooperative Research and Development[J]. Managerial and Decision Economics, 2003, 24(2): 117-132.

[143]SAGARI SILVIA B. International Trade in Financial Services[C]. Paper Research Working Paper Series, The World Bank, 1989.

[144]SANCHITA BASU DAS. Asia's Regional Comprehensive Economic Partnership[C/OL]. East Asia Forum, 2012.http: //www.eastasiaforum. org/2012/08/27/asias-regional-comprehensive-eco nomic-partnership/.

[145]SAPIR A., LUTZ E. Trade in Services: Economic Determinants and Development Related Issues[C]. World Bank Staff Working Paper, No.410, 1981.

[146]SHELBURNE R. C., GONZALEZ J. G. The Role of Intra-Industry Trade in the Service Sector[M]// MICHAEL G.PLUMMER. Empirical Methods in International Trade, Essays in Honor of Mordechai Kreinin. Edward Elgar

Publishing Limited, 2004.

[147] SHAKED A., J. SUTTON. Involuntary Unemployment as a Perfect Equilibrium in a Bargaining Model[J]. Econometrica, 1984(52): 1351–1364.

[148] STEPHENSON. Approach to Liberalizing Services[C]. Washington D.C: the Conference on Multilateral and Regional Trade Issues, 1998.

[149] STEPHEN WOOLCOCK.Regional Integration and the Multilateral Trading System[M]// TILL GEIGER, DENNIS KENNEDY. Regional Trade Blocs, Multilateralism and the GATT. London: Pinter, 1996: 120.

[150] SPAIR A., C. WINTER. Service Trade[M]// D. GREENAWAY, L.A. WINTERS. Survey in International Trade. Oxford: Basil Blackwell, 1994.

[151] TANIA VOON. Eliminating Trade Remedies from the WTO: Lessons from Regional Trade Agreements[J]. International and Comparative Law Quarterly, 2010, 59(3): 625– 667.

[152] T. STURGEON, J. LEE. Industry Co– Evolution and the Rise of a Shared Supply Base for Electronics Manufacturing[C]. Aalborg: Nelson and Winter Conference, 2001.

[153] TUCKER K., Sundberg M. International Trade in Services[M]. NewYork: Routledge, 1988.

[154] United Nations Industry Development Organization. Industry Development Report 2002/2003[R]. United Nations Industry Development Organization, 2002: 107–116.

[155] VIKRAM NEHRU. Southeast Asia: Will Markets and Geography Trump the TPP? [M/OL]. Carnegie Endowment for International Peace, 2012.http: //carnegieen dowm ent.org/2012/07/09/southeast–asia–will–markets–and–geography–trump–tpp/cn3k.

[156] WALSH. Trade in Services: Does Gravity Hold? A Gravity Model Approach to Estimating Barriers to Services Trade[C]. IIIS Discussion

Paper No11831, 2006.

[157] WHALLY J. Why Do Countries Seek Regional Trade Agreement? [C]. NBER Working Paper, No.5552, 1996.

[158] WONG CLEMENT YUK-PANG, WU JINHUI, ZHANG ANMING. A Model of Trade Liberalization in Services[J]. Review of International Economics, 2006(14): 148-168.

[159] World Economic Forum.The Global Competitiveness Report 2010-2011[R]. Geneva: 2012.http: //www.weforum.org/docs/WEF_GlobalCompetitivenessReport_2010-11.pdf.

[160] YORAM Z. HAFTEL. From the Outside Looking in: The Effect of Trading Blocs on Trade Disputes in the GATT/WTO[J]. International Studies Quarterly, 2004, 48(1): 121-142.

[161] 阿迪特亚·马图,罗伯特·M.斯特恩,贾尼斯·赞尼尼. 国际贸易服务手册[M]. 上海: 格致出版社,上海人民出版社,2012.

[162] 巴勃罗·海德利克,戴安娜·塔斯.地区协定与WTO: 飞转的相互依赖齿轮[G]//黛布拉·斯蒂格.世界贸易组织的制度再设计. 汤蓓,译. 上海: 上海人民出版社,2011: 411-431.

[163] 包艳. 中日服务贸易发展及其对两国经济关系影响研究[D]. 辽宁大学,2010.

[164] 彼得·罗布森. 国际一体化经济学[M]. 上海: 上海译文出版社,2001.

[165] 蔡茂森,谭荣. 我国服务贸易竞争力分析[J]. 国际贸易问题,2005(2): 38-42.

[166] 蔡宏波. 服务业产业内贸易研究: 中国和东盟国家的比较[J]. 财贸经济,2007(7): 95-99.

[167] 蔡志明. 议价行为的博弈理论与博弈试验研究[J]. 华东师范大学学报,1999(6): 68-74.

[168] 蔡洁,宋英杰. 从合作博弈角度看中国—东盟区域经济合作[J]. 当代财经,2007(2): 96-101.

[169]车立文.中国服务贸易国际竞争力比较研究[J].财经问题研究,2009(7):56-63.

[170]陈兆军.对服务贸易与货物贸易互补性问题的再研究[J].国际商务(对外经济贸易大学学报),2007(4):48-53.

[171]陈宪.国际服务贸易——原理、政策、产业[M].上海:立信会计出版社,2008.

[172]陈宪,程大中,殷凤.中国服务经济报告[M].北京:经济管理出版社,2008.

[173]陈菲.WTO后过渡时期我国服务业竞争趋势点评[J].国际贸易问题,2005(6):100-104.

[174]陈峰君,祁建华.新地区主义与东亚合作[M].北京:中国经济出版社,2007:422.

[175]陈妙英.东盟自由贸易区服务贸易自由化的法律规划探析[J].东南亚纵横,2009(1):29-32.

[176]陈虹,林留利.中美服务贸易竞争力的实证与比较研究[J].国际贸易问题,2009(12):75-80.

[177]陈双喜,潘海鹰.中美服务贸易比较及中国服务贸易发展的对策[J].财经问题研究,2010(12):106-112.

[178]陈淑梅,全毅.TPP、RCEP谈判与亚太经济一体化进程[J].亚太经济,2013(2):3-9.

[179]陈通,吴勇.信任视角下研发外包知识转移策略[J].科学学与科学技术管理,2012(1):77-82.

[180]程大中.中美服务部门的产业内贸易及其影响因素研究[J].管理世界,2008(9):57-67.

[181]程大中.中国服务贸易显示性比较优势的定量分析[J].上海经济研究,2003(5):17-24.

[182]程南洋,余金花.中国货物贸易与服务贸易结构变动的相关性研究:1997—2005[J].亚太经济,2007(1):94-97.

[183]崔玮.中美服务业产业内贸易实证研究[J].国际金融,2012

(8): 70-74.

[184] 窦强. 中国与日本韩国服务贸易合作研究[D]. 哈尔滨: 黑龙江大学, 2012.

[185] 董小麟, 董苑玫. 中国服务贸易竞争力及服务业结构缺陷分析[J]. 国际经贸探索, 2006(6): 44-50.

[186] 丹尼·罗德里克. 新全球经济与发展中国家: 让开放起作用[M]. 王勇, 译. 北京: 世界知识出版社, 2004: 23.

[187] 达庆利, 闫安. 相异成本情形下的耐用品动态古诺模型研究[J]. 管理工程学报, 2007(3): 56-59.

[188] 范小新. 服务贸易发展史与自由化研究[D]. 北京: 中国社会科学院研究生院, 2002.

[189] 范黎红. 区域性服务贸易规则与多边规则的关系[J]. 国际贸易问题, 2002(10): 55-59.

[190] 方丽英. 服务贸易自由化与国内管制[M]. 北京: 中国财政经济出版社, 2004: 227.

[191] 冯远, 张继行. GATS框架下中国服务贸易发展的机遇与挑战[M]//中国服务贸易研究报告(第一册). 北京: 经济管理出版社, 2011: 35-52.

[192] 冯晓玲. 美国服务贸易国际竞争力分析[D]. 长春: 吉林大学, 2008.

[193] 符大海, 张莹. 区域主义与多边主义的关系: 文献综述[J]. 中南财经政法大学研究生学报, 2007(2): 65-70.

[194] 高冉. 东盟服务贸易现状及影响因素分析[J]. 中国证券期货, 2010(11): 105.

[195] 郭新茹, 顾江, 朱文静. 中日韩文化贸易模式的变迁: 从互补到竞争[J]. 国际经贸探索, 2010(5): 89-94.

[196] 哈巴哈江·科尔, 达利瓦·派·辛格. 21世纪的外包与离岸外包——一个社会经济学视角[M]. 上海: 格致出版社, 上海人民出版社, 2012.

[197] 何帆. 国际贸易谈判的政治经济分析: 一个初步的框架[J]. 公共管理学报, 2004(1): 36-42.

[198] 何永江. 竞争性自由化战略与美国的区域贸易安排[J]. 美国研究, 2009(1): 98-119.

[199] 何维·莫林. 合作的微观经济学——一种博弈论的阐释[M]. 上海: 格致出版社, 上海三联书店, 上海人民出版社, 2011: 1.

[200] 贺平. 地区主义还是多边主义: 贸易自由化的路径之争[J]. 当代亚太, 2012(6): 130-150.

[201] 黄建忠, 刘莉. 国际服务贸易教程[M]. 北京: 对外经济贸易大学出版社, 2008: 3-4.

[202] 黄凌宇. WTO框架下中国服务贸易发展的初步构想[J]. 时代经贸, 2007(5): 12-14.

[203] 黄烨菁, 张煜. 中国对外贸易新趋势的实证分析——基于扩展的引力模型[J]. 国际经贸探索, 2008, 24(2): 23-28.

[204] 黄建锋, 陈宪. 信息通讯技术对服务贸易发展的促进作用——基于贸易引力模型的经验研究[J]. 世界经济研究, 2005(11): 58-64.

[205] 胡景岩. 货物贸易与服务贸易的相关性曲线[J]. 国际贸易, 2008(6): 36-38.

[206] 霍德智. 发展中国家的服务贸易自由化[G] // 发展、贸易问题与世界贸易组织手册. 北京: 中国对外翻译出版公司, 2003: 192-199.

[207] 肯尼思·华尔兹. 国际政治理论[M]. 上海: 上海人民出版社, 2008: 152.

[208] 焦克. 中美服务贸易对比分析及对中国的启示[J]. 北方经济, 2009(22): 91-92.

[209] 姜颖. 我国服务业产业内贸易影响因素的实证分析[J]. 国际商务(对外经济贸易大学学报), 2007(5): 5-8.

[210] 蒋敏敏, 潘思思. 中美服务贸易出口结构比较[J]. 价格月刊, 2011(7): 54-56.

[211] 郎颖. 中美服务贸易逆差的成因与对策研究[J]. 经营管理者, 2010(24): 262.

[212] 郎永峰. 中国区域贸易自由化的政治经济分析[M]. 北京: 经济科学出版社, 2013.

[213] 李秉强. 亚洲发展中成员方服务贸易竞争力及影响因素分析[J]. 国际贸易问题, 2008(10): 80-84.

[214] 李秉强, 逯宇铎. 服务贸易和货物贸易的替代性和差异分析[J]. 财贸研究, 2009(1): 55-60.

[215] 李军林, 李天有. 讨价还价理论及其最近的发展[J]. 经济理论与经济管理, 2000(3): 63-67.

[216] 李静萍. 影响国际服务贸易的宏观因素[J]. 人大复印资料: 外贸经济与国际贸易, 2003(2): 80-83.

[217] 李杨, 郝刚. 中美服务贸易与投资合作及影响研究[J]. 亚太经济, 2012(1): 53-58.

[218] 李向阳. 新区域主义与大国战略[J]. 国际经济评论, 2003(4): 5-9.

[219] 李文韬. 东盟参与"TPP轨道"合作面临的机遇、挑战及战略选择[J]. 亚太经济, 2012(4): 27-32.

[220] 理查德·E. 凯弗斯, 杰弗里·A. 法兰克尔, 罗纳德·W. 琼斯. 世界贸易与国际收支[M]. 北京: 中国人民大学出版社, 2005.

[221] 梁峰, 尚永庆, 邓雯婷. 国际油气资源合作的讨价还价博弈分析[J]. 经济研究参考, 2012(51): 56-65.

[222] 林立民. 美国与东亚一体化的关系析论[J]. 现代国际关系, 2007(11): 3-4.

[223] 林桂军, 邓世专. 中国在亚洲生产网络格局中的地位和作用[J]. 山西大学学报: 哲学社会科学版, 2012(3): 217-233.

[224] 刘春生. 全球生产网络背景下中国对外开放的路径选择[J]. 中国经贸, 2011(2): 70-71.

[225] 刘晨阳. 中日韩FTA 服务贸易谈判前景初探: 基于三国竞争力的比较[J]. 国际贸易, 2010(3): 47.

[226] 刘晨阳. "跨太平洋战略经济伙伴协定"与美国的亚太区域合作新战略[J]. 国际贸易, 2010(6): 56-59.

[227] 刘德伟. 全球经济"再平衡"与东亚区域生产网络的前景[D/OL]. 中国社会科学院亚洲太平洋研究所, 2010. http://iaps.cass.cn/cate/1200-p4.htm.

[228] 刘绍坚. 国际服务贸易发展趋势及动因分析[J]. 国际贸易问题, 2005(7): 69-73.

[229] 刘光溪. 入世与服务业对外开放的几点战略考虑[J]. 国际商务研究, 2001(2): 24-30.

[230] 刘莉, 黄建忠. 服务贸易自由化: 多边主义还是区域主义[C]. 全国国际贸易学科协作组会议暨国际贸易学科发展论坛, 2007.

[231] 刘中伟. 东亚生产网络、全球价值链整合与东亚区域合作的新走向[J]. 当代亚太, 2014(4): 120-155.

[232] 刘中伟, 沈家文. 跨太平洋伙伴关系协议(TPP): 研究前沿与架构[J]. 当代亚太, 2012(1): 36-59.

[233] 刘中伟, 沈家文. 美国亚太贸易战略新趋势: 基于对《美韩自由贸易协定》的研究视角[J]. 当代亚太, 2013(1): 37-60.

[234] 刘中伟, 沈家文, 宋颖慧. 跨太平洋伙伴关系协议: 亚太区域经济合作的新机遇[M]. 北京: 经济管理出版社, 2014.

[235] 刘中伟, 沈家文. 跨太平洋伙伴关系协议对东亚生产网络的影响与中国应对[J]. 太平洋学报, 2013(1): 59-68.

[236] 刘征驰, 谢思, 赖明勇, 等. 服务外包知识协作: 双向性、协作性与互补性[J]. 中国管理科学, 2013, 21(6): 169-176.

[237] 鲁晓东. 我国服务贸易竞争力的实证研究[J]. 国际经贸探索, 2007(10): 23-27.

[238] 逯宇铎, 李丹. 区域服务贸易自由化合作机制的博弈分析——

以中国—东盟自由贸易区为例[J]. 经济经纬, 2011(5): 61-65.

[239] 来有为. 趋向日益加快——服务业国际转移发展动向与我国引资新热点[J]. 国际贸易, 2004(4): 36-48.

[240] 罗伯特·欧基汉. 霸权之后——世界政治经济中的合作与纷争[M]. 上海: 上海人民出版社, 2006: 24.

[241] 罗伯特·吉本斯. 博弈论基础[M]. 北京: 中国社会科学出版社, 1999.

[242] 罗琳. 中日贸易壁垒博弈均衡的实证分析——基于GH贸易谈判模型[J]. 工业技术经济, 2009(9): 87-92.

[243] 孟夏, 于晓燕. 论中国区域服务贸易自由化的发展与特点[J]. 国际贸易, 2009(9): 54-58.

[244] 马克思, 恩格斯. 马克思恩格斯全集(第47卷)[M]. 北京: 人民出版社, 1979: 304.

[245] 莫盛凯. 没有地区主义的东亚合作[J]. 当代亚太, 2014(2): 96-117.

[246] 倪月菊. 日本的自由贸易区战略选择——中日韩FTA还是TPP?[J]. 当代亚太, 2013, (1): 80-100.

[247] 聂翔. 引力模型对我国服务贸易的效应分析和定量研究[J]. 经济论坛, 2008(24): 62-65.

[248] 聂聆, 李三妹. 中日、中韩服务贸易关系——基于互补性与竞争性的研究[J]. 延边大学学报: 社会科学版, 2014, 47(1): 20-27.

[249] 庞中英. 中国与亚洲——观察·研究·评论[M]. 上海: 上海社会科学出版社, 2004.

[250] 彼得·卡赞斯坦. 地区构成的世界: 美国帝权中的亚洲和欧洲[M]. 北京: 北京大学出版社, 2007: 6-14.

[251] 浦华林. 产品内国际分工与贸易对我国贸易平衡的影响分析[J]. 国际贸易问题, 2011(4): 15-23.

[252] 任志新. 从议价博弈看中美纺织品贸易协议[J]. 中国流通经

济,2006(7):26-31.

[253]让·盖雷,法伊兹·加卢.服务业的生产率、创新与知识——新经济与社会经济方法[M].上海:格致出版社,上海人民出版社,2012.

[254]孙涛.服务贸易自由化的利益及其溢出[J].青海师范大学学报,2007(1):1-5.

[255]孙卫东,宋砚清,威廉姆·劳伦斯.中美服务贸易领域拓展及其途径选择[J].商业时代,2010(1):36-38.

[256]宋岩,侯铁珊.区域贸易协定成员方社会福利效应的纳什均衡分析[J].财经问题研究,2006(1):14-18.

[257]苏阳.贸易引力模型的发展历程探讨[J].中国外资,2012(261):30-31.

[258]沈明辉,周念利.亚洲区域经济合作新领域:区域服务贸易自由化[J].太平洋学报,2010(2):66.

[259]邵亚申,丁赟.中日韩服务贸易的互补性和竞争性分析[J].价格月刊,2012,427(12):40-43.

[260]尚涛,郭根龙,冯宗宪.我国服务贸易自由化与经济增长的关系研究——基于脉冲响应函数方法的分析[J].国际贸易问题,2007(8):92-98.

[261]盛斌.中国的贸易流量与出口潜力:引力模型的研究[M]//中国世界经济学会.世界经济前沿报告NO.1.北京:社会科学文献出版社,2005:182-202.

[262]盛斌.中国加入WTO服务贸易自由化的评估与分析[J].世界经济,2002(8):10-19.

[263]盛斌.美国视角下的亚太区域一体化新战略与中国的对策选择[J].南开学报:哲学社会科学版,2010(4):70-80.

[264]沈铭辉.跨太平洋伙伴关系协议(TPP)的成本收益分析:中国的视角[J].当代亚太,2012(1):6-34.

[265]石峡.中国—东盟自由贸易区内服务贸易发展的基本框架[J].

浙江树人大学学报, 2007(2): 39-43.

[266]石广生. 中国加入世界贸易组织知识读本(二)[M]. 北京: 人民出版社, 2002.

[267]石岿然, 章晓. 中国—东盟贸易自由化的博弈分析[J]. 国际贸易问题, 2008(9): 47-51.

[268]WTO总干事顾问委员会. WTO的未来——应对新千年的体制性挑战[M]. 北京: 中国商务出版社, 2005.

[269]陶凯元. 国际服务贸易法律的多元化与中国对外服务贸易体制[M]. 北京: 法律出版社, 2002: 166.

[270]田祖海, 高明, 苏曼. 中国与东盟服务贸易协议: 一种博弈框架分析[J]. 武汉理工大学学报: 社会科学版, 2006, 19(4): 496-500.

[271]唐海燕, 张会清. 中国崛起与东亚生产网络重构[J]. 中国工业经济, 2008(12): 60-70.

[272]汪丁丁. 知识沿时间和空间的互补性以及相关的经济学[J]. 经济研究, 1997(6): 70-78.

[273]汪素芹. 国际服务贸易[M]. 北京: 对外经济贸易大学出版社, 2011.

[274]王娟. 中国—东盟国家服务贸易效应的实证研究[D]. 成都: 西南交通大学, 2011.

[275]王绍媛. 中国服务贸易竞争力分析——基于进出口数据的指标分析[J]. 世界经济与政治论坛, 2005(1): 23-28.

[276]王英. 中国货物贸易对于服务贸易的促进作用——基于服务贸易引力模型的实证研究[J]. 世界经济研究, 2010(7): 45-48.

[277]王佃凯. 发展中国家服务贸易自由化战略研究[M]. 北京: 经济科学出版社, 2010.

[278]王磊, 徐晓玲. 引力模型的应用: 中美服务贸易自由化的测量[J]. 统计与决策, 2010(4): 24-26.

[279]王晓畅. 服务贸易自由化的综合经济效益分析[J]. 经济杂谈,

2004(6): 104-105.

[280] 王诏怡. 中韩服务业产业内贸易实证研究[J]. 西部论坛, 2012(5): 71-78.

[281] 王晔倩, 林理升. 引力模型与边界效应分析——以长三角和珠三角服务贸易为例[J]. 上海经济研究, 2006(8): 38-44.

[282] 王丽华. 东亚地区服务贸易合作研究[D]. 天津: 天津大学, 2012.

[283] 王玉主, 富景筠. 中日韩自贸区的进展与前景[M]//亚太地区发展报告(2012). 北京: 社会科学文献出版社, 2012.

[284] 王中美. 全球价值链的新趋势、新平衡与关键命题[J]. 国际经贸探索, 2012, 28(6): 105-114.

[285] 韦红. 地区主义视角下的中国—东盟合作研究[M]. 北京: 世界知识出版社, 2006: 10.

[286] 吴锋. 生产边界与生产网络——全球生产网络研究述评[J]. 上海经济研究, 2009(5): 103-110.

[287] 吴宏, 曹亮. 服务贸易自由化: 多边主义VS区域主义——一个新政治经济学的分析视角[J]. 管理世界, 2009(8): 165-166.

[288] 徐伟. 加快服务业发展问题研究[M]. 北京: 社会科学文献出版社, 2011: 196-197.

[289] 夏晴. 论货物贸易与服务贸易的协同发展[J]. 国际贸易问题, 2004(8): 17-20.

[290] 谢康, 肖小丰. 发展中国家开放服务市场的顺序与收益——以中国开放服务市场为案例[J]. 世界经济与政治论坛, 2002(2): 19-23.

[291] 谢康, 李赞. 货物贸易与服务贸易互补性的实证分析——兼论中美贸易不平衡的实质[J]. 国际贸易问题, 2000(9): 47-52.

[292] 谢建国. 多边贸易自由化与区域贸易协定: 一个博弈论分析框架[J]. 世界经济, 2003(12): 25-33.

[293] 谢识予. 经济博弈论[M]. 上海: 上海复旦大学出版社, 2002.

[294]雅克·佩克曼斯.欧洲一体化:方法与经济分析[M].北京:社会科学文献出版社,2006:5.

[295]姚战琪.全球价值链背景下中国服务业的发展战略及重点领域——基于生产性服务业与产业升级视角的研究[J].国际贸易,2014(7):13-17.

[296]杨荣珍.中印自由贸易区服务贸易自由化构想[J].国际经贸探索,2007(3):50-53.

[297]殷凤.世界服务贸易发展趋势与中国服务贸易竞争力研究[J].世界经济研究,2007(1):33-40.

[298]尹国君,刘建江.中美服务贸易国际竞争力比较研究[J].国际贸易问题,2012(7):58-66.

[299]于晓燕.东亚区域服务贸易一体化问题研究[J].亚太经济,2014(2):109-114.

[300]于立新,周伶.中国现阶段服务贸易与货物贸易的相互促进发展研究[M]//中国服务贸易研究报告(第一册).北京:经济管理出版社,2011:189-203.

[301]于立新,冯永晟.中国服务贸易研究报告(第一册)[M].北京:经济管理出版社,2011.

[302]俞灵燕.APEC区域服务贸易的特点与问题[J].世界经济研究,2004(3):45-48.

[303]俞灵燕.服务贸易壁垒及其影响的量度:国外研究的一个综述[J].世界经济,2005(4):27.

[304]余振.东亚区域服务贸易安排:福利效应与中国的参与战略[M].北京:科学出版社,2010.

[305]原小能.国际服务外包与服务企业价值链升级研究[J].国际经贸探索,2012,28(10):56-66.

[306]昝欣,李孟刚.中国服务贸易安全与发展研究:积极应对贸易摩擦和贸易壁垒[M].北京:经济管理出版社,2012.

[307]查贵勇.基于BOP和FAT的中美服务贸易国际竞争力比较[J].商业时代,2009(1):36-38.

[308]赵亚平.国际服务贸易——理论、政策与实践[M].北京:清华大学出版社,北京交通大学出版社,2011.

[309]赵明.中美服务贸易比较分析与启示[J].经济前沿,2006(12):11-14.

[310]赵放,冯晓玲.中美服务贸易国际竞争力比较分析——兼论中国服务贸易结构性失衡[J].世界经济研究,2007(9):42-48.

[311]赵仁康.全球服务贸易自由化态势研判——以多哈回合服务贸易谈判视角[J].国际贸易问题,2009(9):125-128.

[312]张潇文,冷德穆.欧盟、北美自由贸易区服务贸易与GATS比较分析[J].云南财经大学学报,2007(1):28-29.

[313]张汉林.经贸竞争新领域——服务贸易总协定与国际服务贸易[M].北京:中国经济出版社,1997.

[314]张汉林.国际服务贸易[M].北京:对外经贸大学出版社,2002.

[315]张圣翠.论GATS中与竞争政策有关的规则及我国对策[J].上海财经大学学报,2001(6):50-56.

[316]张圣翠.NAFTA投资规则及其影响[J].政治与法律,2005(2):155-159.

[317]张建新.权利与经济增长——美国贸易政策的国际政治经济学[M].上海:上海人民出版社,2006:21.

[318]张维迎.博弈论与信息经济学[M].上海:上海三联书店,上海人民出版社,1996.

[319]张德进,吴韧强.中美服务贸易的比较分析与启示[J].国际经贸探索,2004,(3):47-50.

[320]张海森,谢杰.中国—东欧农产品贸易:基于引力模型的实证研究[J].中国农村经济,2008,(10):45-53.

[321]张定胜,杨小凯.具有内生比较优势的李嘉图模型和贸易政策

分析[J].世界经济文汇,2003(1):1-13.

[322]张艳,唐宜红.比较优势与中国服务贸易发展[M]//中国服务贸易研究报告(第一册).北京:经济管理出版社,2011:246-259.

[323]张珺.全球产业转移下的服务生产网络及其对发展中国家的启示[J].科技管理研究,2010(11):35-38.

[324]张云.国际政治中"弱者"的逻辑:东盟与亚太地区大国关系[M].北京:社会科学文献出版社,2010:6-9.

[325]朱惊萍.美国服务贸易发展对我国的启示[J].国际经贸探索,2010(12):53-57.

[326]庄慧明,黄建忠,陈洁.基于"钻石模型"的中国服务贸易竞争力实证分析[J].财贸经济,2009(3):83-89.

[327]庄丽娟,陈翠兰.我国服务贸易与货物贸易的动态相关性研究——基于脉冲响应函数方法的实证研究[J].国际贸易问题,2009(2):54-60.

[328]钟珊珊.中美服务出口结构变化的比较分析与启示[J].西南科技大学学报:哲学社会科学版,2008(6):56-60.

[329]邹春萌.东盟区域服务贸易自由化:特点与前景[J].东南亚研究,2008(1):32-36.

[330]邹春萌,林珊.中国—东盟服务贸易自由化程度的评估与分析[J].亚太经济,2012(4):60-65.

[331]周方银.中美新型大国关系的动力、路径与前景[J].当代亚太,2013(2):4-21.

[332]周金城,陈乐一.中国—东盟服务贸易的互补性与竞争性研究[J].经济问题探索,2012(10):107-111.

[333]周金城.中国—东盟服务贸易发展的现状及战略选择[J].东南亚纵横,2012(5):19.

[334]周念利.基于引力模型的中国双边服务贸易流量与出口引力研究[J].数量经济技术经济研究,2010(12):67-79.

[335]周念利.缔结"区域贸易安排"能否有效促进发展中经济体的服务出口[J].世界经济,2012(6):88-111.

[336]周念利.RTAs框架下的服务贸易自由化分析与评估[J].世界经济研究,2008(6):49-54.

[337]周念利.区域服务贸易自由化安排的"GATS"特征分析[J].国际贸易问题,2008(5):55-59.

[338]周燕,郑甘澍.货物贸易与服务贸易:总量互补与差额替代关系[J].亚太经济,2007(2):93-96.

[339]翟崑.小马拉大车——对东盟在东亚合作中地位作用的再认识[J].外交评论,2009(2):9.

附录A：东亚服务贸易出口流量的面板原始数据情况

国别		年份	服务贸易出口量	出口国GDP	进口国GDP	出口国人均GDP	进口国人均GDP	距离	是否签订服务贸易安排
出口国	进口国	—	$\ln X_{ij}$	$\ln \text{GDP}_i$	$\ln \text{GDP}_j$	$\ln \text{PGDP}_i$	$\ln \text{PGDP}_j$	$\ln d_{ij}$	SFTA_{ij}
中国	日本	2001	22.082 7	30.209 1	31.359 1	6.939 3	10.395 5	7.649 2	0
中国	日本	2002	22.170 0	30.309 0	31.315 1	7.032 8	10.349 5	7.649 2	0
中国	日本	2003	22.285 1	30.434 7	31.392 9	7.152 4	10.425 8	7.649 2	0
中国	日本	2004	22.598 3	30.598 7	31.471 7	7.310 6	10.503 5	7.649 2	0
中国	日本	2005	22.802 3	30.761 0	31.453 5	7.466 9	10.485 2	7.649 2	0
中国	日本	2006	22.683 6	30.960 8	31.405 3	7.661 5	10.436 4	7.649 2	0
中国	日本	2007	22.820 2	31.187 7	31.405 2	7.883 2	10.435 2	7.649 2	0
中国	日本	2008	22.913 6	31.448 2	31.512 4	8.138 7	10.541 8	7.649 2	0
中国	日本	2009	22.899 8	31.564 0	31.550 0	8.249 6	10.579 5	7.649 2	0
中国	日本	2010	22.915 8	31.716 9	31.637 5	8.397 7	10.667 0	7.649 2	0
中国	日本	2011	23.004 8	31.923 5	31.709 5	8.599 5	10.740 2	7.649 2	0
中国	日本	2012	23.010 4	32.060 3	31.714 9	8.731 3	10.747 9	7.649 2	0

续表

国别		年份	服务贸易出口量	出口国 GDP	进口国 GDP	出口国人均 GDP	进口国人均 GDP	距离	是否签订服务贸易安排
出口国	进口国	—	$\ln X_{ij}$	$\ln GDP_i$	$\ln GDP_j$	$\ln PGDP_i$	$\ln PGDP_j$	$\ln d_{ij}$	$SFTA_{ij}$
中国	韩国	2001	21.613 2	30.209 1	29.304 5	6.939 3	9.328 6	6.860 7	0
中国	韩国	2002	21.981 6	30.309 0	29.437 7	7.032 8	9.456 3	6.860 7	0
中国	韩国	2003	22.050 9	30.434 7	29.548 7	7.152 4	9.562 5	6.860 7	0
中国	韩国	2004	22.331 4	30.598 7	29.665 6	7.310 6	9.675 5	6.860 7	0
中国	韩国	2005	22.586 2	30.761 0	29.826 2	7.466 9	9.834 0	6.860 7	0
中国	韩国	2006	22.749 4	30.960 8	29.945 3	7.661 5	9.948 3	6.860 7	0
中国	韩国	2007	22.916 9	31.187 7	30.049 3	7.883 2	10.047 6	6.860 7	0
中国	韩国	2008	23.092 5	31.448 2	29.935 8	8.138 7	9.926 9	6.860 7	0
中国	韩国	2009	22.883 0	31.564 0	29.830 4	8.249 6	9.816 8	6.860 7	0
中国	韩国	2010	23.088 9	31.716 9	30.023 9	8.397 7	10.005 7	6.860 7	0
中国	韩国	2011	23.211 4	31.923 5	30.118 0	8.599 5	10.092 3	6.860 7	0
中国	韩国	2012	23.306 7	32.060 3	30.134 8	8.731 3	10.104 6	6.860 7	0
中国	新加坡	2001	10.126 6	30.209 1	27.517 7	6.939 3	9.979 4	8.407 6	0

附录A：东亚服务贸易出口流量的面板原始数据情况

续表

国别		年份	服务贸易出口量	出口国GDP	进口国GDP	出口国人均GDP	进口国人均GDP	距离	是否签订服务贸易安排
出口国	进口国	—	$\ln X_{ij}$	$\ln \text{GDP}_i$	$\ln \text{GDP}_j$	$\ln \text{PGDP}_i$	$\ln \text{PGDP}_j$	$\ln d_{ij}$	SFTA_{ij}
中国	新加坡	2002	10.126 6	30.309 0	27.547 0	7.032 8	9.999 6	8.407 6	0
中国	新加坡	2003	10.126 6	30.434 7	27.600 6	7.152 4	10.067 9	8.407 6	0
中国	新加坡	2004	10.126 6	30.598 7	27.763 7	7.310 6	10.218 5	8.407 6	0
中国	新加坡	2005	10.126 6	30.761 0	27.873 3	7.466 9	10.304 6	8.407 6	0
中国	新加坡	2006	10.126 6	30.960 8	28.021 7	7.661 5	10.421 7	8.407 6	0
中国	新加坡	2007	10.126 6	31.187 7	28.218 7	7.883 2	10.577 0	8.407 6	0
中国	新加坡	2008	21.805 0	31.448 2	28.284 5	8.138 7	10.589 7	8.407 6	0
中国	新加坡	2009	21.878 0	31.564 0	28.285 5	8.249 6	10.560 4	8.407 6	1
中国	新加坡	2010	22.113 2	31.716 9	28.491 5	8.397 7	10.748 7	8.407 6	1
中国	新加坡	2011	22.364 8	31.923 5	28.639 2	8.599 5	10.875 6	8.407 6	1

- 261 -

续表

国别		年份	服务贸易出口量	出口国GDP	进口国GDP	出口国人均GDP	进口国人均GDP	距离	是否签订服务贸易安排
出口国	进口国	—	$\ln X_{ij}$	$\ln GDP_i$	$\ln GDP_j$	$\ln PGDP_i$	$\ln PGDP_j$	$\ln d_{ij}$	$SFTA_{ij}$
中国	新加坡	2012	22.547 1	32.060 3	28.685 0	8.731 3	10.896 9	8.407 6	1
日本	中国	2001	21.574 8	31.359 1	30.209 1	10.395 5	6.939 3	7.649 2	0
日本	中国	2002	21.734 0	31.315 1	30.309 0	10.349 5	7.032 8	7.649 2	0
日本	中国	2003	22.143 9	31.392 9	30.434 7	10.425 8	7.152 4	7.649 2	0
日本	中国	2004	22.585 3	31.471 7	30.598 7	10.503 5	7.310 6	7.649 2	0
日本	中国	2005	22.676 6	31.453 5	30.761 0	10.485 2	7.466 9	7.649 2	0
日本	中国	2006	22.747 7	31.405 3	30.960 8	10.436 4	7.661 5	7.649 2	0
日本	中国	2007	22.822 0	31.405 2	31.187 7	10.435 2	7.883 2	7.649 2	0
日本	中国	2008	22.929 6	31.512 4	31.448 2	10.541 8	8.138 7	7.649 2	0
日本	中国	2009	22.788 0	31.550 0	31.564 0	10.579 5	8.249 6	7.649 2	0
日本	中国	2010	23.042 5	31.637 5	31.716 9	10.667 0	8.397 7	7.649 2	0
日本	中国	2011	23.258 1	31.709 5	31.923 5	10.740 2	8.599 5	7.649 2	0
日本	中国	2012	23.347 0	31.714 9	32.060 3	10.747 9	8.731 3	7.649 2	0

续表

国别		年份	服务贸易出口量	出口国GDP	进口国GDP	出口国人均GDP	进口国人均GDP	距离	是否签订服务贸易安排
出口国	进口国	—	$\ln X_{ij}$	$\ln \text{GDP}_i$	$\ln \text{GDP}_j$	$\ln \text{PGDP}_i$	$\ln \text{PGDP}_j$	$\ln d_{ij}$	SFTA_{ij}
日本	韩国	2001	21.890 4	31.359 1	29.304 5	10.395 5	9.328 6	7.054 4	0
日本	韩国	2002	21.861 9	31.315 1	29.437 7	10.349 5	9.456 3	7.054 4	0
日本	韩国	2003	22.136 4	31.392 9	29.548 7	10.425 8	9.562 3	7.054 4	0
日本	韩国	2004	22.335 8	31.471 7	29.665 6	10.503 5	9.675 5	7.054 4	0
日本	韩国	2005	22.573 7	31.453 5	29.826 2	10.485 2	9.834 0	7.054 4	0
日本	韩国	2006	22.477 3	31.405 3	29.945 3	10.436 4	9.948 3	7.054 4	0
日本	韩国	2007	22.754 1	31.405 2	30.049 3	10.435 2	10.047 6	7.054 4	0
日本	韩国	2008	22.305 2	31.512 4	29.935 8	10.541 8	9.926 9	7.054 4	0
日本	韩国	2009	22.111 9	31.550 0	29.830 4	10.579 5	9.816 8	7.054 4	0
日本	韩国	2010	22.033 4	31.637 5	30.023 9	10.667 0	10.005 7	7.054 4	0
日本	韩国	2011	21.965 9	31.709 5	30.118 0	10.740 2	10.092 3	7.054 4	0
日本	韩国	2012	22.096 1	31.714 9	30.134 8	10.747 9	10.104 6	7.054 4	0
日本	新加坡	2001	21.996 1	31.359 1	27.517 7	10.395 5	9.979 4	8.563 7	0

续表

国别		年份	服务贸易出口量	出口国GDP	进口国GDP	出口国人均GDP	进口国人均GDP	距离	是否签订服务贸易安排
出口国	进口国	—	$\ln X_{ij}$	$\ln GDP_i$	$\ln GDP_j$	$\ln PGDP_i$	$\ln PGDP_j$	$\ln d_{ij}$	$SFTA_{ij}$
日本	新加坡	2002	21.967 5	31.315 1	27.547 0	10.349 5	9.999 6	8.563 7	1
日本	新加坡	2003	22.087 3	31.392 9	27.600 6	10.425 8	10.067 9	8.563 7	1
日本	新加坡	2004	22.339 2	31.471 7	27.763 7	10.503 5	10.218 5	8.563 7	1
日本	新加坡	2005	22.570 1	31.453 5	27.873 3	10.485 2	10.304 6	8.563 7	1
日本	新加坡	2006	22.878 1	31.405 3	28.021 7	10.436 4	10.421 7	8.563 7	1
日本	新加坡	2007	23.023 0	31.405 2	28.218 7	10.435 2	10.577 0	8.563 7	1
日本	新加坡	2008	23.355 6	31.512 4	28.284 5	10.541 8	10.589 7	8.563 7	1
日本	新加坡	2009	23.071 5	31.550 0	28.285 5	10.579 5	10.560 4	8.563 7	1
日本	新加坡	2010	23.279 9	31.637 5	28.491 5	10.667 0	10.748 7	8.563 7	1
日本	新加坡	2011	23.416 3	31.709 5	28.639 2	10.740 2	10.875 6	8.563 7	1

续表

国别		年份	服务贸易出口量	出口国GDP	进口国GDP	出口国人均GDP	进口国人均GDP	距离	是否签订服务贸易安排
出口国	进口国	—	$\ln X_{ij}$	$\ln GDP_i$	$\ln GDP_j$	$\ln PGDP_i$	$\ln PGDP_j$	$\ln d_{ij}$	$SFTA_{ij}$
日本	新加坡	2012	23.434 8	31.714 9	28.685 0	10.747 9	10.896 9	8.563 7	1
韩国	中国	2001	21.492 3	29.304 5	30.209 1	9.328 6	6.939 3	6.860 7	0
韩国	中国	2002	21.693 0	29.437 7	30.309 0	9.456 3	7.032 8	6.860 7	0
韩国	中国	2003	22.053 3	29.548 7	30.434 7	9.562 3	7.152 4	6.860 7	0
韩国	中国	2004	22.371 7	29.665 6	30.598 7	9.675 5	7.310 6	6.860 7	0
韩国	中国	2005	22.508 0	29.826 2	30.761 0	9.834 0	7.466 9	6.860 7	0
韩国	中国	2006	22.659 2	29.945 3	30.960 8	9.948 3	7.661 5	6.860 7	0
韩国	中国	2007	22.936 2	30.049 3	31.187 7	10.047 6	7.883 2	6.860 7	0
韩国	中国	2008	23.308 8	29.935 8	31.448 2	9.926 9	8.138 7	6.860 7	0
韩国	中国	2009	23.003 2	29.830 4	31.564 0	9.816 8	8.249 6	6.860 7	0
韩国	中国	2010	23.344 3	30.023 9	31.716 9	10.005 7	8.397 7	6.860 7	0
韩国	中国	2011	23.370 5	30.118 0	31.923 5	10.092 3	8.599 5	6.860 7	0
韩国	中国	2012	23.390 3	30.134 8	32.060 3	10.104 6	8.731 3	6.860 7	0

续表

国别		年份	服务贸易出口量	出口国GDP	进口国GDP	出口国人均GDP	进口国人均GDP	距离	是否签订服务贸易安排
出口国	进口国	—	$\ln X_{ij}$	$\ln GDP_i$	$\ln GDP_j$	$\ln PGDP_i$	$\ln PGDP_j$	$\ln d_{ij}$	$SFTA_{ij}$
韩国	日本	2001	22.543 8	29.304 5	29.304 5	9.328 6	10.395 5	7.054 4	0
韩国	日本	2002	22.373 3	29.437 7	29.437 7	9.456 3	10.349 5	7.054 4	0
韩国	日本	2003	22.380 9	29.548 7	29.548 7	9.562 3	10.425 8	7.054 4	0
韩国	日本	2004	22.628 8	29.665 6	29.665 6	9.675 5	10.503 5	7.054 4	0
韩国	日本	2005	22.615 4	29.826 2	29.826 2	9.834 0	10.485 2	7.054 4	0
韩国	日本	2006	22.591 1	29.945 3	29.945 3	9.948 3	10.436 4	7.054 4	0
韩国	日本	2007	22.632 2	30.049 3	30.049 3	10.047 6	10.435 2	7.054 4	0
韩国	日本	2008	22.976 5	29.935 8	29.935 8	9.926 9	10.541 8	7.054 4	0
韩国	日本	2009	22.866 4	29.830 4	29.830 4	9.816 8	10.579 5	7.054 4	0
韩国	日本	2010	23.101 6	30.023 9	30.023 9	10.005 7	10.667 0	7.054 4	0
韩国	日本	2011	23.021 2	30.118 0	30.118 0	10.092 3	10.740 2	7.054 4	0
韩国	日本	2012	23.005 5	30.134 8	30.134 8	10.104 6	10.747 9	7.054 4	0
韩国	新加坡	2001	10.126 6	29.304 5	27.517 7	9.328 6	9.979 4	8.451 3	0

续表

国别		年份	服务贸易出口量	出口国GDP	进口国GDP	出口国人均GDP	进口国人均GDP	距离	是否签订服务贸易安排
出口国	进口国	—	$\ln X_{ij}$	$\ln GDP_i$	$\ln GDP_j$	$\ln PGDP_i$	$\ln PGDP_j$	$\ln d_{ij}$	$SFTA_{ij}$
韩国	新加坡	2002	10.126 6	29.437 7	27.547 0	9.456 3	9.999 6	8.451 3	0
韩国	新加坡	2003	10.126 6	29.548 7	27.600 6	9.562 3	10.067 9	8.451 3	0
韩国	新加坡	2004	10.126 6	29.665 6	27.763 7	9.675 5	10.218 5	8.451 3	0
韩国	新加坡	2005	21.050 3	29.826 2	27.873 3	9.834 0	10.304 6	8.451 3	0
韩国	新加坡	2006	21.352 5	29.945 3	28.021 7	9.948 3	10.421 7	8.451 3	1
韩国	新加坡	2007	21.833 8	30.049 3	28.218 7	10.047 6	10.577 0	8.451 3	1
韩国	新加坡	2008	22.070 4	29.935 8	28.284 5	9.926 9	10.589 7	8.451 3	1
韩国	新加坡	2009	21.811 5	29.830 4	28.285 5	9.816 8	10.560 4	8.451 3	1
韩国	新加坡	2010	21.962 7	30.023 9	28.491 5	10.005 7	10.748 7	8.451 3	1
韩国	新加坡	2011	22.029 3	30.118 0	28.639 2	10.092 3	10.875 6	8.451 3	1

续表

国别		年份	服务贸易出口量	出口国GDP	进口国GDP	出口国人均GDP	进口国人均GDP	距离	是否签订服务贸易安排
出口国	进口国	—	$\ln X_{ij}$	$\ln GDP_i$	$\ln GDP_j$	$\ln PGDP_i$	$\ln PGDP_j$	$\ln d_{ij}$	$SFTA_{ij}$
韩国	新加坡	2012	22.133 7	30.134 8	28.685 0	10.104 6	10.896 9	8.451 3	1
新加坡	中国	2001	10.126 6	27.517 7	30.209 1	9.979 4	6.939 3	8.407 6	0
新加坡	中国	2002	10.126 6	27.547 0	30.309 0	9.999 6	7.032 8	8.407 6	0
新加坡	中国	2003	10.126 6	27.600 6	30.434 7	10.067 9	7.152 4	8.407 6	0
新加坡	中国	2004	10.126 6	27.763 7	30.598 7	10.218 5	7.310 6	8.407 6	0
新加坡	中国	2005	10.126 6	27.873 3	30.761 0	10.304 6	7.466 9	8.407 6	0
新加坡	中国	2006	10.126 6	28.021 7	30.960 8	10.421 7	7.661 5	8.407 6	0
新加坡	中国	2007	10.126 6	28.218 7	31.187 7	10.577 0	7.883 2	8.407 6	0

附录 A：东亚服务贸易出口流量的面板原始数据情况

续表

国别		年份	服务贸易出口量	出口国 GDP	进口国 GDP	出口国人均 GDP	进口国人均 GDP	距离	是否签订服务贸易安排
出口国	进口国	—	$\ln X_{ij}$	$\ln GDP_i$	$\ln GDP_j$	$\ln PGDP_i$	$\ln PGDP_j$	$\ln d_{ij}$	$SFTA_{ij}$
新加坡	中国	2008	22.159 7	28.284 5	31.448 2	10.589 7	8.138 7	8.407 6	0
新加坡	中国	2009	22.068 0	28.285 5	31.564 0	10.560 4	8.249 6	8.407 6	1
新加坡	中国	2010	22.447 4	28.491 5	31.716 9	10.748 7	8.397 7	8.407 6	1
新加坡	中国	2011	22.374 1	28.639 2	31.923 5	10.875 6	8.599 5	8.407 6	1
新加坡	中国	2012	22.469 4	28.685 0	32.060 3	10.896 9	8.731 3	8.407 6	1
新加坡	日本	2001	22.234 2	27.517 7	31.359 1	9.979 4	10.395 5	8.563 7	0
新加坡	日本	2002	22.238 3	27.547 0	31.315 1	9.999 6	10.349 5	8.563 7	1
新加坡	日本	2003	22.294 1	27.600 6	31.392 9	10.067 9	10.425 8	8.563 7	1

- 269 -

续表

国别		年份	服务贸易出口量	出口国GDP	进口国GDP	出口国人均GDP	进口国人均GDP	距离	是否签订服务贸易安排
出口国	进口国	—	$\ln X_{ij}$	$\ln\text{GDP}_i$	$\ln\text{GDP}_j$	$\ln\text{PGDP}_i$	$\ln\text{PGDP}_j$	$\ln d_{ij}$	SFTA_{ij}
新加坡	日本	2004	22.495 3	27.763 7	31.471 7	10.218 5	10.503 5	8.563 7	1
新加坡	日本	2005	22.528 4	27.873 3	31.453 5	10.304 6	10.485 2	8.563 7	1
新加坡	日本	2006	22.627 1	28.021 7	31.405 3	10.421 7	10.436 4	8.563 7	1
新加坡	日本	2007	22.814 0	28.218 7	31.405 2	10.577 0	10.435 2	8.563 7	1
新加坡	日本	2008	22.946 0	28.284 5	31.512 4	10.589 7	10.541 8	8.563 7	1
新加坡	日本	2009	22.677 4	28.285 5	31.550 0	10.560 4	10.579 5	8.563 7	1
新加坡	日本	2010	22.828 5	28.491 5	31.637 5	10.748 7	10.667 0	8.563 7	1
新加坡	日本	2011	22.939 0	28.639 2	31.709 5	10.875 6	10.740 2	8.563 7	1
新加坡	日本	2012	23.172 4	28.685 0	31.714 9	10.896 9	10.747 9	8.563 7	1

续表

国别		年份	服务贸易出口量	出口国GDP	进口国GDP	出口国人均GDP	进口国人均GDP	距离	是否签订服务贸易安排
出口国	进口国	—	$\ln X_{ij}$	$\ln GDP_i$	$\ln GDP_j$	$\ln PGDP_i$	$\ln PGDP_j$	$\ln d_{ij}$	$SFTA_{ij}$
新加坡	韩国	2001	10.126 6	27.517 7	29.304 5	9.979 4	9.328 6	8.451 3	0
新加坡	韩国	2002	10.126 6	27.547 0	29.437 7	9.999 6	9.456 3	8.451 3	0
新加坡	韩国	2003	10.126 6	27.600 6	29.548 7	10.067 9	9.562 3	8.451 3	0
新加坡	韩国	2004	10.126 6	27.763 7	29.665 6	10.218 5	9.675 5	8.451 3	0
新加坡	韩国	2005	21.663 4	27.873 3	29.826 2	10.304 6	9.834 0	8.451 3	0
新加坡	韩国	2006	21.770 6	28.021 7	29.945 3	10.421 7	9.948 3	8.451 3	1
新加坡	韩国	2007	21.972 0	28.218 7	30.049 3	10.577 0	10.047 6	8.451 3	1
新加坡	韩国	2008	22.123 4	28.284 5	29.935 8	10.589 7	9.926 9	8.451 3	1

续表

国别		年份	服务贸易出口量	出口国GDP	进口国GDP	出口国人均GDP	进口国人均GDP	距离	是否签订服务贸易安排
出口国	进口国	—	$\ln X_{ij}$	$\ln GDP_i$	$\ln GDP_j$	$\ln PGDP_i$	$\ln PGDP_j$	$\ln d_{ij}$	$SFTA_{ij}$
新加坡	韩国	2009	21.769 7	28.285 5	29.830 4	10.560 4	9.816 8	8.451 3	1
新加坡	韩国	2010	22.021 8	28.491 5	30.023 9	10.748 7	10.005 7	8.451 3	1
新加坡	韩国	2011	22.073 7	28.639 2	30.118 0	10.875 6	10.092 3	8.451 3	1
新加坡	韩国	2012	22.230 7	28.685 0	30.134 8	10.896 9	10.104 6	8.451 3	1

附录B：东亚服务贸易出口流量的面板数据引力模型估计结果

固定效应模型的估计结果

解释变量	变量系数	标准方差	T统计量	P值
常数项	−58.133 98	11.074 07	−5.249 559	0.000 0
$\ln GDP_i$	1.454 202	0.162 223	8.964 203	0.000 0
$\ln GDP_j$	1.673 758	0.170 461	9.818 982	0.000 0
$\ln PGDP_i$	0.758 148	0.182 753	4.148 488	0.000 1
$\ln PGDP_j$	0.974 373	0.191 976	5.075 486	0.000 0
$\ln d_{ij}$	−4.378 230	0.369 100	−11.861 91	0.000 0
SFTA	7.629 083	0.582 815	13.090 05	0.000 0
R^2	0.824 874	因变量标准差		20.605 19
调整过的 R^2	0.801 246	因变量均值		4.490 410
自变量的标准差	2.001 906	AIC 值		4.342 545
残差平方和	504.961 2	SC 值		4.713 772
对数似然估计	−294.663 3	HQC 值		4.493 391
F统计量	34.910 77	D-W 值		2.482 706
P值	0.000 000			

随机效应模型的估计结果

解释变量	变量系数	标准方差	T统计量	P值
常数项	−37.839 86	9.569 991	−3.954 013	0.000 1
$\ln GDP_i$	1.192 080	0.146 962	8.111 493	0.000 0
$\ln GDP_j$	1.372 323	0.150 805	9.099 981	0.000 0
$\ln PGDP_i$	0.577 114	0.174 545	3.306 399	0.001 2
$\ln PGDP_j$	0.758 197	0.181 169	4.185 028	0.000 1

续表

解释变量	变量系数	标准方差	T 统计量	P 值
$\ln d_{ij}$	−4.290 315	0.367 410	−11.677 19	0.000 0
SFTA	6.913 549	0.556 372	12.426 12	0.000 0
R^2	0.778 692	因变量标准差		18.917 81
调整过的 R^2	0.769 000	因变量均值		4.421 960
自变量的标准差	2.125 303	残差平方和		618.816 9
F 统计量	80.341 28	D-W 值		2.204 707
P 值	0.000 000			

混合回归模型的估计效果

解释变量	变量系数	标准方差	T 统计量	P 值
常数项	−36.034 06	10.115 24	−3.562 355	0.000 5
$\ln GDP_i$	1.167 919	0.156 308	7.471 899	0.000 0
$\ln GDP_j$	1.344 659	0.159 929	8.407 858	0.000 0
$\ln PGDP_i$	0.561 909	0.186 681	3.010 002	0.003 1
$\ln PGDP_j$	0.739 812	0.193 513	3.823 061	0.000 2
$\ln d_{ij}$	−4.277 608	0.394 584	−10.840 80	0.000 0
SFTA	6.834 403	0.594 556	11.494 97	0.000 0
R^2	0.780 024	因变量标准差		20.605 19
调整过的 R^2	0.770 390	因变量均值		4.490 410
自变量的标准差	2.151 700	AIC 值		4.417 783
残差平方和	634.284 2	SC 值		4.562 149
对数似然估计	−311.080 4	HQC 值		4.476 445
F 统计量	80.965 73	D-W 值		2.177 947
P 值	0.000 000			

后　记

　　托马斯·弗里德曼在其畅销书《世界是平的》中写道，经济全球化的深入带来了产业活动跨越国界、市场趋于一体的活跃状态，开放经济条件下的企业面对的是一个巨大而平坦的世界市场，相比"冷战时代"，甚至与十年前相比，全球市场竞争变得更为激烈，国际生产体系发生更大变化，国际生产组织方式和贸易格局也发生了深刻变革。因此，在全球价值链整合和服务业跨境转移背景下，东亚服务生产网络的形成与发展，对东亚区域服务贸易自由化机制形成具有非常重要的推动作用。

　　当前，在东亚区域服务贸易自由化发展进程中，中国与东亚地区各经济体服务贸易规模不断扩大，增速持续加快，区域服务贸易自由化正推动各国经济持续增长；各国的服务部门逐步向高级化发展，服务贸易结构互补性增强，服务贸易和生产的共享性不断提升，呈现出传统服务贸易向现代服务贸易产业转移调整的趋势；区域内外服务贸易合作安排逐渐增多，发达国家与东亚新兴经济体服务贸易联系日益紧密，服务要素自由流动更加顺畅，服务贸易自由化正逐渐成为东亚区域经济一体化进程的重要组成部分，并日益呈现开放性的特点。

　　中国已将自由贸易区建设作为对外开放的重要战略之一，随着东亚地区经济合作和一体化机制建设，区域服务贸易自由化将发挥越来越重要的作用。未来一段时间，中国应基于比较优势和专业化分工深化，着力改善自身服务贸易出口结构；大力推动服务外包产业发展，加快促进服务生产要素自由流动；深刻把握东亚服务贸易自由化合作进程重点，注重合作治理机制整合发展；建立健全服务贸易政策体系，促进我国服务贸易可持续发展，逐步形成循序渐进、扩大开放、多方互惠和制度保障的服务贸易对外开放新思路。

　　在本书写作过程中，中央政策研究室经济局局长白津夫教授，国际关系学院校长陶坚教授，国际关系学院国际经济系付卡佳教授、张士铨教授和张澜涛教授，北京科技大学东凌经济管理学院何枫教授，中国国际经济交流中心沈家文研究员提供了很多理论指导和宝贵意见,在此对各位专家教授的支持和帮助表示衷心感谢。同时,本书得以出版有赖于知识产权出版社杨晓红编辑、李瑾编辑的辛勤付出和工作,在此也要对她们的严谨专业表示感谢。最后,本书是作者对东亚区域服务贸易自由化机制研究的初步成果和学术尝试,欢迎学界专家学者批评指正,并期待以撰写本书为契机,对未来相关领域的问题研究提供有益参考和帮助。

刘中伟
2016年4月于国际关系学院